KB238549

최숙빈의 조선사

최숙빈의 조선사

초판 1쇄 펴낸 날 2010. 5. 1

지은이 이윤우
발행인 홍정우
편집인 이민영
디자인 문인순
발행처 도서출판 가람기획
등록 제17-241(2007. 3. 17)
주소 (121-841)서울시 마포구 서교동 465-11 동진빌딩 3층
전화 (02)3275-2915~7
팩스 (02)3275-2918
이메일 garam815@chol.com

ISBN 978-89-8435-298-8(03910)

최숙빈의 조선사

이윤우 지음

프롤로그

숙빈 최씨.

이 책을 펼쳐든 독자에게 이 단어로 처음 인사를 대신하고 싶다.

그리고 묻고 싶다. '숙빈 최씨' 라는 이름을 들으면, 그녀를 떠올리면 무슨 생각이 드는지를 말이다.

그녀를 설명해 주는 단어들은 의외로 많고, 또렷하다. 숙종, 영조, 무수리, 후궁, 인현왕후, 장희빈 등 숙빈 최씨와 함께 떠올려지는 그들의 존재는 마치 인터넷 검색사이트의 연관검색어와 같다.

그러나 이런 단어들 외에 그녀의 인생을 자세히 아느냐고 물으면, 그녀가 어떤 사람인지 생각이라도 해본 적이 있냐고 물으면 쉽게 대답할 수 있는 사람은 몇 안 될 것이다.

그것은 물론 그녀가 별로 알려진 사람이 아니기 때문이다. 야사에나 조금 등장할 뿐, 방대한 양을 자랑하는《조선왕조실록》에서도 그녀의 기록은 거의 찾아볼 수 없다. 그래서 그녀의 이미지에는 아득함이 있다.

영조가 간혹 추억하는 그리운 어머니의 모습쯤 된다고 보면 아마 맞지 않을까? 그녀는 장희빈에 이어 숙종의 사랑을 가장 많이 받은 후궁이었다.

그러나 장희빈과 그녀의 인생이 맞은 끝은 그 이전의 비슷했던 항로를 한참이나 벗어나 있었다. 장희빈은 남편 숙종에 의해 죽임을 당했고, 그녀의 아들

경종은 고작 4년여를 왕위에 있다가 죽었다. 자신의 수명대로 마흔아홉의 나이에 병으로 죽은 최씨와 52년을 재위했던 그녀의 아들 영조와는 판이하게 다른 엔딩이라는 것이다.

이것을 그저 운명 때문이라고 보아도 좋을까? 극과 극의 성품 차이, 숙종의 변덕 때문이라고 보아도 괜찮을까?

조선은 남자들의 나라였다. 그 의심할 여지없는 사실은 단지 여자가 뭘 할 수 있고 할 수 없었고 하는 것들에 대한 것에서만 드러나는 것이 아니다. 집밖에 함부로 나서지 못하고 남편에게 매를 맞거나 쫓겨나도 제대로 하소연조차 할 수 없는 그런 상황만이 가르쳐 주는 것이 아니다. '남자는 귀하고 여자는 천하다' 라는 부정적인 말이 조선이 남자들의 나라였다는 걸 말해 주는 것이 아니란 것이다.

언제나 역설은 많은 말을 해준다. 이름 높은 여인들. 그 험한 세월에서도 역사의 한 페이지에 이름을 남긴 여자들이 바로 여자들이 처했던 입장을 말해 준다.

여자들이 글을 쓰고 예술을 하고 혹은 정치를 하며 돈을 버는 일 등이 너무 희귀해서 눈에 띄고, 사람들의 입에 오르내리다가 심지어는 역사로 기록되기까지 했던 상황은 그만큼 그런 일이 드물었고 힘들었다는 것을 뜻한다.

남자, 시부모를 잘 모시는 여자는 추앙하고 남자를 무시하고 제 발로 홀로

서려했던 여자들을 악녀로 규정하는 조선의 역사. 특히 조선 후기는 여성의 지위가 이루 말할 수 없이 추락한 시기였음이 분명하다.

그런데 그 시대에 눈에 띄는 여성들, 장희빈이나 인현왕후, 숙빈 최씨 등이 등장한다는 것은 정말 아이러니가 아닐 수 없다. 물론 그 전에도 여장부로 불리는 여자들이 없었던 것은 아니다.

태종의 왕후 원경왕후부터 세조의 왕후 정희왕후, 여제라고도 불렸던 문정왕후 등 그녀들은 대담했고 특별했다. 그리고 그랬기 때문에 조선의 남자들은 그녀들을 싫어했다.

그러나 여성의 지위가 비교적 높았던 고려, 조선 초 강한 여성의 출현은 별로 이상할 것이 없다. 그리고 과도기적인 중반에도 그럴 수 있다. 정말 재미있는 것은 조선 후기로 갈수록 여성의 지위는 낮아지고 남자들은 여자들을 점점 가두려 하지만 세도정치가 출현해 왕실에서는 오히려 여자와 외척의 힘이 강해지고 여성들은 천주교 등을 믿으면서 세상으로 나오려 했다는 사실이다.

흥미롭지 않은가. 500여 년의 세월은 결코 적은 세월이 아니다. 여성들은 약했고 남자들에게 순응하며 사는 법을 배우지 않으면 안 되었다. 그런데 그녀들은 바닥을 쳤고 다시 솟아오르기로 작정을 했던 것이다. 아마도 숙종의 시대는 여성의 지위가 조선의 역사 중 가장 낮다고 말할 수 있는 시기일 것이다. 청

나라와의 전쟁이 끝난 지 얼마 되지 않은 시기였고 선비들의 상처 입은 자존심은 조선을 제2의 명나라, 명나라를 잇는 정통 유교국가로 만들어야 한다는 비정상적인 생각을 하게 했다.

상처를 치유하기 위해서 남자들은 여자들에게 더 엄격해지기 시작했다. 백성들을 단속하고 양반의 지위를 강화하기 위해서 조선의 선비들이 할 수 있는 건 그것뿐이었다.

그런데 그런 와중에 숙종 대에 여성들의 기가 셌다. 눈에 띈다 하는 여성들의 숫자가 유독 많다. 그건 무슨 뜻일까. 그저 그녀들이 유난했음을, 돌연변이 같았음을 말해 주는 것일까. 아니면 숙종의 유난한 여성 편력 때문이었다고 할 수 있을까. 좀 다르게 생각해 보면 어떨까. 그녀들이 남자들과 함께 정치를 했던 동료이고 정적이었을 거라고 하면 지나친 말이 될까.

숙종대의 역사와 그 흐름을 장희빈, 인현왕후, 숙빈 최씨 등을 빼고 말하는 것이 과연 가능한가에 대해 반문하고 싶다. 숙종대의 여성들 같은 사람들은 조선 역사에 없었다.

여성의 세력이 강했던 다른 시대에, 남자들은 오히려 약해졌고 여성은 오히려 왕보다도 세력이 강했다. 남자 아니면 여자, 균형이 유지되지 않았던 것이다.

물론 숙종대의 남자들은 강했다. 숙종, 김석주, 송시열 등 걸출한 인물들의

시기였다. 그러나 여자들도 그에 못지않았다. 또한 숙종 이전이나 이후 여자들의 정치참여 방식에는 공통점이 있다. 그것은 자신의 가문과 자신을 중심으로 세력을 편성하고 그것을 유지하려 한다는 것이다.

그러나 숙종대의 여성들은 조금 다르다. 그들 역시 가문이나 가족에서 벗어날 수 없었던 사람들이고 보면 가문 중심이 되는 것은 당연한 것이었지만 그들의 범위는 좀 더 넓다. 가문뿐만 아니라 서인이나 남인, 혹은 노소론의 당파로 그 범위가 확대되었다는 것이다. 다른 시대 왕실의 여자들이 가문을 위해 그 앞으로 나섰다면 숙종대의 그녀들은 '그들' 중 하나였다.

다른 시대 여자들의 경우 그녀들이 세상을 떠났을 때 권력도 사라진다. 그러나 숙종대의 여자들이 죽었을 때 그녀들의 역할과 가치는 적지 않았지만 그녀들의 세력과 당파는 무너지지 않았다.

숙빈 최씨. 그녀에게는 뭔가가 있다.

그러나 이 이야기는 숙빈 최씨의 이야기만이 아니다.

숙종대의 정치와 남자들의 이야기도 아니고, 숙종의 사랑이야기도 아니다.

이 이야기는 숙종이 왕으로 있던 시절, 자신의 욕구에 충실하고 더 나은 미래를 염원하며 치열하게 살았던 '사람들'에 관한 이야기이다.

여자들과 남자들이 함께 싸우고 부딪쳤던, 전략을 세우고 서로 동료가 되어 정치판에서 뒹굴었던 조선시대에서 거의 유일했을 시절의 이야기이다.

그리고 누군가 그런 사람들의 얘기는 많은데 왜 하필이면 숙종대의 이야기냐고 묻는다면 나는 그 이유를 첫 번째는 도무지 이해하기 힘든 여자, 숙빈 최씨 때문이라고 할 것이고, 두 번째는 그 무엇보다 숙종대 사람들의 욕망과 치열함이 그 어느 때의 사람들보다 처연할 만큼 마음에 와 닿았기 때문이라고 할 것이다.

2010년 봄

이윤우

목 차

1. 완벽한 왕이 즉위하다

2. 예송논쟁, 왕은 장남인가 둘째인가

3. 어린 왕 길들이기

4. 열네 살 왕의 반격

5. 갑인환국, 절대왕권으로 나아가다

제1장

숙종, 절대왕권은 있었다

원자가 태어났다. 예조가 날짜를 택해 종묘와 사직에 고하고 진하(進賀, 신하들의 축하)하며 반사(頒赦, 경사가 있을 때 나라에서 죄인들을 용서하여 주던 일)하는 일을 차례로 거행할 것을 청하니, 상이 간략하게 행하도록 명하였다.

–현종 2년(1661년) 8월 15일

1674년 8월 23일, 그야말로 완벽한 왕이 즉위했다.

왕으로 태어나 왕으로 교육받았으며 치열한 왕의 삶을 살다가 왕으로 죽은 사람. 아마도 왕이 아닌 자신의 삶에 대해서는 생각조차 해보지 않았을 그런 사람.

왕의 적장자, 왕의 아들이자 왕비의 장남인 원자로서 교육을 받고 또 당연히 세자가 되어 세자로서 교육을 받으며 아무 걸림돌 없이, 아무 이의 없이 왕이 된 사람. 왕이 되어 왕이 되기 위해 교육받은 것들을 나라를 다스리면서 충분히 쏟을 만큼의 재위기간을 가지고, 반정이나 역모로 인해 왕위를 뺏기지 않은 채 온전히 왕으로 죽은 사람. 그게 바로 숙종이다.

1. 완벽한 왕이 즉위하다

숙종은 1661년에 현종과 명성왕후의 첫 번째 아들로 태어났다. 현종이 왕이 된 지 2년째에 당시 스물한 살의 나이였고, 명성왕후가 한 살이 어린 스무 살이었다. 현종과 명성왕후가 부부가 된 지 거의 10여 년 만이었으니 늦었다면 늦었고, 적당하다면 적당한 때였다.

> "원자와 원손을 가르치고 인도하는 직책을 보양관(輔養官)이라고 부르는가?"
>
> 하니, 태화가 그렇다고 하였다. 상이 이르기를,
>
> "인종이 동궁에 계신 것이 몇 년이었는가?"
>
> 하니, 명하가 아뢰기를,
>
> "거의 30년가량이었습니다."
>
> 하였다. 상이 이르기를,
>
> "그 당시에는 보양관과 만날 때에 어떤 옷을 입었는지 옛일을 살펴보았더니 '6세에 예를 갖추지 않고 대신을 볼 수 없으므로 관을 쓰게 되었다'라고 하였다."

창덕궁 돈화문 조선의 이궁으로 건설된 창덕궁의 정문, 조선의 궁궐 중 가장 아름다운 궁궐로 뽑히며 숙종이 즉위하고 일생을 생활했던 곳이다.

하니, 명하가 아뢰기를,

"6세에 관을 쓰고 7세에 책봉하였습니다."

하자, 태화가 아뢰기를,

"그 당시의 복색에 대해 일찍이 《실록(實錄)》에서 베껴왔었습니다."

하였다. 상이 이르기를,

"김육이 소현의 세손 보양관이 되었던 때는 몇 품으로 하였었는가?"

하니, 명하가 아뢰기를,

"정2품으로 하였습니다."

하였다. 태화가 아뢰기를,

"인조조의 보양관인 정엽 · 정경세 · 이정귀 · 오윤겸 등의 신하들은 모두

1품으로 하였습니다. 이번에 송시열과 송준길 두 사람을 보양관으로 삼으면 좋겠습니다."

하니, 상이 이르기를,

"사고가 있을 수도 있으니 두 사람만을 뽑아서는 안 된다."

하자, 태화가 아뢰기를,

"김수항과 김좌명도 합당한 사람입니다."

하니, 상이 그렇다고 하였다.

-현종 6년(1665년) 6월 13일

숙종은 적장자였기에 태어나면서부터 당연히 '원자'라 불렸고 다섯 살 무렵에 그를 보살피고 가르칠 4명의 보양관이 정해졌다.

조선이 건국된 지 거의 삼백여 년이나 흘러 있었는데도 적장자가 태어나 원자로서 교육받은 사례가 별로 없어서 인종의 경우를 《실록》에서 찾아야만 했다.

상이 인정전에 나아가 원자를 책봉하여 왕세자로 삼았는데 의례대로 하였다. 세자의 나이 겨우 7세였는데 거동 하나하나가 예에 맞지 않는 것이 없고 영특한 자태와 덕성스러움이 마치 성인처럼 엄연하니, 뜰을 가득 메운 신하들이 모두 탄복하여 목을 길게 빼고 바라보았다.

-현종 8년(1667년) 1월 22일

숙종은 그로부터 2년 후 일곱 살에 세자가 되었다.

동갑내기인 인경왕후와는 열한 살에 혼인했고 그로써 숙종은 조선이 건국

한 이래로 조선 왕실의 후계원칙에 가장 부합되는 존재가 되었다.

숙종이 태어나고, 살고 죽은 과정은 조선의 왕실에서는 더 없이 희귀하다. 적장자로 태어나 세자가 되어 왕이 되고 왕으로 죽었던 그의 삶이 몹시 당연해 보이지만 당연하지가 않은 때문이다.

조선의 500여 년 역사에서 태조 이성계부터 마지막 27대 순종까지 적장자, 그러니까 왕과 왕비의 장남으로 태어나 왕이 된 사람은 불과 여덟 명에 불과한데, 게다가 그 여덟 명 중 숙종을 제외하고 가장 긴 재위 기간은 연산군의 12년이었다.

적장자의 저주라고까지 불리는 이런 특별한 사연 때문에 숙종의 존재는 그 자체로서 특별하다. 그는 자그마치 46년 동안을 재위했다. 그의 아들 영조가 조선 왕 중 52년을 재위했는데 그에 이어 두 번째로 긴 기간이다. 그는 인생의 대부분을 왕으로 살았고 왕이 아니었을 때조차 왕이 되기 위해 자신의 모든 시간과 노력을 쏟았다. 숙종에게는 트집 잡을 정통성의 문제도 없었고 형제라고는 세 명의 여동생뿐이었기에 자리를 위협받을 일도 없었다.

그러니 아마도 절대 피해갈 수 없는 운명이나 숙명 같은 것이 정말 존재한다면, 그것은 바로 숙종이 왕위에 오르는 일과 비슷할 것이다.

> 왕세자가 인정문에서 즉위하였다. 왕비를 높여서 왕대비로 삼고, 세자빈 김씨를 왕비로 삼았으며 교서를 반포하여 대사(大赦, 죄인을 사면)하였다. ……이날 성복(成服, 초상이 나서 처음으로 상복을 입음)을 마치고 왕세자가 관면(冠冕, 모자)과 길복을 갖추고, 규(圭, 옥으로 만든 홀)를 쥐고 여차(廬次, 상주가 거처하는 자리)로부터 걸어가면서 곡하였다.

……왕세자가 서쪽을 향하여 어좌 앞에 서서 차마 자리에 오르지 못하고 소리를 내어 슬피 울기를 그치지 아니하였다. 승지와 예조 판서가 서로 잇달아 임금의 자리에 오르기를 권하였다. 삼공이 도승지와 더불어 나아가 왕세자를 부축하면서 번갈아 극진히 말하였다. 왕세자가 눈물을 흘리면서 슬피우니, 이 날 뜰에 있던 백관과 군병으로서 목소리를 내지 못할 정도로 울부짖지 않는 사람이 없었다.

–숙종 즉위년(1674년) 8월 23일

숙종은 열네 살에 왕위에 올랐다. 스무 살이 넘어 왕위에 오르는 것보다야 흔치 않은 일이지만 열네 살짜리 왕이 조선에서 독특한 일은 아니다.

성종이 열셋, 명종이 열둘, 선조가 열여섯, 순조는 열하나, 헌종은 여덟 살 등 조선에서는 십대, 혹은 열 살도 채 되지 않아 왕위에 오른 인물들이 있기에 숙종이 왕위에 오른 열네 살이라는 나이는 그리 새삼스럽게 다가오지는 않는다.

왕의 즉위식은 즉위의 기쁨보다는 슬픔이 지배하는 행사였다. 그건 새로운 왕이 즉위한다는 것이 이전 왕이 죽었다는 것, 새 왕이 아버지를 잃었다는 것을 뜻하기 때문이다.

숙종은 즉위식 내내 눈물을 그치지 않았다. 즉위식에서 눈물을 흘리는 것은 숙종만이 아니라 선왕의 죽음을 슬퍼한다는 것을 보여주기 위해 어느 왕이나 그렇게 하는 것이지만 숙종의 눈물은 아마도 진짜였을 것이다. 그는 열네 살. 아버지를 잃었고 갑자기 왕위로 떠밀려 올라가게 되었으니 그 두려움과 슬픔은 감히 짐작하기 어려운 부분이 있기 때문이다.

이렇게 출생부터 즉위까지 그 자체로서 특별한 숙종이지만 후세에게 그의

창덕궁 인정전 내부의 어좌 창덕궁의 정전인 인정전 내부의 모습으로 왕의 즉위와 국가의 중요행사가 모두 이곳에서 이루어졌다. ⓒ김미애

이미지는 그리 좋은 편이 아니다. 숙종은 인현왕후와 장희빈, 두 여자와 한 남자라는 지극히 진부한 삼류 드라마 같은 이야기에 오랫동안 갇혀 있었다. 그것도 부족해 숙빈 최씨라는 새로운 여자를 총애하게 되자 장희빈을 차갑게 내버린 우유부단하고 '나쁜 남자'로 사람들의 뇌리에 박혀 있으니 어떻게 그의 이미지가 좋을 리 있을까. 그러나 그는 영조의 아버지이자 정조의 할아버지다. 조선 후기의 르네상스라 불리는 그 시대를 열게 한 데에는 숙종의 역할도 무시할 수 없다는 것이다.

그가 열네 살에 왕위에 올랐다는 사실 그 자체가 아니라, 왕위에 올랐던 바로 그때를 제대로 알고 주목해야 한다. 하필 그 순간에 왕위에 올라 46년 동안이나 왕위를 지켰던 숙종에 대해 바로 안다면 그가 왜 영조 같은 아들을 두었는지, 왜 영조는 정조 같은 손자를 둘 수 있었는지 알 수 있을 테고, 그런 숙종에게 단지 우유부단한 남자에 불과했다느니 하는 말들은 절대 하지 못할 것이다.

2. 예송논쟁, 왕은 장남인가 둘째인가

숙종의 아버지 현종이 세상을 떠나기 얼마 전이었다.

당시 현종은 2차 예송논쟁(禮訟論爭)의 결과로 '직책을 제대로 수행하지 않고 마음에 둘째 아들과 서자에 대해서는 대공복을 입어야 한다는 뜻을 품고 모호하게 개정한 그 죄를 면할 수 없다'며 예조판서 등을 하옥시키고, 서인 영의정 김수흥에게 부처의 명을 내렸는데 그때가 정확히 1674년 7월 15일이었다.

명을 내린 후 예조판서와 김수흥에게 내린 명을 거두라는 서인들과의 힘겹고 지지부진한 줄다리기에 시달리던 현종은 불과 한 달여 만인 8월 7일, 몸을 가누기도 어려울 지경에 이르고 왕세자 숙종의 기도도 보람 없이 열흘만인 8월 18일에 세상을 떠난다.

바로 그런 상황이었다. 현종은 당시 남인인 허적을 영의정에 임명하는 등의 모습으로 어느 정도 '남인에게 힘을 주겠다'라는 의사표시를 하던 와중이었고 서인은 이에 극렬하고 집요하게 반발하는, 그런 복잡하고 미묘하며 위험하기까지 한 상황이었다.

숙종은 왕위에 오르면서 그런 상황 속으로 떠밀려 들어갔다. 한 나라의 왕이었고 그 왕이 되기 위해 평생을 준비했던 그였지만, 그는 또한 열네 살의 어린 소년이기도 했다. 그 열네 살 소년은 미래를 살아가야 했지만 아버지가 남겨둔 과거의 편린들을 해결해야 할 아들이기도 했다.

과거나 지난 기억과 관련 없는 미래는 없다. 인간은 시간과 밀접한 관계를 맺으며 살아가는 존재이기에 설사 그 기억이 아버지의 것이라 해도 그것은 마찬가지다. 때문에 숙종 이전의 과거를 아는 것은 중요하고, 그 과거의 일 중 예송논쟁(禮訟論爭)은 결코 빠뜨릴 수 없는 부분이다.

예송논쟁(禮訟論爭)은 기해년(1659년) 효종이 죽으면서 시작되었다. 이후 일어난 두 번째 예송논쟁과 구분하기 위해 기해예송(己亥禮訟)이라 부르는 이 논쟁은 효종의 아버지인 인조의 두 번째 왕비 장렬왕후 조씨가 아직 살아 있었다는 것이 논쟁을 시작하게 된 계기였다. 어머니가 아들의 죽음에 얼마 동안 상복을 입느냐가 문제였는데, 효종이 인조의 둘째 아들이었다는 것 때문에 상복 문제는 더 이상 어떻게 할 수 없을 정도로 복잡한 양상으로 치닫기 시작했다.

장렬왕후 조씨는 열넷의 나이로 스물아홉 살 많은 인조의 둘째 왕비가 된다. 그녀는 효종보다도 다섯 살이 어렸고 11년 후 인조가 세상을 떠나자 고작 스물다섯의 나이로 왕의 어머니라는 '대비'의 이름을 얻었다.

당시는 신하들이 남인과 서인으로 나뉘어 각축을 벌이고 있을 때였고, 남인보다 더 막강한 힘을 가지고 있던 서인은 보통 맏아들을 위한 상복이라고 여기는 3년복을 제쳐두고 1년복을 주장한다. 그리고 그 주장 뒤에는 서인의 중심이자 아버지와 같은 스승이라 할 수 있는 송시열이 있었는데, 《의례(儀禮, 중국 고대 지배자 계급의 관혼상제 등 예법을 기록한 책)》에 따라 서자는 맏아들이 될 수 없고, 둘째부터는 다 서자로 한다는 의견으로 뒷받침된 주장이었다.

학문, 특히 예법에 대해 정통했던 송시열이었으나 그의 주장은 치명적인 허점을 가졌고, 윤휴와 윤선도가 주축이 된 남인은 그 허점을 파고들어 반박에 나섰다.

역시 송시열이 그랬던 것처럼 《의례(儀禮)》를 근거로 했던 남인의 반박은 이러했다. 맏아들이 죽으면 다음 아들을 두 번째 맏아들로 세워서 맏아들이라 할 수 있다고 했다. 그러니까 효종은 둘째지만 왕이 되면서 이미 맏아들이 되었다고 볼 수 있으니 3년 상복을 입어야 한다는 것이었다.

송시열은 효종을 '둘째 아들'이라 결론을 내린 것이고, 남인은 효종이 둘째 아들이긴 했지만 왕위를 이었으니 맏아들로 볼 수 있다는 것이 그들 각각의 주장이었던 것이다.

왕위를 잇는 것에 있어 가장 중요하기 때문에 가장 콤플렉스로 작용할 수 있는 문제가 바로 정통성이다.

조선의 역대 왕은 27명, 그 중 적장자로 정통성에 흠집 없이 왕이 된 사람이 불과 8명뿐이기에 오히려 적장자가 의미하는 정통성에서 자유로울 것이라 생각할 수도 있겠지만 그렇지가 않았다. 적장자로서 왕이 되지 못했다는 것에 대해 콤플렉스에 시달리지 않았던 왕은 거의 없었다.

효종이 왕위에 올랐을 때는 아직 그의 형 소현세자의 아들들이 살아 있었다. 왕실의 후계는 아버지와 아들로 이어지는 것이니 소현세자가 불가피하게 병으로 죽었더라도 그의 세자 자리는 아들에게 가는 게 맞았다. 그런데 그 자리에 앉게 된 것은 소현세자의 아들이 아니라 동생 효종이었다.

효종은 그 때문에 조카의 왕위를 뺏은 사람이 되고 예를 어그러뜨린 사람으로 비춰질 수도 있었다. 게다가 효종이 즉위할 때뿐 아니라 죽었을 때조차 소현세자의 막내아들이 아직 살아 있었으니 그런 상황에서 효종을 가리켜 그저 둘째 아들일 뿐이라고 하는 것은 효종이 왕으로 살았던 10년의 세월을 부정하는 것과 별로 다르지 않았던 것이다.

왕과 적장자는 같은 말이다. 왕은 적장자라야 했고, 적장자가 아니었어도 왕이 되면 적장자가 되는 게 조선 왕실의 법이었다.

서인은 효종의 죽음에 즈음해서 위기에 놓여 있었다. 효종은 형인 소현세자와 함께 청나라에 인질로 잡혀 있었던 사람이며 청나라를 공격하고자 하는 북벌을 일생의 목표로 삼았던 것으로 유명하다. 또한 대다수 조선 선비들의 열렬한 지지를 받고 있던 송시열이 효종의 북벌을 함께한 파트너라 알려져 있는 것도 널리 알려진 사실이다. 하지만 현재 많은 학자들이 '송시열은 효종의 북벌을 단호하게 반대했던 사람이었다' 라고 주장하는데 그것에는 이유가 있다.

> "전하께서 10년 동안 간절히 정신을 가다듬어 선치를 이룩해 보려고 하셨지만 효과가 없었으니 신은 사실 그 이유를 모르겠습니다."
>
> "신은 듣건대 엊그제 경연 석상에서 분부하시기를 '오늘날 씻기 어려운 수치가 있는데, 신하들은 이런 것은 생각지 않고 언제나 나에게 몸을 닦으라고만 권하고 있다. 이 수치를 씻지 못하고 있는데 몸을 닦는 것이 무슨 소용이 있겠는가' 하셨다 합니다. 과연 전한 자의 말대로라면 신은 상의 학문이 미진한 바가 있는 듯합니다."
>
> "주자가 정치하는 방도를 논할 적에는 조정을 바르게 하는 것을 우선으로 삼았습니다."
>
> -효종 9년(1658년) 9월 1일

이 얘기들은 모두 9월 1일 송시열이 효종에게 올렸던 상소에서 했던 말들이다. 송시열은 대놓고 효종이 재위했던 10년이 아무 효과가 없었고, 효종의 학문이 미진하다고 하면서 걸핏하면 주자(주희)를 끌어대어 효종과 비교했다.

이런 그를 효종의 파트너라고 볼 수는 없다는 게 학자들의 전반적인 의견이고, 사실 송시열은 효종대에 조정에 나아가 있었던 적도 별로 없었다. 효종이 조선 선비들의 추앙을 받는 송시열을 영입해 선비들의 전폭적인 지지를 받고자 해서 여러 차례 송시열에게 벼슬을 내려 조정에 들어올 것을 권했지만 송시열이 조정에 나온 것은 효종 말년 불과 1년여밖에 되질 않는다.

> "근래에 경의 병으로 인하여 오랫동안 서로 만나 보지 못해 늘 매우 답답하였다. 오늘은 자못 조용한 듯하니 경은 나가지 말라."
> 하였다. 상이 승지 이경억에게 이르기를,
> "오늘은 승지가 먼저 물러가라" 하고, 또 사관과 환관에게 모두 물러가라고 분부했다. 그러고 나서 송시열 혼자 입시하였는데, 외조(外朝)에 있는 신하들은 송시열이 어떤 일을 말씀드렸는지 몰랐다.
>
> -효종 10년(1659년) 3월 11일

이날, 효종은 이조판서였던 송시열을 불러 "봄비가 지루하게 그치지 않으니 농사가 걱정된다. 오직 바라는 것은 금년 농사가 풍년 드는 일인데, 징조가 또 이러하니 근심과 번민이 끝이 있겠는가"라는 말을 시작으로 송시열과 대화를 나누었다.

흉년에 대해서, 송시열이 늘 주장하던 마음공부에 대해서 이런 저런 얘기를 나누던 효종은 별안간 송시열더러 나가지 말라고 했다. 그러더니 승지와 사관, 환관까지 모두 내보냈는데, 이날의 이 사건을 기해년(己亥年)의 독대(獨對)라고 해서 '기해독대(己亥獨對)'라 부른다.

아무도 없이 왕과 송시열만 단둘이 얘기를 나눈 것이기에 사료에 기록되지도 않은 대화내용이 알려진 것은 그 자리에 있었던 송시열에 의해서였다.

> "천한 신하가 기해년(1659년) 3월 12일에 전날 전하를 모시고 대화한 것을 기록해서 하나의 작은 책자를 만들었다. 그 다음 달에 전하가 편찮으시더니 5월 4일에 끝내 승하하시었다. 하늘을 원망하여 부르짖었으나, 어찌할 수 없는 일이었다.
>
> 장례식을 마치자마자, 그 책을 가지고 산속으로 돌아와 단단히 싸서 깊숙이 보관하고 세상에 내놓을 수 있는 날이 오기를 기다리고 있었으나, 끝내 내놓을 수 있는 날이 오지 않았다. 그리하여 깊숙이 보관하여 백 세 이후를 기약하려고 하고 있었는데, 지난해 한림 이광직(李光稷)이 은밀히 편지를 보내와 이 기록이 있는지의 여부를 묻고, 또 부탁하기를 '그 기록을 얻어 다른 책서(策書, 임금이 신하에게 내려서 명령하던 글)에다 실을 수 있게 해 주시기를 바란다'고 하였다. 나는 그 편지를 받고 처음에는 마음속으로 의심하여 종일토록 골몰히 생각하였으나 그 가부를 결정하지 못하였다. 그러다가 문득 마음속으로 혼자 생각하기를 '당시 하늘이 주상을 더 사시게 하여 그 바라시던 사업을 마칠 수 있게 하였다면 이 기록은 굳이 있을 필요가 없다. 그러나 지금 이미 일이 끝나고 말았으니, 만약 그 당시 하셨던 말씀까지도 끝내 묻히게 한다면 나의 죄는 또한 어떠하겠는

가. 누설하지 말라고 정녕하게 분부하신 당일의 경계를 저버리는 일이기는 하나, 이 죄는 도리어 적은 것이다' 고 생각하였다. 그리하여 손수 봉함하여 사람을 보내어 부치려 하였는데, 그날 이광직의 부음이 갑자기 도착하였다. 나는 그가 요절한 것을 애통해하고, 또 그의 훌륭한 뜻이 끝내 이루어지지 못함을 애처로이 여겨 슬퍼하는 마음이 오래도록 가시지 않았다."

-악대설화

효종과의 독대를 기록해서 책자를 만들었다는 송시열의 책 이름은 《악대설화(幄對說話)》이다.

'항시 송나라 효종이 장남헌(장식)을 악대(幄對)하던 일을 해보려고 했으나 인심이 어수선해서 염려스러움이 없지 않아 끝내 하지 못했는데, 이제야 할 수 있게 되었다' 하시며 오랫동안 이야기를 나누고 물러가라 하셨습니다.

-숙종 20년(1694년) 윤5월 11일

"악대(幄對)라고 이름한 것은, 송 효종이 장 위공 부자[魏公 父子, 장준(張浚)과 장식(張栻)]에게 정사를 위임하고서 남헌(南軒, 장식)을 유악 안으로 불러 토론할 적에 밖에 한 사람도 없었던 고사가 있으므로 지금 이 대화도 '악대설화' 라고 명명한 것이다."

-악대설화

삼전도비 인조 17년(1639년)에 청나라와의 전쟁에 패배하고 강화협정을 맺은 후 청의 강요에 따라 세운 비이다. 원래의 비명은 삼전도청태종공덕비(三田渡清太宗功德碑). 이조판서 이경석이 글을 지었고 현재 서울시 송파구 석촌동에 있다. 청나라와의 전쟁에서 패하면서 조선의 왕권은 급속도로 곤두박질치기 시작했다. ⓒ산하삥삥

《조선왕조실록(朝鮮王朝實錄)》과 《악대설화(幄對說話)》에는 송시열이 왜 효종과의 독대를 기록한 책에 '악대설화' 라는 이름을 붙였는지를 말한 기록이 남아 있다.

송나라 효종이 장식 한 사람만을 불러 악대(幄對), 즉 '천막 안에서 대면하던 일을 해보려고 했고 이제야 할 수 있게 되었다' 라는 말을 효종이 했다는 것인데, 그 '악대(幄對)' 를 따서 '악대설화(幄對說話)' 라는 이름을 붙였다는 것이다.

이런 사연의 이름을 가지고 있는 악대설화의 내용을 조금 더 살펴보자.

창덕궁 희정당에서 이루어진 독대에서 효종은 지금이 북벌, 청나라를 치기에 가장 좋은 때라고 자신했다. 정예군 10만을 북경의 산해관까지 돌진하게 한다면 충분히 가능한 일이라 했던 것이다. 그러나 송시열은 제갈량마저도 '마음

대로 하기 어려운 것이 세상사이다' 라고 했다며 북벌에 대한 회의를 드러냈다.

효종은 거듭 북벌이 결코 이룰 수 없는 것이 아님을 주장하며, 송시열과 효종이 한때 사제지간이었다는 점까지 내세웠다. 게다가 자신을 도와주기만 하면 이조와 병조를 맡기겠다고까지 했는데, 이조와 병조를 맡기겠다는 것은 바로 인사권과 병권을 주겠다는 것이었다.

이토록 엄청난 '보상'을 언급하는 효종에게 송시열은 오직 임금의 정심이 중요하고, 기강을 세우는 일은 왕이 사심을 없애는 데에 달려있다는 답변으로 효종의 제안을 물리쳤다. 대놓고 효종의 북벌에 대해 반대의견을 피력했던 것이다.

송시열이 이런 내용의 《악대설화(幄對說話)》를 공개한 것에는 이유가 있었다. 예송논쟁에서 효종을 둘째 아들로 여겼다는 공격을, 사실은 자신이 효종의 충성스러운 신하였으며 북벌의 동지였음을 드러내어 반격해 보려 했던 것이다.

> "당시 하늘이 주상을 더 사시게 하여 그 바라시던 사업을 마칠 수 있게 하였다면 이 기록은 굳이 있을 필요가 없다. 그러나 지금 이미 일이 끝나고 말았으니, 만약 그 당시 하셨던 말씀까지도 끝내 묻히게 한다면 나의 죄는 또한 어떠하겠는가."
>
> -악대설화

송시열은 마치 효종이 더 오래 살아 북벌을 이루는 것을 간절히 바랐던 것처럼 말하고 있다. 그러나 송시열도 인간이라 그의 윤색(潤色)이 어느 정도 가해지기도 했을 기록에조차 송시열은 효종의 북벌 계획에 시큰둥하게 보인다.

그가 효종에게 했던 말들이 틀린 것이라고 할 수는 없다. 그러나 송시열은 효종이 북벌을 정말 하려고 했든, 그렇지 않았든 효종의 주장에 반박을 한 것이었기에 독대가 있고 난 후 서인들은 송시열 때문에 자신들의 정치적 입지가 좁아지지 않을까, 효종이 서인들을 모두 몰아내지 않을까 전전긍긍해 할 수밖에 없었다. 아무리 효종이 힘없는 왕이고 신하들의 기세가 하늘을 찌르는 상황이었다 해도 그는 왕이었고, 서인들을 몰아내고 정권을 잡으려는 다른 무리들은 늘 호시탐탐 기회를 노리고 있었기 때문이다.

그런데 그런 왕이 죽었고 그 왕위를 채운 현종은 열아홉 살이었다. 그는 효종이 청나라에서 인질생활을 할 무렵 태어났으며, 아버지 효종이 어떻게 왕으로서의 10년을 보냈는지 보면서 자랐다. 그러나 그는 열아홉, 노련하고 막강하게 자신의 자리를 지키고 있는 신하들을 이길 수 있는 방법을 아직 갖지 못한 나이였다.

남인이 서인을 역적 취급하며 공격하고 서인 역시 한 치도 물러서지 않으면서 장렬왕후 즉, 자의대비는 1년의 상복을 입었다. 때문에 첫 번째 예송논쟁은 서인의 승리로 불려진다. 이 서인의 승리는 송시열 등 노련한 신하들에게 잔뜩 주눅이 든 열아홉 현종과 서인들의 타협으로 이루어진 것이었다.

이제 어느 한쪽의 편을 들어주는 것은 그저 상복을 결정하는 일이 아닌 서인 혹은 남인, 누구에게 힘을 주는가 하는 심각한 문제로까지 발전했고 서인들조차 더 이상 문제가 커지는 걸 원치 않는 상황에까지 이르렀던 것이다.

《의례(儀禮)》가 장남과 둘째의 상복을 구분하는 반면, 조선의 법전인 《경국대전(經國大典)》은 그렇지 않았다. 《경국대전(經國大典)》은 장남이든 둘째든 모두 1년을 원칙으로 한다.

이런 《경국대전(經國大典)》이 바로 서인이 다툼을 멈추게 할 카드로 내놓은 것이었고, 남인과 현종은 그래서 서인이 효종을 둘째 아들로 여기는 것을 포기했다고 믿게 된다.

그러나 송시열은 《경국대전(經國大典)》을 따르자는 말만 했지, "《경국대전(經國大典)》에 '장남'은 1년 상복이니 1년으로 하자"라는 말은 하지 않았다.

15년 후 갑인년 1674년에, 미처 끝내지 못했던 그들의 논쟁은 다시 시작된다.

3. 어린 왕 길들이기

1674년 효종의 왕비, 인선왕후가 사망했다. 그리고 의붓아들이 죽어 서른여섯에 뜻하지 않던 논쟁에 휘말렸던 자의대비(장렬왕후)는 며느리의 죽음으로 쉰하나의 나이에 또 다시 논쟁의 한가운데로 끌려 들어가게 된다.

현종과 남인은 15년 전 기해년의 예송이 《경국대전(經國大典)》을 따름으로써 효종이 장남으로 결론난 것이라 믿었다. 그렇다면 인선왕후의 경우는 당연히 쉬운 얘기였다. 《경국대전(經國大典)》에서는 큰아들과 둘째의 상복기간을 구분하지 않지만 며느리는 다르다. 큰며느리일 경우 1년, 작은며느리부터는 9개월로 차별을 둔다. 그러니 이전에 효종을 큰아들로 여겨 자의대비의 상복이 1년복으로 결정이 났던 거라면 당연히 큰며느리도 1년복으로 결정해야 하는 것이 맞았을 텐데, 문제가 생겼다.

예조(禮曹, 예의, 제사, 학교, 과거 따위에 대한 일을 맡아보던 관청)에서 1년이라고 했다가 9개월로 고치는 사건이 발생했던 것이다.

당시 예조판서였던 조형은 남자와 여자의 지위가 같지 않으니, 효종과 인선왕후의 상복을 입는 기간이 같을 수는 없다고 여겼다. 효종이 1년이라면, 인선왕후는 그보다는 적어야만 한다는 것이었고 상복문제는 아무 무리 없이 9개월로 결정이 날 듯했다.

그런데 대구 유생 도신징이 9개월의 부당함을 주장하고 나서며 제2차 예송논쟁 '갑인예송(甲寅禮訟)'의 막이 올랐다.

> "대왕대비(자의대비)께서 인선왕후를 위해 입는 복에 대해 처음에는 기년복으로 정하였다가 나중에 대공복(9개월복)으로 고쳤는데 이는 어떤 전례를 따라한 것입니까? 대체로 큰아들이나 큰며느리를 위해 입는 복은 모두 기년의 제도로 되어 있으니 이는 국조 경전(《경국대전》)에 기록되어 있는 바입니다. 그리고 기해년 국상 때에 대왕대비께서 입은 기년복의 제도에 대해서 이미 '국조 전례에 따라 거행한다' 고 하였는데, 오늘날 정한 대공복은 또 국조 전례에 벗어났으니, 왜 이렇게 전후가 다르단 말입니까."
>
> – 현종 15년(1674년) 7월 6일

현종은 도신징의 상소를 보고 영의정 김수흥에게 1년에서 9개월로 바꾼 이유를 따져 물었다. 기해년과 지금이 왜 앞뒤가 맞지 않느냐고.

김수흥은 기해년에도 《의례(儀禮)》의 법을 따랐고 이번에도 그랬다고 대답한다. 서인들은 기해년에도 《경국대전(經國大典)》이 아닌 《의례(儀禮)》를 따랐던 거라고 우긴 것이다. 현종이나 남인, 그리고 지방의 일개 유생까지도 기해년에 《경국대전(經國大典)》을 따랐다고 알고 있었는데, 이제 와서 서인들만이 《의례(儀禮)》를 따랐던 거라고 주장했다. 그렇다면 서인들은 기해년 첫 번째 예송 때 《의례(儀禮)》를 따라 효종을 둘째 아들로 여겨 1년을 결정했던 것이라는 얘기가 된다.

현종은 속았다. 그는 아버지 효종의 정통성뿐만 아니라 자신의 정통성까지 짓밟혔다. 서인들이 효종을 왕으로 여기지 않았다면 효종의 아들인 현종 자신도 그들의 왕은 아닌 것이다. 현종은 더 이상 참지 않고 영의정 김수흥을 부처(付處, 어느 곳을 지정하여 머물러 있게 하던 형벌)하고 서인들의 의견을 받아 결정했던 예론도 모두 되돌렸다.

그러나 당시의 왕권은 왕이 결정을 내렸다 해서 신하들이 군말 없이 받아들일 만큼 강하지 못했다. 왕의 명령이 제때에 곧이곧대로 먹이질 않았던 것이다.

서인 신하들은 거듭 김수흥에게 내린 부처의 명을 도로 거두라고 청했고 현종이 신하에게 하는 것이 '마치 매가 참새를 쫓는 것 같다' 며 비난하기까지 했다.

> "기해년에 갑과 을이 다투어 변론할 때에 조정에서 이미 국가의 전례를 사용하였으나 역시 장자나 중자의 구분이 없었기 때문에 시행하지 않았을 뿐이다. 그러나 지금은 기해년에 갑과 을이 변론한 것들을 주워 모아 오늘날의 상복 제도를 낮추려고 꾀하였다. 어떻게 기해년에 시행하지 않았던 것과 비유해 똑같이 할 수 있기에 너희들은 인용하여 오늘날의 규

식을 삼으려고 한단 말인가. 이러면서도 감히 매가 참새를 쫓는 것처럼 한다고 말할 수 있단 말인가. 매우 터무니없다."

-현종 15년(1674년) 7월 16일

현종은 이로부터 불과 한 달여 후인 8월 18일에 세상을 떠났다.

'상복 제도를 낮추려고 꾀하였다' 고 할 만큼 서인에 대해 크나큰 분노를 안고 있었지만 서인을 몰아내고 자신의 분노를 풀 충분한 시간은 갖지 못했다는 말이다.

숙종은 아버지가 세상을 떠난 지 닷새 후인 8월 23일에 조선의 19대 왕으로 즉위했다. 그는 즉위한 순간부터 이미 미래에 서 있었다. 하지만 그는 아버지가 제대로 매듭짓지 못한 과거를 수습해야 하는 숙제도 떠안게 되었다.

"내가 나이가 어려서 아는 것이 없으므로, 지금에 와서 믿는 것은 다만 경등을 바르게 보필하는 힘뿐이다."

열네 살의 어린 왕 숙종은 실제로 그런 말을 자주 했다. 아마도 진심으로 신하들의 도움을 바랐을 수도 있었겠지만 나이가 어리니까 겸손함을 보여야 한다는 생각 때문이거나 그저 의례적인 말이었을 수도 있을 것이다.

그러나 쉽게 짐작할 수 있듯 아버지의 약한 왕권을 보아왔던 어린 왕의 마음에는 두 가지의 상반된 감정이 교차하기 마련이다. 나이 많고 노련한 신하들에 둘러싸여 어찌할 줄 모르게 되는 두려움과 이들이 내가 나이 어리다고 나를 무시하는가 하는 분노. 그 감정 사이를 걷는 어린 왕의 걸음은 어떤 것이었을까? 그는 그 어디쯤에 의지해 나아가야 한다 여겼을까?

즉위한 지 한 달쯤 후의 어느 날이었다. 진주의 유생 곽세건이 상소를 올렸다. 상소는 숙종이 송시열로 하여금 현종의 지문(誌文, 죽은 사람의 이름과 태어나고 죽은 날, 행적, 무덤의 위치와 방향 따위를 적은 글)을 지어 올리도록 명한 일에 관한 내용이었다.

그 일에 대해 곽세건은 기해년의 일이 실로 송시열에게서 나온 것이니 그는 효모(효종)의 죄인이고 선왕(현종)의 죄인이라고 주장하며 왕법을 시행하여 왕권이 흔들리지 않는 것이 전하의 책무라고 주장했다.

> "엎드려 원하건대, 송시열에게 지문을 지어 올리게 한 명을 속히 거두시고, 신하들 중에 나이 많고 예법에 익숙하며 문학에 노련한 자를 가려 큰 공적을 찬술하게 하고 없어지지 않도록 새겨서 길이 후세에 남기도록 하소서."
>
> -숙종 즉위년(1674년) 9월 25일

곽세건의 상소는 큰 파장을 불러일으켰다. 효종이 죽었을 때 자의대비가 1년의 상복을 입게 되었던 일이 송시열에서 나온 것이니 그는 효종과 현종의 죄인이라고 주장한 그 상소가 파장이 없을 수가 없었다.

바로 그날 승정원에서는 상소의 말이 지극히 패악하여 차마 바로 볼 수 없다며 곽세건이 '이 말썽의 칼자루를 얻고 이 기회에 편승하여 예우하던 늙은 신하를 마침내 헤아릴 수 없는 곳에 빠뜨리려 한다' 고 주장하고 나섰다.

그러나 숙종의 대답은 "나도 그렇게 생각했다. 벌을 주어야 겠다" 같은 대답이 아니라 그저 "알았다" 한마디뿐이었고 송시열을 추종하는 서인들의 입장에

창덕궁 인정전 마당의 품계석 왕이 하례를 받거나 국가적인 행사를 거행하던 곳인 인정전의 품계석. 이때 관료들은 자신의 품계에 해당하는 품계석 옆으로 서야 한다. 이곳에 선 수많은 신하들을 지켜보았을 숙종의 고뇌가 느껴지는 듯하다.

서는 그런 미적지근한 숙종의 태도가 마음에 들지 않았다. 다음날부터 서인인 대사헌 민시중과 지평 신완이 곽세건을 국문하고 죄를 주라고 청했고 숙종의 대답도 조금씩 모호함을 벗어나기 시작했다.

> "이 무슨 말인가? 이제 유생의 상소는 쓰고 안 쓰는 데 있을 뿐이며, 일이 선조에서 이미 드러난 것이니, 윤허하지 않는다."
>
> -숙종 즉위년(1674년) 9월 26일

숙종이 앞서 "알았다"는 말로 다소 애매한 태도를 보였다면 국문과 죄를 청하는 말에는 단호한 태도를 보이기 시작했던 것이다. 그러면서 "일이 선조에서 이미 드러난 것"이라는 말까지 했으니 이는 '이미 송시열의 죄라는 것이 밝혀졌다'는 말로 해석될 수가 있었다.

서인들은 사태의 심각성을 깨닫지 않을 수 없었다. 아직은 서인이 조정을 장악하고는 있지만 왕이 송시열에 대해, 서인들에 대해 편치 않은 감정을 갖고 있다면 그들은 마냥 탄탄한 앞날을 보장받을 수 없을 것이었다. 서인들은 숙종의 속내를 확실히 파악하고 송시열에게 죄가 없음도 확인받지 않으면 안 되었다.

다음날부터 앞다투어 곽세건을 죄주라는 청이 올라오기 시작했다. 송시열이 죄가 있다면 서인들 모두가 죄인이 되는 것이었기 때문에 신하들은 공격적이었고 노골적이었으며 절박했다. 이틀 후 급기야는 영의정 허적, 영중추부사 정치화, 좌의정 김수항, 도승지 김석주가 왕 앞에 나섰다.

숙종을 압박하는 것이 전혀 소용이 없었고, 송시열이 수원으로 돌아가 버리기까지 했기 때문이었다. 이들은 남인, 서인, 외척 등 다양한 성분의 사람들이었다. 영의정 허적은 서인에 우호적인 남인이었고, 김석주는 외척이면서 또 서인이었으며, 온건하거나 그렇지 않거나의 차이가 있었을 뿐 김수항과 정치화 역시 서인이었다.

숙종 즉위년 9월 27일자 실록에 실린 이들과 왕의 대화 내용을 살펴보자.

> "신은 전하께서 (곽세건의) 상소를 도로 내주실 줄 알았는데, '알았다'는 말로 답을 내리실 줄은 헤아리지 못하였습니다."
> "내가 어린 나이로, 바라는 바는 오직 경 등이 한 마음으로 도와서 이끌어가는 데 있는데, 한 장의 상소로 인하여 사헌부와 사간원이 서로 이어 분노를 일으키니, 재궁(齋宮, 왕, 왕후 등의 관)이 빈전에 있어 선침(仙寢, 현

종의 시신)이 아직 식지도 않은 때에 어찌 이다지도 시끄럽게 다투는가? 생각이 이에 미치지 못한단 말인가?"

"전하께서 처음에 만약 곽세건을 물리치는 분부를 내리셨다면, 대간의 말도 나오지 않았을 것입니다."

"상소는 쓰면 쓰고 안 쓰면 안 쓰는 것이다. 어찌 국문하는 일이 있단 말인가?"

"(곽세건을) 마땅히 명백하고 엄하게 배척하여야 합니다. 그런데 이제 '쓰면 쓰고, 안 쓰면 안 쓴다'는 말로 분부하실 뿐이라면, 곽세건 같은 자가 반드시 계속해서 일어날 것입니다."

"경 등이 한마음으로 과인을 이끌어 준다면, 하늘에 계신 선왕의 영혼이 또한 반드시 기뻐하시겠지만, 한 상소로 인하여 당론을 일으키고자 한다면 또 어찌 위에서 기뻐하시겠는가?"

"엿보고 탐색해 보는 풍조를 자라나게 해서는 안 됩니다. 곽세건은 죄준다면 대간의 의논은 저절로 그쳐질 것입니다."

"오늘은 세 대신이 입시하였고, 당론만 앞세우는 자가 아니니, 전하께서는 살피소서."

-숙종 즉위년(1674년) 9월 27일

신하들과의 입씨름으로 숙종은 끝내 "그를 죄주라"라는 말을 꺼내고 말았다. 늙은 신하들이 주장하는 바도 틀리진 않았기 때문이다. 곽세건이 상황을 엿보면서 송시열을 공격한 것도 사실인 것 같았고, 선왕들이 대우하던 신하를 내치는 것도 지나친 것 같았다.

그러나 숙종은 상황을 쉽게 신하들이 원하는 대로 이끌어갈 생각이 별로 없었다. 숙종이 곽세건에게 내린 벌은 '정거(停擧)' 였다. 정거는 과거에 응시하지 못하게 하는 형벌이었다. 유생에게 과거에 응시하지 말라니 벌이 아니라고 할 수는 없었지만 정거는 언제든 풀릴 수 있는 가벼운 벌이었기에 가벼운 경고 정도로 보일 수 있는 것이었다.

다음 날, 사건이 다시 고개를 들었다. 서인들이 이 기회를 어린 왕을 길들일 핑계거리로 삼으려 작정을 하게 된 것이다. 아직 왕이 어리고 뭘 잘 모를 때 길들여야 서인의 앞날에 어려움이 없을 거란 예상은 누구나 쉽게 할 수 있는 일이기 때문이었을까.

곽세건을 국문하고 죄주라는 청이 다시금 밀려들기 시작했다. 숙종은 어제 신하들과 이미 참작해서 처리했다며 번거롭게 굴지 말라고 일침을 가했다. 신하들은 '전하께서 마땅히 호오를 분명히 보이셔야 합니다' 라거나 '마땅히 죄를 더 주어 엄하게 배척하셔야 합니다' 등의 주장을 펼쳤지만 숙종은 물러날 생각이 없는 듯했다.

숙종은 오히려 정거 또한 지나친 것이지만 마지못해 따른 것이라고 대꾸했다.

> "오늘 관학 유생의 상소를 보니, 선왕이 정한 인선 대비의 복제를 옳지 않다고 하였는데, 그 말이 근거가 없다. 내가 벌주고자 하는데 어떠한가?"
>
> 하니, 허적이 아뢰기를,
>
> "자고로 예를 가리는 것의 논설은 갈래가 많습니다. 이제 이 유생 등의 의견이 바로 그런 것이고, 또 치욕이 스승에게 미치므로 많은 선비가 일

제히 성을 내어 이 상소가 있는 것이니, 어찌 죄줄 수 있겠습니까? 만약 벌을 준다면 관학이 비게 되어 반드시 번거로움을 초래할 것이니, 매우 아름다운 일이 아닙니다. 또 이 복제 조항은 서로 다투어 변론하는 것이니, 성상께서는 다만 마땅히 그 시비를 밝히실 뿐입니다. 만약 시비를 정하고자 한다면 좋지 않으니, 그대로 두는 것만 같지 못합니다."

하니, 임금이 머리를 끄덕였다.

–숙종 즉위년(1674년) 10월 3일

곽세건의 상소로 한창 시끄러운 와중에 숙종은 영의정 허적, 좌의정 김수항 등에게 말했다. 전날에 유생 한성우 등 180여 명이 올린 상소를 보니 현종이 정한 인선왕후의 복제를 가리켜 옳지 않다고 했다며 벌주는 게 어떠하냐는 것이었는데, 허적의 대답이 눈길을 끈다.

'시비를 밝히실 뿐, 시비를 정하고자 한다면 좋지 않다' 라는 말을 어떻게 받아들여야 할까. 숙종은 머리를 끄덕여 수긍의 뜻을 표했다. 그러나 그의 속마음도 그랬을까?

4. 열네 살 왕의 반격

"금후로 소장을 바치는 사람으로서, 의례에 대해 일컫고 선왕에 대해 말하는 자는 마땅히 역률(逆律)로 논할 것이니, 승정원은 그리 알라."

하였다. 허적이 바야흐로 원상이 되어, 전교를 도로 바치며 말하기를,

"요즈음 전하께서 이같은 상소는 들이지 말라는 하교를 하셨을 때에, 신이 뒷날의 폐단이 있을 것을 염려하여 중지하기를 힘써 청하였는데, 이제 이 '역률(逆律)' 두 글자는 더욱 극히 미안합니다. 비록 중률(重律)로 논한다 하여도 어찌 감히 범하는 자가 있겠습니까?"

-숙종 즉위년(1674년) 10월 7일

곽세건을 벌주고 송시열을 변명하는 상소는 끊이지 않았는데 그런 상소들이 문제가 되지 않을 수 없었던 이유는 송시열이 죄가 없음을 말하면서 예송을 빼놓고 말하는 것이 불가능했기 때문이다. 현종이 정한 예론이 맞다면 송시열은 당연히 죄가 있는 것이니까, 송시열의 추종자들은 그 예론 자체가 틀렸다고밖에 할 수 없었다는 얘기다.

그런데 숙종은 그 얘기가 무척이나 불편했다. 자신은 당연히 아버지가 옳다고 믿고 있었는데 신하들이 끝난 논의를 다시 시작하려 하는 것이나 다름없었기 때문이다. 숙종은 의례에 대해 말하고, 선왕에 대해 말하는 자는 역모죄로 다스릴 것이라고 선언한다.

그러나 허적의 만류로 무조건 죽이고 삼족을 멸하는 역률보다는 가벼운 '무거운 형벌' 정도라고 할 수 있는 중률로 그 말을 고치는데, 사관은 이 기사에 '허적의 뜻은, 잠시 조금 여지를 두었다가 가벼운 것에서부터 무거운 데로 들어가게 하고자 한 것' 이었다고 덧붙인다.

송시열이 짓기를 사양한 지문은 결국 김석주에게 쓰게 했고 숙종이 거듭 불편하고 예민한 속내를 드러냈지만, 신하들은 좀처럼 물러설 기미가 없었다. 송시열에게 죄가 없고 곽세건을 벌주어야 한다는 상소는 끊이지 않았고, 마침내 숙종을 폭발하게 한 상소가 올라오는 지경에까지 이르렀다. 경기 유생 이필익 등이 상소하여 곽세건을 먼 변방으로 내치라고 청했던 것인데, 곽세건의 문제만을 언급한 것이 아니기 때문에 숙종의 신경을 건드릴 수밖에 없었다.

> '정성을 다하여 공경하고 예우하여 송시열을 불러들여 좌우에 두고 군주의 덕을 올바른 데로 이끌어 가게 할 것.'
>
> -숙종 즉위년(1674년) 10월 28일

왕에게 정성을 다하여 신하를 공경하라니, 숙종은 유생의 무리가 다시 이와 같이 시끄럽게 군다며 이필익 등을 먼 변방으로 보내라고 명했다. 상소를 같이 올린 유생들이 20여 명이 되니 우두머리 한 사람만 쫓아내라는 명으로 고치기만 했을 뿐, 죄주기를 만류하는 신하들의 청은 단호히 거부되어졌다.

그런데 열흘쯤 후, 유생들 90여 명이 다시 상소를 올렸다. 그 내용은 한마디로 '곽세건이 잘못해서, 그 잘못을 유생들이 말하고 송시열이 죄 없음을 변명한 것뿐이다. 그런데 어찌 그런 자들을 벌 줄 수가 있느냐' 하는 것이었다. 그리고 이들의 상소는 '이를 변방에 던져서 길이 사람의 입을 막으려 하시니, 후세에서 장차 전하를 어떻다고 이르겠습니까?' 라는 말로 끝을 맺는다.

> "곽세건의 충언과 지극이 당연한 말도 흉한 상소라 하여 물리쳤거늘, 이필익이 간사한 말을 교묘하게 꾸민 것을 송시열의 억울함을 밝힌 것이라고 지칭하니, 이는 무슨 마음으로 임금의 얕고 깊음을 더듬어서 시험하려는 것이냐? 혹시 어린 군주이기 때문에 그러한 것이 아니냐? 내가 심

히 통탄스러워 차마 바로 보지 못하겠다."

-숙종 즉위년(1674년) 11월 11일

숙종의 분노는 극에 달했고 즉시 명령했다. 곽세건의 정거를 풀어 주라고.

"선왕께서 복제의 잘못됨을 통촉하시고 바로잡으신 뒤에 곧 대신 및 예관을 죄주셨는데, 지금 이 행장에는 예관에게 죄를 준 연후에 국가의 전례가 비로소 정해졌다고 말했으니, 매우 몽롱하다. 명백하게 고쳐서 올려라. 그리고 다시 미진한 것이 있으면 그 죄를 면하기 어려울 것이다."

-숙종 즉위년(1674년) 11월 1일

송시열이 서울을 떠나버리고는 지문 짓기를 거부해 지문은 김석주에게, 행장(行狀, 사람이 죽은 뒤에 그의 행적을 적은 글)은 9월 17일 이단하에게 맡겨지고 나서 두 달 정도가 지난 11월의 일이었다.

숙종은 이단하가 지어올린 행장을 지적하고 있었다. 갑인년 효종의 왕후 인선왕후가 죽었을 당시 자의대비의 상복을 대공복(9개월복)으로 올렸을 때 현종이 복제가 잘못된 것을 바로 잡은 후에, 책임이 있는 예관과 대신을 죄주었는데 왜 그 반대로 되어있느냐는 것이었다.

지적을 받은 이단하는 간략하게 더하여 보충해서 올렸지만 숙종은 책임을 메우기만 했을 뿐 명백하지 못하다며 이단하의 죄를 묻겠다고 선언한다.

그러면서 아버지 현종이 친히 다 알아보고 잘못된 것을 고쳐 정한 것인데, 이단하가 지은 행장에는 마치 현종의 마음대로 억지로 정한 것처럼 보인다며 속히 고쳐 올리라고 덧붙인다. 이단하는 다시 고쳤지만 '실대(失對, 대답을 잘하지 못함)하였다 하여 수상을 죄주었다' 라고 한 부분이 다시 문제가 되었다.

숙종은 당시의 신하들이 왕의 은혜를 저버리고 효종을 맏아들로 인정하지 않아서 각각 1년복과 대공복을 주장하고 나선 것이라는 입장이었다. 그러니 단지 신하들이 마치 실수를 한 것처럼 가볍게 처리해 버린 이단하의 행장이 마음에 들 리가 없었고, 마음에 들지 않기는 이단하 역시 마찬가지였다.

'다른 의논에 부탁했다' 고 고쳐서 보탠다면 그것이 옳은 것인지를 알지 못하겠다고 하는 이단하에게 숙종은 지금 바로 쓰지 않으면 본래의 뜻이 나타나지 않을 거라며 고집을 꺾지 않았다.

"당시 참여했던 여러 신하들이 지금 비록 공무는 집행한다 하더라도 거의 모두가 스스로 펀치 못한 뜻이 있으므로, 지금 만약 다시 이 말을 거론하여 영구히 전하여 남기게 한다면, 반드시 모두 책임을 지고 물러가게 될 것이니, 선왕의 조정에서 일을 맡았던 신하들이 한꺼번에 물러간다면 손상되는 바가 적지 않을 것입니다."

-숙종 즉위년(1674년) 11월 1일

고치지 않는 이단하와 자신의 뜻을 꺾지 않으려는 왕 사이에 영의정 허적이 나섰다. 늙고 혼미한 자신이 어찌 홀로 국사를 담당하겠냐는 허적의 말에 숙종은 한 발 물러섰다. 그러나 그는 글자를 쓰지 아니한다 하더라도 반드시 '다른 의논을 따랐다' 는 뜻으로 고치는 것이 옳겠다는 생각을 거두지는 않았고, 한 달 후쯤 이단하와 숙종의 2라운드가 시작된다.

"예를 옳지 못하게 의논한 자를 지명하여 고쳐 들일 것을 어제 분부하였는데, 어찌하여 지금까지 고쳐 들이지 아니하느냐?"

-숙종 즉위년(1674년) 11월 30일

예를 옳지 못하게 의논한 자를 '지명' 해서 적어 넣으라는 숙종의 요구가 그 시작이었고, 억지로 불러들여 겨우 왕 앞에 나선 이단하는 현종이 당시 '수상을 죄주라' 고 하면서 특정한 사람에 대해서는 언급하지 않았다며, 지금 자신이 그 '어떤 사람' 에 대해 적는다면 그것은 자신이 쓰는 것이지 현종의 입에서 나온 얘기가 아닐 것이니 감히 어찌 그렇게 하겠냐고 말했다. 숙종은 치밀어 오르는 분노에 어쩔 줄 몰라 했다.

"선왕의 뜻은 판부사(송시열)가 예경을 그릇되게 논했다고 여기신 것인데, 어찌하여 이렇게 고치지 않느냐?"

"신이 승정원일기를 상고해 보니 인선 왕비의 초상에 이르러서는 예관이 먼저 여쭈어 정하지 아니하고 대공복으로 정하였으니, 이는 밖에 있던 송시열이 알지 못하는 것입니다.

……선왕께서는 그 사람을 모르시는 것이 아니었는데, 그 이름을 지적하시지 아니하신 것은, 스승으로 예를 갖추어 대접하시던 신하인지라 차마 갑자기 그 이름을 지적하여 물리치시는 뜻을 나타낼 수가 없었기 때문이 아니겠습니까?"

"맏아들을 위하여 응당 3년을 입어야 할 것인데 기년(1년)으로 내렸기 때문에, 선왕께서 그 잘못을 아시고 고치신 것이다. 선왕께서 바로 고치신 예를 도리어 가리려고 하느냐?"

"전지 가운데 없는 문자를 신이 어찌 감히 고쳐 넣어서 선왕의 지시가 있던 것처럼 하겠습니까? 청컨대 다시 다른 사람에게 명하소서."

이단하의 고집은 만만치 않았다. 끝내 다른 사람으로 고쳐 명하라고 거듭 청했으니까. 하지만 그보다 더 대단한 고집의 소유자는 바로 숙종이었다.

"행장 가운데 문자를 고쳐서 올리라는 뜻을 거듭 밝히고 면대하여 말한 뒤에도 다른 사람에게 미루고 바로 고쳐 들이지 아니하니, 한마디 한마디가 해괴하다. 이것은 모두 나이 어린 군주를 억제하려고 하는 소치이니, 심히 마음 아프고 슬프다. 마땅히 중한 형벌로 다스릴 것이나, 우선 먼저 승정원으로 불러서 고쳐 들이도록 하라."

-숙종 즉위년(1674년) 11월 30일

숙종은 화가 났다. 이단하가 자신이 어린 군주라고 억제하려고 한다는 발언까지 했으니 어지간히 화가 난 게 분명하다. 그는 어찌됐든 이단하를 벌줄 것이지만 끝내는 행장을 고쳐 올리도록 명했다.

망설이는 이단하에게 내관까지 보내며 독촉했고 이단하는 결국 '공경(公卿, 높은 벼슬아치들)들이 의례의 사종의 설로써 대답하니, 이는 본래 송시열이 인용한 말이다' 라는 말을 넣을 수밖에 없었다.

그리고 마지막, 숙종은 이단하를 나가떨어지게 만들 수밖에 없었던 회심의 일격을 날린다.

> "지금 고쳐서 올린 문자에는 다만 송시열의 소인(所引)이라고만 말하였으니, 어디에 고쳐 넣은 뜻이 있느냐? 소인의 소(所)자를 오(誤)자로 고치는 것이 옳겠다."
>
> -숙종 즉위년(1674년) 11월 30일

송시열의 말을 '인용했다' 는 말의 뜻을 '잘못 인용했다' 로 또 고치라는 명. 이단하는 그렇게 할 수밖에 없었다.

5. 갑인환국, 절대왕권으로 나아가다

이단하는 대제학(大提學)이었다.

행장을 지을 것을 명 받을 때는 이조 참의였고, 행장을 지으면서 받은 관직이긴 하지만 어쨌든 그랬다. 대제학을 문형(文衡)이라 하고 문형은 학문, 문장을 평가하는 저울이라는 뜻을 가진다.

학문과 문장을 가장 중요하게 생각하고 수많은 양반과 선비들이 그에 힘썼던 조선이라는 나라에서 '저울' 이라고 이름 지어진 직책을 가진다는 것이 대체 어떤 의미이겠는가?

그것은 바로 '최고'를 의미한다. 이단하보다 학문과 문장에 뛰어난 사람이 아무렴 조선 안에 하나도 없었겠냐만 학문과 문장에 관해서는 엄청난 자존심을 지닌 조선의 학자들에게 대제학이 될 만하다 인정받는 일은 결코 쉽지 않은 것이다.

이단하는 그런 사람이었다. 조선에서 학문과 문장이라면 손꼽히는 사람이었고 조정에 나온 지 10여 년이 넘었으며 오십의 나이였다.

그런 그와 열네 살의 어린 왕이 부딪친 이 사건은 흥미로우면서도 숙종의 성격과 당시 그가 갖고 있던 생각을 알려주는 중요한 면을 가지고 있다. 이단하는 결국 숙종의 명령에 굴복해 송시열이 '잘못했다'는 글을 현종의 행장에 적어 넣고 말았지만, 그 20여 일 후 실록에서 이단하의 파직 기사가 발견된다.

> "전하께서 새로 어렵고 큰 왕업을 이어받으셔서 조정에 스스로 큰 소요를 일으키시어, 예를 의논한 한 가지 일을 가지고 크나큰 함정을 만드시고는, 선조에서 예우하시거나 또는 의지하고 신임하시던 신하들을 기필코 모두 물리치고자 하시니, 신은 그것이 무슨 뜻인지를 알지 못하겠습니다. 신은 송시열에게 스승과 제자의 의가 있습니다. 행장을 고쳐 올릴 때에 엄하 명령에 핍박되어 이미 그의 이름을 배척해 썼으며, 또 오(誤)자를 그 이름 아래에 썼습니다. 신이 마땅히 제자의 의리로 같이 책임을 져서 이를 피하고, 다시 다른이에게 고쳐 명하시도록 청했어야 할 것인데, 생각이 여기에 미치지 못하였으니 후회막급일 뿐입니다."
>
> -숙종 즉위년(1674년) 12월 18일

윤증 고택의 명륜당 숙종대의 이름난 학자 윤증의 고택과 나란히 자리한 노성향교의 명륜당. 향교는 지방의 교육을 맡았던 관학기관으로 조선 후기 사설 교육기관인 서원이 지방교육의 중심이 되면서 쇠퇴했다. 후기로 갈수록 왕권이 약화되고 신권이 강화되는 조선의 모습을 대신하는 듯하다. ⓒ이왕재

이단하는 거듭 인선왕후의 초상에 예관이 먼저 여쭈지 않고 대공복으로 한 것은 밖에 있는 송시열이 아는 바가 아니었다는 주장을 번복하고 있었는데, 그의 자세는 이전에 숙종의 명에 반대의 의견을 말하면서도 머뭇거리며 명을 받들던 그런 모습이 아니었다. 그는 숙종이 조정에 큰 소요를 일으키고 함정을 만들어 선왕이 의지하던 신하들을 물리치고자 한다며 비난의 수위를 높였다.

"이조 참판 이단하가 감히 이미 정해진 예를 가지고 장황하게 늘어놓은 것이 교묘하게 꾸미지 않은 것이 없고, 엄한 명령에 핍박되어 오(誤)자 한 글자를 그 이름 아래에 써 넣었다고 말한 데에 이르러서는 한갓 스승만을 알고 어명이 있음은 알지 못한 것이니, 신하로서 임금을 섬기는 도리

> 가 어찌 이와 같아서야 되겠느냐? 진실로 심히 해괴하다. 우선 파직시키고 서용하지 말게 하라."
>
> –숙종 즉위년(1674년) 12월 18일

어린 왕의 분노는 어떤 것이었을지 이단하를 파직하며 한 말에 고스란히 나타난다.

'한갓 스승만을 알고 어명이 있음은 알지 못한 것이니…….'

숙종의 말에는 틀린 구석이 하나도 없다. 이단하는 오직 스승인 송시열을 위해 왕을 비난하고 나선 것이다. 이단하의 표면적인 불만은 왜 스승이 잘못했다는 사실을 자신이 행장에 써 넣어야 하는가였지만 그 속내는 왜 어린 왕이 제대로 알지도 못하면서 선왕들이 크게 대우하던 신하를 잡아먹지 못해 안달을 하느냐였다.

이단하에게 있어 스승은 왕보다 위에 있었다. 왕은 하늘이 낸다고 하지만 이단하가 보기에 아직 솜털이 보송보송한 어린 왕은 스승에 비할 수 있는 상대가 아니었다. 그런 왕이 감히 하늘과 같은 스승을 비난하다니, 자신의 손으로 스승을 비난하게 하다니 아무리 왕이라도 용납할 수 없는 일이었다.

> 옛 정승 송시열을 남변에 안치하고, 전 판서 민정중과 전 참판 이단하는 관직을 삭탈하여 성문 밖으로 내쫓았다. 대사헌 윤휴, 장령 조사기, 지평 유하익, 이항 등이 말하기를,
>
> "송시열은 혼미하고 공손하지 못하여 고쳐서 뉘우치는 마음이 없고, 북로(北路, 서울에서 함경도로 통하는 길을 이르던 말)는 인심이 순후하고 풍속

이 소박한 데다가 송시열이 여기에 있게 되면서 어리석은 백성들을 속이고 유혹하여 순박한 풍속을 미혹시키고 어지럽게 하였습니다. 그리고 민정중 등은 죄인의 괴수를 높이 받들고 바른 의논을 저지하여 억눌렀습니다. 아울러 죄주기를 청합니다."

하니, 임금이 즉시 그대로 따랐다. 처음에 송시열이 귀양을 가고 나서 당시의 의논은 형을 더하여 사형으로 처치하려 하였으나, 마침 이정과 이연의 일이 발각됨으로 인해 정지되었다.

……윤휴 등이 또 김수항을 공격하려 하고 아울러 정치화에게도 미치려 하였다.

–숙종 1년(1675년) 윤5월 15일

위의 기록은 남인이 함경남도 덕원에 유배 중이었던 송시열을 남변으로 옮겨 안치하고 민정중과 이단하 등도 쫓아내라는 기사다. 남인관료들은 송시열과 갑인예송에 참여한 대신들을 겨냥한 공격에 본격적으로 나섰다.

앞선 내용에서 남인이지만 서인과 송시열을 감싸주고 구하고자 했던 모습을 보였던 '허적의 뜻이 잠시 조금 여지를 두었다가 가벼운 것에서부터 무거운 데로 들어가게 하고자 한 것'이라고 덧붙였던 사관의 말은 바로 이 때문이다.

송시열과 민정중 등 서인의 중심인물들이 밀려났으니 남인이 주요 관직을 차지하게 되는 것은 당연한 수순이었고, 이를 갑인환국(甲寅還國)이라고 한다. 남인관료들이 앞에 나서서 서인 대신들을 공격했지만, 갑인환국은 김석주가 뒤에서 조종한 것이라는 말들이 많다.

물론 숙종 초기의 정국 운영은 숙종의 어머니 명성왕후의 사촌인 김석주에게 의지한 바가 상당히 많았던 것이 사실이긴 하다. 그리고 서인들을 몰아낸 것이 그의 작품일 수도 있다.

곽세건의 상소가 문제가 되었을 때 김석주는 남인 허적, 다른 서인들과 함께 곽세건을 죄주어야 한다고 주장한 바 있었다. 그런데 김석주는 송시열과 맥을 같이 하는 서인이었지만 사실 송시열에게는 그리 감정이 좋지 않았다. 그러니 그런 김석주가 송시열의 당인 서인을 몰아내기 위해 숙종을 조종했다는 것은 충분히 납득할 만한 이유가 있는 추측이다. 숙종 혼자였다면 서인들을 몰아내는 건 불가능했을 것이다. 김석주는 갑인예송 때에 서인임에도 남인과 연합했고 이미 조정에서 서인들을 몰아낼 작정을 한 상태였다. 김석주가 남인의 편을 들었기 때문에 서인들이 조정을 장악한다면 그 자신이 좋은 꼴을 보지 못할 것이란 건 뻔한 일이었으니 말이다.

하지만 김석주가 가진 송시열에 대한 감정이나 서인들에게서 받는 위협이 아니어도 곽세건의 상소와 이단하의 행장 사건을 연결하는 공통된 코드는 분명히 있다. 곽세건 사건 때에도 이단하의 일 때에도 숙종이 공통되게 분노를 터뜨리며 한 말은 이것이었다.

'내가 나이 어리다고 나를 무시하고 억제하려고 하는 것이냐?'

열네 살이라면 분명 어린 나이지만 아무것도 모르는 나이는 아니다. 현종의 재위 15년 동안 약한 왕권은 점점 더 약해지기만 했을 뿐 나아지지 않았다는 것을 숙종은 모르지 않았다.

아들에게 아버지는 하늘과 다름없다. 아무리 형편없는 아버지라 해도 아버지의 약한 모습을 참아낼 수 있는 아들을 찾아보기란 힘든 법이다. 약한 왕과 강력한 신하, 그 중심에 서 있는 송시열을 보는 숙종의 마음이 어땠을지 짐작이 가기도 하고 또 그럴 수 없기도 하다.

예송논쟁은 당쟁이 그만큼 격화되었음을 보여주는 예로 자주 사용된다. 그러나 신하들의 권력이 강해서 그들이 그 권력을 잡으려 싸움을 벌였다면 그건 그들을 제어해야 할 조선의 왕권이 얼마나 추락하고 힘을 잃었는지를 여실히 보여주는 증거도 될 수가 있다.

> 원상이 주달하기를,
> "영부사 송시열이 이미 서울에 올라왔고, 전임 대신 중에 덕망이 있는 사람이면 같이 원상이 되는 것은 전례가 있으니, 지금도 또한 이 예에 의거하여 하는 것이 어떻겠습니까?"
> 하니, 답하기를,
> "그대로 하라."
> 하였다. 원상이 아래에 전하는 뜻으로 사관이 가서 영부사 송시열에게 유시하니, 대답하기를,
> "죄를 저지른 것이 지극히 중하여 서울 가까운 곳에서 죄를 기다린 지가 이미 한 달이 되었습니다. 선침(仙寢, 현종의 시신)이 아직 식지도 않았는데, 어찌 차마 갑자기 무죄로 자처하면서 임금 계신 곳에 드나들 수가 있겠습니까?"
>
> -숙종 즉위년(1674년) 8월 21일

현종이 승하한 다음날인 8월 19일에 원상이 정해졌다.

경복궁 수문장 경복궁에서 이루어지고 있는 수문장 교대식 모습. 조선 후기에는 여전히 왕은 존재하고 있었지만 왕권은 화려한 궁에 갇혀 담장 밖으로는 영향력을 행사하지 못하기도 했다.

왕이 아직 어릴 경우 그 왕을 돕는 역할을 하는 것이 바로 원상인데, 보통 현직에 있는 3정승(영의정, 좌의정, 우의정)을 임명하는 것이 관례였다.

그래서 당시 우의정이었던 허적을 포함한 세 명의 원상이 정해졌고 이들이 송시열까지 원상으로 임명하라고 청했기 때문에 세자였던 숙종은 그렇게 하라 허락했다.

송시열이 원상이 되었느냐, 그렇지 않았느냐가 중요한 것이 아니다. 현종이 송시열과 서인이 주장했던 예송을 뒤집었기 때문에 송시열이 죄인의 몸이 되었다는 사실이 중요하다.

실제로 송시열이 죄를 기다린 지가 한 달이 되었다는 내용이 기록 중에 있다. 하지만 현종이 살아 있었다 해도 송시열에게 어떤 벌을 주었을지는 미지수다. 그는 분명 서인과 송시열을 괘씸해했고 뭔가 큰 결단이 필요하다고 여겼을지 모르지만 서인을 제어할 만큼의 힘을 가지지는 못했기 때문이다.

그런 현종의 상황을 그대로 이어받은 숙종으로서는 어찌할 수 있는 방법이 없었다. 서인은 여전히 강했고 그는 어렸으니까. 선왕의 장례 준비를 하고 매일 몇 번의 제사를 지내고 곡을 하는 것만으로도 그에게는 벅찬 일이었다. 그래서 현종에게 죄를 지었다고 할 수 있는 송시열을 원상으로 임명하라는 청, 현종이 명을 내렸던 김수흥의 부처를 중단시키는 일까지도 모두 들어주지 않을 수가 없었다.

신하들에게 숙종은 정말 우스운 존재였다. 15년을 왕위에 있던 현종도 어렵지 않았는데 이제 막 왕위에 오른 어린애가 뭐 그리 대단하게 느껴졌겠는가.

게다가 새로운 왕은 한창 좌충우돌하게 되어 있다. 신하들의 닦달, 백성들의 기대, 그리고 선대왕들이 머물렀던 궁궐의 기운이 주는 압박 모든 게 낯설고 힘겹기만 한 것이다.

평생을 왕이 되기 위해 교육 받았던 숙종에게도 그건 마찬가지였다.

설사 대리청정으로 연습을 해왔다 해도 어느 정도의 세월만으로 노련해질 일이 아니다. 조선의 왕 중 가장 완벽하다고 평가받는 세종과 천재적인 두뇌로 조선 최고의 학자들을 가르치기까지 했던 정조, 그들은 각각 스물둘과 스물다섯에 즉위했지만 그들에게조차도 즉위 초는 쉬운 시간이 아니었다.

새로운 자리에 올라 자신의 자리를 잡아가는 일인데 어찌 어렵지 않겠는가?

곽세건의 상소로 예송논쟁은 다시 시작된 것이나 다름없었다. 신하들은 현종이 죽었고 숙종이 어리니 그를 충분히 제압할 수 있으리라 여겼던 것 같다. 때문에 더 이상 말하지 말라는 명에도 굴복하지 않았고 송시열을 용서하고 불러들여서 벼슬까지 내리라고 청을 했던 것이다.

그러나 숙종은 이단하에게 끝내 송시열이 잘못했다는 말을 넣게 했고, 현종이 예법을 바로잡았다는 말을 분명하게 하고 싶어 했다. 예법은 그저 예법이 아니었다. 누가 옳고 그르냐에 따라 힘을 잡느냐, 학문에 대한 정통성을 갖게 되느냐의 문제였다.

서인이나 남인의 당파는 스승과 제자를 매개로 연결되고 이어진다. 그러니 '학문적 우위' 만큼 중요한 것은 그들에게 없었다. 왜 그렇게 예법에, 예론의 승리에 목숨을 걸었을까? 그들에게는 학문이 목숨 그 자체였기 때문이다. 그 하나면 정통성을 갖고 힘을 갖게 되는 것이고, 그래서 스승이나 학문보다 왕은 아래에 있을 수밖에 없었다.

스승이 있는 줄만 알고 왕의 명이 있는 줄은 모른다고 했던 숙종의 말은 실제로 그들이 그랬기 때문이다. 숙종이 예송 문제를 다시 언급하면 역률로 적용하겠다고 했던 것이나, 남인들이 송시열의 죄가 예법을 잘못 논한 것에 있다고 한 것, 서인들이 송시열을 변명하는 것에 그렇게 집요했던 것에는 다 이유가 있었던 것이다.

숙종이 예법에 대해 어떤 태도를 갖고 있는가, 어떻게 처분할 것인가 하는 것은 중요하지 않았다. 그런 태도와 처분을 숙종이 실제로 자신의 뜻 그대로 행할 수 있는지가 가장 중요했다. 힘이 없으면 힘이 있는 신하들에 의해 끌려가고, 힘이 있으면 그러지 않아도 되는 것이다.

처음에 숙종은 '시비를 밝히실 뿐, 시비를 정하고자 한다면 좋지 않다' 고 했던 허적의 말에 선선히 수긍하던 사람이었다. 시비를 정해서는 안 된다니, 누가 옳고 그른지를 왕이 결정해서는 안 된다는 그런 말에 아무런 대응도 하지 못했던 것이다. 그러나 그는 불과 얼마 지나지 않아 이단하와 한바탕 논쟁을 벌였고, 그 논쟁에서는 '나는 이렇게 생각하니 내 뜻대로 고쳐라!' 라고 분명히 주장했다. 송시열 같은 신하보다 왕인 현종을 우위에 두어야겠다는 강력한 의사표시였으며, 자기 자신이 어디에 앉아 있는 사람인지를 분명히 인식한 태도였다.

갑인환국(甲寅換局), 이는 분명 환국이다. 그 환국은 김석주와 남인들이 함께 했기에 가능했던, 정치적인 전략의 하나였지만 이는 또한 숙종 자신이 어떤 왕이 되겠다는 강력한 선언이기도 했다.

더 이상 왕이 제어할 수 없어 몇 십 년을 질질 끌게 했던 예송논쟁 같은 것은 더 이상 두고 보지 않겠다는, 자신의 뜻과 어긋나는 명을 내려야 할 만큼 신하들의 눈치를 보는 약한 왕은 되지 않겠다는 그런 선언 말이다.

그 선언을 이루기 위해서 자신이 어떤 길을 가게 될지, 누구를 만나야 할지 십대의 숙종은 아직 모르고 있었지만 그의 열정과 다짐은 앞서 걸으며 방법을 찾고 있었다.

만약 십대의 숙종이 자신이 왕권을 위해 앞으로도 몇 번의 환국을 치루어 내야 할 것이란 걸 알았다면 그는 무슨 생각을 했을까. 또한 그 환국에 자신의 후궁들이 개입할 것이란 걸 알았다면, 그 후궁의 아들들이 왕위 다툼을 벌일 거란 사실을 알았다면 그는 과연 열정의 끈을 당겨 세울 수 있었을까.

그러나 시간은 이미 흐르고 있었다. 운명은 바쁜 걸음으로 그녀들의 손목을 잡아 숙종의 앞으로 데려오고 있었는데 그녀들의 이름은 희빈 장씨, 그리고 숙빈 최씨였다.

1. 숙종의 파트너 김석주는 누구?

2. 왕의 파트너가 되기 위해 싸우다

3. 경신환국, 남인을 쫓아내다

4. 10년의 파트너, 36년의 스승 김석주

제2장

김석주, 왕의 파트너

왕에게는 의지할 만한 사람, 조력자가 꼭 필요하다.

왕은 지존, 더할 수 없이 높고 귀한 사람이지만 혼자 할 수 있는 일이 별로 없는 사람이기도 하니까.

하지만 이 시기, 효종과 현종대에는 그런 사람을 얻는 일이 쉽지 않았다. 바로 너무나 약한 왕권이 왕으로 하여금 조력자를 구할 수 없게 했다.

왕은 누구를 믿을 수 있었을까. 누군가를 믿든, 누구의 조력을 받고자 하든 그 누군가의 뒤에는 항상 '무리, '당' 이 있었다. 그 누군가에게 힘을 주는 것은 그 무리에게 힘을 주는 것과 같았다.

신하들은 왕을 섬기지 않았고 무리의 우두머리는 왕이 아니었다. 그들의 우두머리는 '스승' 이었다. 스승과 제자로 얽힌 인연을 그들은 그 무엇보다도 중시했다.

숙종같이 어린 나이의 왕에게 있어 '조력' 을 받는 것은 불가피한 일이었지만 숙종은 어머니 명성왕후와 할머니 자의대비가 있었는데도 수렴청정을 하지 않았다. 왕실어른의 도움은 당연한 일이었는데도 그랬던 것이다. 때문에 숙종은 조력자이자 파트너를 구하지 않으면 안 되었다. 모든 사람들이 숙종의 손을 잡기를 원하는 상황에서 그의 파트너가 된 사람은 누구일까?

1. 숙종의 파트너 김석주는 누구?

김석주는 1634년에 태어났다. 숙종이 즉위한 열네 살에 그는 마흔한 살이었고 청풍 김씨 가문이었으며, 스물아홉에 장원으로 급제해서 이조좌랑 등을 지냈다.

당시에 청풍 김씨라는 배경이 가져다주는 게 무엇이었을까. 현종의 왕비인 명성왕후가 청풍 김씨였고, 김석주가 명성왕후와 사촌 사이였다는 사실을 일단 접어둔다면 말이다.

가문이 좋다는 것, 그 중에서도 왕실과 인척 관계를 맺는다는 것은 확실히 조선시대에는 유리한 일이었다. 왕실의 인척이라는 명예와 함께 주어지는 것이 한두 가지가 아니었으니. 그러나 그렇기 때문에 쉽게 눈에 띌 수 있고, 주목받는 것이 마냥 좋은 일만은 아니다.

잘되는 사람을 항상 배 아파하고 흠집내고 싶어 하는 것이 사람의 마음이고 단지 왕실과 인척 관계에 있다는 것만으로 쉽게 조정에 진출해서 요직을 차지하거나 권력을 차지하는 외척들을 곱게 보는 사람들은 별로 없었기 때문이다. 그래서 외척은 왕실과 불가분의 관계, 어쩔 수 없이 생겨나는 특별한 위치를 가지면서도 언제나 미움을 받았다. 김석주는 그런 자리에 있었다. 과거를 보아서 조정으로 진출은 했지만 대부분의 선비나 관리들로부터 동료로서의 대접은 제대로 받아보지 못했을 그런 자리에.

그러나 이런 상황은 다른 시대의 조선에서도 별로 다를 것이 없었다. 굳이 김석주나 청풍 김씨만의 문제는 아니었다는 것이다.

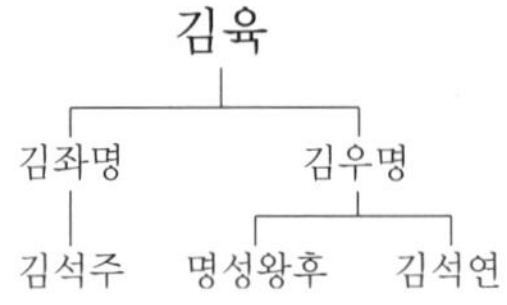

청풍 김씨 계보도 명성왕후나 김석주의 가문인 청풍 김씨의 간략한 당시의 계보도

김석주와 청풍 김씨들만이 다른 시대의 외척들과 달리 가졌던 문제의 시작은 김석주와 명성왕후의 할아버지 김육대로 올라간다.

김육은 인조반정으로 인해 본격적으로 조정에 발을 들여놓고 승승장구하게 된 경우였다. 인조반정이 서인들이 일으킨 것이기에 그 덕을 본 서인들이 김육 하나만은 아니었지만 김육은 병자호란 때 조선이 청나라와의 전쟁에서 패배로 소현세자가 청나라에 볼모로 잡혀 가자 소현세자를 수행했던 사람이기도 했다. 그는 왕실과 기본적으로 밀접한 관계를 가지고 있던 사람이었다.

김육은 인조에 이어 효종이 즉위한 후 우의정 등의 관직을 거쳐 영의정이 되었고, 둘째 아들 김우명의 딸이 세자(현종)에게 출가하면서 외척 가문이 되었다.

서인들이 인조반정으로 정권을 잡고, 그것을 잃지 않기 위해 맹세한 밀약이 있었다. 그 중 하나가 바로 '국혼을 잃지 말자' 였는데 국혼을 잃지 말자는 것은 왕실과 서인 가문이 혼인으로 연결되어야 한다는 것이다.

그런 점에서 보면 김육의 청풍 김씨 가문은 서인들의 밀약을 충실히 이행한 것이 된다. 그러나 미리 언급하지 않았던가, 사람들은 잘되는 사람들을 보면 배 아파하고 흠집내고 싶어 하는 마음을 가지고 있다고.

외척의 신분이 된다는 것은 조선의 선비들에게 있어 더 이상은 평범한 선비, 같은 무리가 아니게 되는 것이었다. 그러니 선비정신으로 똘똘 뭉쳐 있었던 송시열과 그를 따르던 무리들이 김육을 어떻게 생각했을지는 뻔한 일이다.

결론적으로 김육과 송시열은 각각 한당(漢黨)과 산당(山黨)으로 나뉘어 대립하게 되었는데, 한당은 한양에서 산당은 산림(재야)에서 각각 따서 붙인 이름이다. 그러나 그들이 대립하게 된 것을 들어 꼭 김육이 외척이 되었기 때문이라고 할 수는 없다. 송시열의 산당과 한당은 세상을 보는 눈이 너무 다른 사람들이었다.

김육은 경제 문제에 관심이 많았는데 후에 실학에까지 영향을 준 인물인 만큼 명분보다는 실리, 현실에 더 관심이 많았다. 그런데 송시열은 명분에 죽고 명분에 죽는 사람이었다. 너무 다른 김육과 송시열은 그래서 각 당의 대표 인물일 수밖에 없었고 이들의 사이도 당연히 좋을 수가 없었다. 이런 관계가 김육의 아들들인 김좌명과 김우명, 그리고 그들의 아들이자 조카인 김석주까지 이어진 것인데 청풍 김씨가 서인이긴 하되 '비주류' 일 수밖에 없었던 이유가 바로 여기에 있다.

외척이라는 것 때문에 같은 관리, 선비들로부터 외면을 받고 다른 사람도 아닌 송시열과 안 좋은 관계에 놓여 있었으니 청풍 김씨는 서인이어도 서인이 아니었던 것이다. 게다가 김석주는 할아버지 김육이 죽고 집권당이 산당으로 바뀌자 조정에 제대로 중용되지도 못했다.

승정원이 경자년(1660년)에 허목이 올린 상소와 병오년(1666년)에 유세철이 올린 소 및 《의례(儀禮)》 경전의 참최장을 덧붙여 올리자, 상이 경전의 주소에 대해 조목마다 해석하여 올리라고 명하여, 좌부승지 김석주가 명을 받고 해석해 올렸다.

송시열이, 효종이 서자가 되어도 지장이 없다는 논을 창출해 내면서부터 집에서나 거리에서 이야기하고 의논하는 인사들 모두가 예법이 잘못된 데 대해 마음에 불쾌하게 여긴 지 오래되었다. 이때에 이르러 갑자기 상복 제도를 고쳐 정하라는 명이 있자, 벼슬아치들 중 송시열을 두둔하는 자들은 너나없이 놀라 안색이 변하였다. 그러나 김석주만은 그가 만든 주소 해석을 사람들에게 보이면서 말하기를,

"나는 공평하게 논하는 사람이다. 이번 주소의 해석 역시 글에 의거해 바로 해석하였을 뿐이다."

-현종 15년(1674년) 7월 14일

김석주는 제2차 예송인 갑인예송에서 자신이 서인 가문에 속하면서도 남인과 손을 잡고 서인을 밀어냈다. 당시 좌부승지였던 그는 남인인 허목과 유세철이 올린 상소와 《의례(儀禮)》에서 '제일 장자가 죽으면 본부인 소생의 제이 장자를 세워 또한 장자라 한다'는 부분을 해석해서 올렸다. 현종에게 송시열과 서인의 주장이 잘못되었다고 주장할 수 있게 이론적인 뒷받침을 한 것이다. 놀라 안색이 변한 서인 벼슬아치들에 반해 김석주는 나는 공평한 사람이고, 글에 의거해 바로 해석했을 뿐이라는 말을 했다.

그가 서인의 가문이니 송시열의 편을 들 거라 믿었던 사람들에게 자신이 지

금은 어느 쪽에 서 있는지를 분명히 한 것이다.

김석주를 대제학으로 삼았으니 이는 김만기가 추천한 것이다. 김석주는 글을 잘 지어서 진사와 급제에 모두 수석이었다.

–숙종 1년(1675년) 5월 16일

왕대비(명성왕후)가 병이 들어 증세가 매우 중하니, 약방에서 병조 판서 김석주로 하여금 입진하도록 청하였다. 김석주는 대비에게 친족이 되고 의술에 정통하기 때문이다. 임금도 또한 편찮은 증후가 있어 약방에서 입진하였다. 이날부터 제조한 사람이 숙직하고 김석주도 본조에 입직하였다.

–숙종 2년(1676년) 6월 1일

실록 곳곳에 김석주가 어떤 인물이었던가에 대한 힌트가 실려 있다. 그는 대제학이 될 만큼 글을 잘 지었고, 대비를 진찰할 수 있을 정도로 의술에도 정통했으며 장수의 일에도 익숙하다는 말까지 찾아볼 수 있다.

그는 분명 외척으로서 남들이 쉽게 누리지 못하는 혜택을 입었지만 김석주라는 사람 자체가 가진 능력도 대단한 사람이었던 것이다. 그러나 어쨌든 외척은 외척이고 감히 범접하지 못할 권세를 누린 사람의 인생이란 결코 좋게 그려질 수 없다.

이무를 사간으로, 김만중을 응교로, 오정위를 형조 판서로, 김석주를 수어사로 삼았다. 선조 말년에 수어사를 의망(擬望)=삼망(三望, 관원을 임명할 때 이조와 병조에서 세 사람의 후보자를 추천하는 일)하여 들였는데, 미처 낙점하지 못하였었다. 이에 이르러 임금이 대신에게 가망(加望, 삼망 외에 해당 품계보다 한 단계 낮은 사람을 삼망 속이나 또는 별도로 망에 올리는 것)하도록 명하여 김석주가 승지로 발탁 제수되었으니, 이는 선조의 유지가 있었기 때문이라고 하였다.

-숙종 즉위년(1674년) 9월 20일

숙종은 즉위 초부터 김석주를 수어사(守禦使)와 승지(承旨)의 자리에 올렸다. 병권을 주고 자신의 비서로서 지극히 가까이 둔 것이다. 그런데 실록은 김석주가 이미 현종대에 수어사에 낙점될 예정이었고 승지로 발탁된 것 또한 현종의 유지가 있었다고 했다. 현종은 말년에 남인에게 힘을 주려했으니 충분히 납득이 갈 만한 처사다.

김석주와 함께 새로 벼슬을 받은 이무와 오정위 등이 남인이었고 김석주는 갑인예송에서 남인의 편에 서 있었으니 이 사람들이 현종의 선택일 수도 있었던 것이다. 그러나 김석주를 새로운 왕의 승지로 발탁하라 했다는 것은 조금 다른 의미로 보인다. 단지 서인들을 믿을 수가 없어서 남인들로 조정을 채우려 했던 것보다는 더 각별한 것이랄까.

승지는 왕의 비서다. 왕의 명을 해당부서로 전달하고 항상 왕의 곁을 지켜야 하는 사람이니 현종이 김석주를 승지로 삼았다는 것은 일단 그를 믿었다는 의미가 되고, 자신뿐만 아니라 아들에게까지 승지로 삼으라 했다면 그 믿음은 여간 단단한 것이 아니었다는 뜻이 된다. 숙종이 가진 김석주에 대한 신뢰는 이미 그의 아버지대부터 시작된 것이라고 봐야 맞을 것이다.

임금이 모화관에 거둥하여 청나라 사신을 전송하였다. 이날 바람이 몹시 불고 추우니, 임금이 추위를 이기지 못하여 진선문 안에다 가마를 멈추게 하고, 가마 위 사면의 휘장을 내리도록 명하였다. 승지 유명현이 나아와 말하기를,

"예법에 맞는 몸가짐에 관계됨이 있어 내릴 수 없습니다."

하였다. 임금이 또 모선(毛扇, 예전에 벼슬아치가 추운 겨울날에 얼굴을 가리던 방한구)을 찾아서 바치도록 명하니, 김석주가 자신이 쥐고 있던 모선을 바쳤다. 장전(帳殿, 임금이 앉도록 임시로 꾸민 자리)에 이르자 임금의 안색이 매우 차서 술 한 잔을 올렸더니 한기가 그제서야 조금 풀렸다. 잠시 있다가 청나라 사신이 이르렀으므로, 임금이 계단을 내려가 자리로 영접해 들여서 다례(茶禮)를 베풀어 끝마치고 그와 더불어 읍하였으며, 또 계단을 내려가 송별하였다. 임금이 궁에 돌아오자 대신에게 이르기를,

"한기가 사람을 침범하여, 만약 모선이 없었다면 아마도 견딜 수 없었을 것이다."

–숙종 3년(1677년) 11월 10일

어릴 때부터 쌓아진 신뢰였을까. 숙종이 김석주에게 보이는 신뢰는 능력 있는 신하에게 보내는 것이라기보다는 사람 그 자체에 대한 무조건적인 신뢰의 모습이었다. 위 실록의 기록처럼 너무 추울 때 김석주가 모선을 바쳤는데, 다른 신하들 앞에서 모선 얘기를 꺼내는 것은 '역시 나에겐 김석주밖에 없구나'

하는 식의 막역한 뭔가가 느껴진다는 것이다.

2. 왕의 파트너가 되기 위해 싸우다

숙종 1년, 그러니까 숙종이 왕이 된 지 1년 정도가 흐른 그의 나이 열다섯 살 무렵 3월에 숙종은 명성왕후의 아버지, 즉 외할아버지 김우명으로부터 상소문을 하나 받게 된다.

> "근일의 일 중에 통곡할 만한 것이 한 둘이 아니나, 그 중에서도 더욱 급하고 중대한 것이 하나 있습니다."
>
> -숙종 1년(1675년) 3월 12일

김우명은 밖에서 이 얘기를 하지 않는 사람이 없다며 자신은 마음이 에이는 듯이 아파서 살고 싶지도 않고, 이러한 말을 듣고 싶지도 않다고 했다. 절절한 어투로 김우명은 드디어 정말 하려고 했던 말을 꺼낸다.

김우명의 상소는 복평군 형제와 궁녀들의 스캔들에 관한 내용이었다. 복평군 형제는 인조의 셋째 아들 인평대군의 아들들을 가리키는데, 인조의 둘째 아들인 효종의 손자 숙종에게 복평군 형제는 작은 할아버지의 아들들, 즉 오촌 아저씨가 된다.

오촌 아저씨라 하면 꽤 먼 촌수 같지만 그게 그렇지가 않았다. 효종은 숙종의 아버지 현종 말고는 공주들밖에 두지 못했고, 현종 역시 아들은 숙종 하나

뿐이었기 때문에 '전주 이씨' 성을 가진 남자 친척들은 드물 수밖에 없었고 그 드문 친척들이 바로 복평군 형제들이었다.

이들은 숙종에게 가까운 사이의 종친이었으면서 동시에 남인 쪽 인물이기도 했는데 그들 형제의 외가가 바로 남인 가문인 동복 오씨였기 때문이다.

만약 숙종에게 무슨 일이 생긴다면 그 왕위가 누구에게 가겠는가 하는 문제와 더불어 남인인 그들을 명성왕후와 김우명 등은 그냥 두고 볼 수 없었던 것이다.

> 처음에 송시열이 귀양을 가고 나서 당시의 의논은 형을 더하여 사형으로 처치하려 하였으나, 마침 이정(李楨)과 이연(李棩)의 일이 발각됨으로 인해 정지되었다.
>
> -숙종 1년(1675년) 윤5월 15일

게다가 앞서 예송문제 때문에 송시열을 죽이라는 주장이 밀려들던 때에 '이정과 이연의 일이 발각됨으로 인해 정지되었다' 는 기록을 보았고, 그 일이 바로 김우명이 거론한 일인데 이정과 이연이 각각 복창군과 복평군의 이름이다.

명성왕후와 김우명은 종친이자 남인인 복창군 형제들을 공격하고 동시에 송시열 등 서인이 공격당하고 있는 현실의 타개책으로 이 사건을 들고 나온 것이다.

이 사건은 숙종대에 일어난 것도 아니었다. 김우명의 상소 중에 '선왕께서 놀라고 근심하신 것' 이라는 말이 있었으니 사건의 진위를 알 수는 없어도 김우명이 주장하는 바에 따르면 이 스캔들은 현종대에 있었던 사건이었다.

이미 지난 일이었지만 궁녀를 건드린다는 것은 왕의 여자, 즉 왕의 물건을 건드리고 탐내는 것과 같았다. 궁에서 나간 전직 궁녀를 건드리는 것조차 엄청난 죄인으로 몰리는 당시였기에 복평군 형제처럼 왕과 가까운 종친의 신분으로 궁녀와의 스캔들을 일으킨 사건은 언제 일어난 것이었어도 결코 가볍게 취급되어질 수 없었다.

게다가 김우명의 상소를 두고 숙종이 대신들과 의논하던 상황에서 밝혀진 또 다른 사실들 때문에도 더욱 그러했다. 그것은 바로 스캔들의 주인공인 복평군과 복창군이 궁녀와 자식까지 낳았다는 사실이었는데, 영의정 허적은 그들을 죄주어야 하며 궁녀들도 또한 그리 해야 한다고 주장했고 일은 신속하게 이루어졌다. 당일로 복창군 이정과 복평군 이연이 의금부에 잡혀 왔고 스캔들의 상대가 김이선의 딸 상업과 내수사의 종 귀례라는 것 또한 밝혀졌다.

그러나 다음날, 스캔들의 주인공들이 신속하게 갇힌 것만큼 또 빠르게 숙종은 그들을 지체 없이 풀어 주었다.

> "남의 말을 믿고 골육의 지친이 헤아릴 수 없는 처지에 빠지게 하였으므로, 내가 매우 부끄러워 마음이 아프고 눈물이 나서 못 견디어 곧 땅을 뚫고 들어가고 싶으나, 그럴 수 없다. 이렇게 억울하고 애매한 사람을 잠시도 옥에 지체시킬 수는 없으니, 모두 곧 놓아주도록 하라."
>
> -숙종 1년(1675년) 3월 13일

복평군과 복창군, 그리고 궁녀들은 그런 일은 없었노라고 잡아뗐고 숙종은 복평군 형제의 진술을 전적으로 믿었다.

다음날, 야대청에서 있었던 일이다. 야대(夜對)는 밤에 이루어지는 경연(經筵, 왕에게 유교의 경서와 역사를 가르치던 일)을 뜻한다. 그러니 야대청(夜對廳)은 야대가 이루어지는 곳일 테지만 이날의 목적은 경연이 아니었다.

실록의 기사에는 당시의 상황이 자세히 묘사되어 있다.

> "방이 한 간이고 마루가 세 간이다. 여느 때에는 인견하면 문짝을 치우고 임금이 방 안에 남쪽을 향하여 자리하였는데, 이날에는 임금이 문을 사이에 두고 마루 밖에 동쪽을 향하여 앉고, 두 내시 조금 아래에 서쪽을 향하여 대신의 자리를 두고, 마루 아래 벽돌 위에 동쪽을 향하여 재신들의 자리를 두었으며, 때가 이미 어두웠으므로 촛불이 밝게 비쳤다."
>
> -숙종 1년(1675년) 3월 14일

야대청에는 영의정 허적, 병조참판 신여철, 대사헌 김휘 등 꽤 여럿의 대신들이 모였고 대신들이 자리에 가서 엎드리자 '임금이 문을 사이에 두고 마루 밖에 동쪽을 향하여' 앉았다던 그 문 안에서 문득 여자의 울음소리가 나기 시작했다. 그 여자는 바로 자전(慈殿), 즉 숙종의 어머니이자 현종의 아내인 명성왕후였다.

대신들은 크게 당황했다. 왕과 대신들만 있는 자리에 아녀자인 대비가 나와 있는 것도 그랬지만 그 아녀자가 다짜고짜 울기 시작하니 당황하지 않을 수가 없었던 것이다.

허적이 모두를 대표해서 입을 열었다.

"이는 무슨 까닭입니까? 신들은 황공하여 어찌할 바를 모르겠습니다."

숙종의 대답은 이랬다.

"나는 내간(內間, 부녀자가 거처하는 곳)의 일을 모르므로, 자전께서 복평형제의 일을 말하려고 여기에 나오셨다."

'내간의 일'과 '복평형제의 일'이란 바로 전날 숙종이 복평군 형제를 풀어주었던 일을 말하는 것이었다. 그 일에 대해 명성왕후가 말하려고 나왔다고 했으니 신하들은 몹시 불편하기 이를 데가 없었지만 그녀의 얘기를 듣기로 했다.

> "나인 김상업은 인물이 본래 변변치 못하다. 인선대비의 초상에 복창 형제가 들어와 일을 돌보았는데, 그때에 복창과 상업이 망측한 일이 있었으나, 나는 병이 위중하였으므로 미처 잘 알지 못하였다.……상업에게 힐문하기를, '내가 본 일을 네가 감히 속이고 숨겨서 선왕께서 너희를 모함하신 것으로 돌리느냐? 네가 정직하게 말하지 않으면 몽둥이를 써야 할 것이고, 네 부모도 보전하지 못할 것이다' 하였더니, 상업이 낱낱이 정직하게 진술하였다. 인선대비의 초상에 염습할 때에 복창과 있었는데, 손이 제 편으로 오면 문득 서로 잡게 되었고, 또 나인과 왕자 등 뭇사람이 모인 가운데에서는 뒤에서 치맛자락을 잡으므로 제가 놀라서 피하였는데, 그 뒤에 복창이 저에게 말하기를, '나는 그리운 정이 있는데 너는 어찌하여 돌아보지도 않고 나를 피하느냐?' 하여 서로 저항하였으나 마침내 핍박당하였다 한다."
>
> -숙종 1년(1675년) 3월 14일

명성왕후는 울면서 계속 말을 이었다.

"귀례의 일은 눈으로 보지는 못하였으나, 더러운 말이 많이 있다.……복평이 늘 차를 요구하여 마시고 나서는 찻잔을 남겨두었다가 귀례가 찾으러 가면 복평이 말하기를, '번번이 차를 찾으면 어찌하여 친히 가져오지 않느냐?' 하고는 손을 잡아 희롱하자, 귀례가 아주 가까운 곳이라 시녀가 많이 있다고 거절하고는 여러 번 회상전의 행랑에 가서 만났는데, 억지로 핍박하여 따르게 되었다 한다."

–숙종 1년(1675년) 3월 14일

명성왕후의 얘기를 요약하자면 이렇다.

'복창군과 복평군의 스캔들은 거짓 없는 사실이며 자신이 직접 스캔들의 주인공인 궁녀들에게서 자백을 받았다. 그러니 아버지 김우명이 복창군 형제를 무고했다는 것은 말도 안 되는 소리다.'

명성왕후는 현종이 복창군 형제와 궁녀들 사이의 일을 다 알고 있었지만 따지고 묻게 되면 그들을 벌줄 수밖에 없기에 결단을 하지 못했던 것이라 말했다. 아버지가 복창군 형제를 무고했다는 혐의에 대해 변명하고 아버지를 구하기 위해 대신들 앞에 나선, 그녀의 노력은 성공했다. 영의정 허적이 목이 메어서 이렇게 말했으니까.

"이번의 처치는 과연 마땅함을 잃었습니다. 자전의 분부가 아니면, 신들이 어떻게 이러한 사정을 알았겠습니까?"

허적은 숙종이 복창군 형제를 풀어준 것을 두고 마땅함을 잃었다고 하면서 명성왕후의 손을 들어 주었다. 다른 신하들 또한 허적처럼 앞다투어 명성왕후의 말이 너무나 명백하니 법에 따라 처리해야 한다고 주장하고 나섰다. 신하들의 반응에 고무되었던지 명성왕후는 그들의 죄상이 명백한데도 숙종이 어려서 내간의 일을 잘 몰라 자신의 말을 듣지 않았다고까지 말했다.

이날의 일은 숙종의 명으로 마무리 지어졌다.

"청풍 부원군이 바야흐로 의금부에서 명을 기다린다 하니, 명을 기다리지 말라는 뜻을 사관을 보내어 이르라."

숙종이 원상은 있었으되 수렴청정을 하지 않은 것은 그가 어린 나이였음에도 뛰어났기 때문은 아니라고 보여진다.

상황이 너무 복잡했다. 숙종이 수렴청정을 받게 된다면 왕실의 가장 어른인 인조의 계비 자의대비(장렬왕후), 그리고 현종의 왕비인 명성왕후가 맡아야 할 텐데 자의대비는 남인 쪽에 가까웠고 명성왕후의 집안은 서인이었다. 자의대비와 명성왕후의 뒤를 받치고 있는 외척들에 서인과 남인이라는 당파, 그리고 복창군 형제 같은 가까운 종친까지.

그런 복잡한 전쟁터 같은 상황에서 수렴청정은 그저 왕비가 자신의 아들이나 손자를 보살피는 일이 될 수는 없었던 것이다.

김우명이 복창군 형제들을 고변한 사건에서 보이듯 명성왕후와 김우명은 종친들을 제거하고자 하는 의도를 드러냈다. 그러나 이전에 김우명은 김석주가 그랬던 것처럼 복선군 형제들과 가까운 사이였다. 복창군 형제들은 숙종, 현종과 가까웠고 외가인 동복 오씨가 남인 가문이었으니 현종대에 서인과 사이가 좋지 않았던 청풍 김씨 입장에서는 그럴 만한 일이었다. 그러나 숙종의 즉위 초까지도 남인들과의 돈독한 관계를 유지했던 김석주와 달리 김우명은 다시 서인 쪽으로 돌아섰다.

그것은 아마도 숙종이 왕위에 오른 것과 관계가 있을 것이다. 복창군 형제가 동복 오씨 가문 사람에게 벼슬을 줄 수 있을 만큼 힘도 있었고 숙종과 가까운 것은 사실이었지만 설마 어머니보다 가까울 수는 없을 거라는 계산이 있었던 것이다.

> 복선군 이남은 이정(복창군) · 이연(복평군)의 사건이 있은 뒤 절대로 조알(朝謁, 조정에서 임금을 만나 뵘)에 참여하지 아니하였는데, 윤휴 · 오정창 등이 비로소 다시 써서 헌관(獻官, 제사를 지낼 때 임시로 임명하던 제관)으로 삼으니, 이로부터 궁궐에 출입하기를 예전과 같이 하였다. ……임금이 처음 즉위하여, 복선군 등이 뜻밖의 긴급한 사태를 엿보았는데, 복창군 · 복평군이 귀양가자, 그 무리가 조금 꺾였으나, 복선군이 비록 집안에 있을 망정 안으로는 환관과 결탁하고 밖으로는 윤휴 · 허목을 의지하여 당의 지지가 오히려 성하였다.
>
> -숙종 1년(1675년) 10월 29일

명성왕후가 눈물로 호소했던 그 다음날 3월 15일에 숙종은 복창군과 복평군에게 정배(定配, 죄인을 지방이나 섬으로 보내 정해진 기간 동안 그 지역 내에서 감시를 받으며 생활하게 하던 형벌)의 벌을 내렸다.

그러나 6개월 정도 후인 9월에 숙종이 복창군과 복평군을 서용(敍用)하라는 명을 내린 기록이 보이고, 위 기록처럼 그들의 형제인 복선군까지 이전처럼 궁궐에 출입하기 시작했다.

다음해 2월에 숙종은 대놓고 복창군 형제가 그립다며 입시하도록 하라는 명을 내리고 그로부터 이틀 뒤, 복창군과 복평군을 만났다. 그리고 또 한 달 후, 숙종은 그들에게 '안심하고 공무를 집행하라'는 명까지 내린다.

"경 등은 왕실의 가까운 친족이며 국가의 왕족인데, 어찌 문을 닫고 엎드려서 허물을 스스로 이끌어가지고 벼슬을 사양할 이치가 있겠는가? 안심하고 사양하지 말며 기거하는 자리에 참여하여 나의 두텁고 화목한 정을 도모하는 뜻을 체득하라."

-숙종 2년(1676년) 3월 8일

안심하고 공무를 집행하라는 명을 거두어 달라는 복창군 형제의 청에 두텁고

창덕궁 애련지와 애련정 숙종 18년(1692년)에 만들어진 연못과 정자로, '더러운 곳에 있으면서도 변하지 않고 우뚝서서 치우치지 아니하며 지조가 굳고 맑고 깨끗하고 군자의 덕을 지녔기 때문에 연꽃을 사랑한다'는 뜻으로 '애련(愛蓮)'이란 이름을 지었다 한다. ⓒ김미애

화목한 정을 도모하자고 대꾸할 만큼 숙종과 복창군 형제의 사이는 각별했다.

명성왕후와 서인 측이 그들을 경계한 이유가 충분했던 셈인데, 숙종은 어머니의 눈물을 모른 척하지는 않았지만 복창군 형제를 오래지 않아 불러들일 정도로 어머니와 할아버지의 의견은 별로 존중하지 않았다.

이후에도 숙종은 복창군 형제들을 청나라의 사신으로까지 보내면서 그의 말마따나 두터운 정을 과시했던 것이다.

3. 경신환국, 남인을 쫓아내다

1680년이었다. 숙종이 즉위한 지 6년, 그의 나이 이제 갓 스무 살이었다.

그해 3월에는 《조선왕조실록》에 숙종이 공조판서 유혁연, 김만기, 신여철을 불러들이라는 명을 내린 기록이 있다.

숙종은 그때 이들 앞에서 이렇게 말한다.

> "아! 재앙과 괴이한 일이 거듭 이르고, 불안한 의심이 여러 가지가 있고, 거짓말이 떠들썩하니, 서울에 있는 친위병을 거느릴 장수의 임명은 국가와 지극히 친하고, 직위가 높은 사람으로 하지 않을 수가 없겠다. 광성 부원군 김만기를 훈련대장으로 삼으니 곧 이날에 병부를 받아서 임무를 살피라. 유혁연은 오래된 장수이므로 내가 매우 의지하고 중히 여기지마는, 20년이나 오랫동안 이 임무에 있었고 지금은 근력이 이미 쇠했으니 우선 해임시키고, 총융사는 신여철에게 제수하니 또한 당일에 병부를 받

아서 공무를 집행하라."

-숙종 6년(1680년) 3월 28일

이 명은 남인인 유혁연을 공조판서에서 해임하고 숙종의 아내인 인경왕후의 아버지이자 서인인 김만기를 훈련대장으로 삼고 신여철을 종이품의 무관직인 총융사에 앉힌다는 내용이었는데 신여철 역시 서인이었다.

숙종은 이날 남인 장수 유혁연을 지금은 근력이 쇠했다는 탐탁치 않은 이유를 들어 해임하고 김만기 등의 서인들에게 훈련대장과 총융사라는 무직을 주었다. 이렇게 병권의 지위를 내어주는 것은 이제부터 내가 전적으로 너희들을 신임하겠다라는 표현에 다름 아니었다. 이날을 보통 남인이 조정에서 퇴출되고 서인이 등용되는 경신환국(庚申換局, 경신대출척)이 시작된 날이라고들 한다.

그런데 또한 이날은 남인의 중심인물인 허적의 집에서 잔치가 열린 날이기도 했다. 이 잔치의 목적은 허적의 할아버지 허잠이 시호(諡號)를 받고 당시 71세였던 허적 자신은 왕으로부터 궤장(几杖, 의자와 지팡이)을 받게 된 것을 축하하는 것이었다. 시호란 특별한 이름이자 명예로 아무나 받을 수 없는 것이었고, 나이 많은 신하에게 왕이 내리는 궤장 또한 그에 못지않은 명예였기에 허적의 잔치가 그리 유난하다고 볼 수는 없었다. 하지만 허적의 위치가 위치인 만큼 잔치는 허적의 눈에 들고 싶어 하는 사람들로 그득했고 잔치의 목적이 유난스럽진 못해도 그 규모는 확실히 대단하다고 할 만했을 것이다.

그런데 마냥 좋아야 할 잔치에서 이상한 분위기가 감지되고 있었다. 한양에 허적의 서자 허견이 김석주와 김만기를 죽이려 한다는 소문이 나돌고 있어서 허적이 그 두 사람을 잔치에 부르기 위해 허견을 다섯 번이나 보내야 했던 것이다. 소문이 두려워서인지, 아니면 소문을 점점 더 부풀릴 생각이었던 것인지 김석주는 병을 핑계로 참석을 거절했다. 김만기는 잔치에 가긴 했지만 일부러 늦게 왔고 자리를 잡고 앉자마자 배가 고프다며 남의 잔을 빼앗아 마시면서도 독살이 두려웠던지 자신의 술은 마시지 않았다.

흥겨우면서도 묘한 분위기에서 마침 비가 내렸다고 한다. 이에 허적의 집에서 잔치가 벌어지고 있다는 사실을 알았던 숙종이 궐 안에서 쓰던 유악(기름먹인 장막과 차일)을 찾아 허적에게 가져다주라고 명했는데, 숙종은 이미 허적이 허락도 없이 유악을 가져갔다는 대답을 듣게 된다.

이 이후로 유혁연, 김만기 등의 소환이 급작스레 이루어졌고 허적의 집에서 바쁘게 떠나는 김만기를 잡고 허적이 무슨 일인지 물었으나 김만기는 그저 냉정하게 허적의 집을 떠나버릴 뿐이었다.

> "허견이 말하기를 '주상의 춘추가 젊으신데 몸이 자주 편찮으시고 또 세자가 없으니 만약 불행한 일이 있으면 대감이 임금 자리를 면하려 해도 면할 수가 없을 것입니다' 라고 하자 복선군은 대답이 없었습니다. 허견이 '이제 나라가 장차 망하려는데 반드시 잘해야 할 것이며, 당론을 마땅히 타파해야 할 것입니다' 라고 했습니다."
>
> -숙종 6년(1680년) 4월 5일

허적의 집에서 잔치가 있고 7일이 지난 때인 4월 5일이었다. 정원로와 강만철 등이 역모에 대해 고변을 했고 사건은 본격적으로 시작되었다.

정원로가 한 고변의 내용은 허견이 복선군 이남을 내세워 역모를 일으키려

했다는 것이었다. 그러면서 그는 그 말을 듣고는 모골이 송연해 바로 고하려고 했지만 왕이 영의정 허적을 신임하고 존중하기 때문에 무고했다는 죄를 입을 것이 두려워 주저하다가 아뢴다고 덧붙이며 허견 등 소위 그가 주장하는 '역모의 무리' 들이 주고받은 편지를 증거라며 올렸다.

허견과 처남, 매제 사이라는 강만철의 고변 역시 비슷한 내용이었는데 정원로와 강만철 둘 다 도저히 침묵할 수 없기에 고변을 하는 것이라고 했다. 숙종은 곧바로 관련자들을 잡아들여 심문할 것을 명했고 심문을 받은 복선군은 고변의 내용을 시인했다.

같은 달 12일 허견은 찢겨 죽었고 복선군은 목을 매어 죽였으며, 정원로가 왕이 영의정을 아끼기에 무고했다는 죄를 얻을 것 같다고 했던 그 '영의정' 허적은 아들 허견의 죄에 엮여 도성 밖으로 내쫓겼다.

허적은 숙종이 내려주겠다고 했던 궤장도 받아보지 못하고 쫓겨났지만 그나마 다행한 상황이라 할 수 있었다. 허견의 문제가 수면 위로 드러나면서 아버지인 허적이 그 사실을 몰랐을 리 없다는 얘기들이 앞다투어 튀어나왔기 때문이었다. 허적이 도체찰사였다는 게 더 문제였는데 도체찰사는 도체찰사부의 우두머리였고 으레 영의정이 맡는 자리였다. 도체찰사부는 전쟁시의 사령부로 8도의 모든 군사를 통제하는 기관이었는데 현종 때 폐지된 것이 숙종대에 들어 남인인 윤휴의 주장으로 다시 설치된 상태였다.

허적이 허견의 역모 사실을 알고 있었을 거라 주장하는 자에게 허적이 도체찰사였다는 것은 그럴듯하게 내세울 수 있는 핑계였다. '날마다 날랜 무사와 역사를 모아서 무거운 것을 들어 힘을 겨루게 하여 그 중에 가장 우수한 자를 선택한 것은 장차 어디에 쓰려고 한 것이며, 허적이 아는 바가 아니고 허견이 홀로 이를 하였겠습니까?' 라는 주장이 터져 나왔고 허적은 강하게 반발했다.

그는 일찍이 복선군의 형제인 복창군과 복평군이 궁녀들과 스캔들 사건이 터졌을 때 그들에게 죄 주기를 자신이 청했으며, 윤휴가 용서하기를 청했지만 그럴 수 없다고 했었다고 말했다. 그걸 숙종도 기억할 거라면서 하물며 숙종의 나이가 젊은데 어떻게 자신이 그런 생각을 했겠냐고 변명했다.

허적이 주장하는 바는 간단하다. 그를 공격하는 자들은 자기가 남인이라서 같은 남인인 윤휴와 마찬가지로 남인 쪽인 삼복 형제들 쪽에 서 있다고 하면서 자신이 아들과 함께 역모를 일으키려 했던 것이라고 하지만 그렇지 않다고, 윤휴는 병권을 외척에게 맡길 수 없다고 했지만 자신은 외척인 김만기와 김석주를 추천했다며 자신의 결백을 주장한 것이다.

허적의 의견은 받아들여졌고 그는 역모의 한 축이 아닌 역적을 아들로 둔 죄만을 얻었다. 그러나 이 일은 겨우 허견 같은 잔챙이를 잡으려고 일어난 사건이 아니었다.

> "허견이 양가의 부인을 약탈하여 음욕을 자행하여 풍교를 더럽혔으니, 이는 실로 전에 없던 큰 변고다."
>
> – 숙종 6년(1680년) 5월 5일

허견이 역관 서효남의 며느리를 겁탈한 사건이었다. 5월 5일이었고, 이미 허견이 죽고 없었는데도 숙종이 이 사건에 대해 입을 연 것에는 다 이유가 있었다. 당일에 바로 허적에게 사약을 내리라는 명을 내린 것이다. 숙종은 허적을 죽이는 것은 그가 허견의 악행을 알고서도 감추었기 때문이라고 했다.

경신년의 이 사건으로 허견과 허적, 복선군만이 죽은 것이 아니었고 이것이 큰 사건으로 이야기되는 것이 허적 같은 거물이 죽게 되었기 때문도 아니다.

복창군, 복평군도 복선군과 함께 죽었고 남인의 대표인물인 윤휴도 죽었다. 그는 복창군 형제의 간통사건에 개입한 대비를 단속하라며 왕을 비판했고, 복선군 형제와 평소 가까운 사이로 도체찰사를 다시 설치하자고 주장했을 뿐만 아니라 자신이 도체찰사부의 부체찰사에 임명되지 않자 숙종의 면전에서 노골적으로 불쾌한 감정을 드러냈다는 죄목으로 말이다.

100여 명의 남인이 죽음을 당하거나 유배되는 등 갖가지 죄목으로 처벌되었던 경신환국(庚申換局)은 대체 어떠한 사건이었을까. 이게 정말 100여 명이나 엮여 죽어야 할 만큼 엄청난 사건이었을까?

'경신년의 일은 역적을 다스리는 것을 위주한 것.'

-숙종 20년(1694년) 6월 4일

이것은 1694년에 좌의정 박세채가 한 말이었다. 이것은 아마도 서인들의 공식적인 입장이었을 것이다.

그러나 남인 입장에서도 그러했을까?

경신환국(庚申換局)에 대해 얘기되어지는 많은 부분에서 가장 두드러지는 부분을 언급하자면 그것은 아마도 허적의 유악사건일 것이다. 이것은 아마도 숙종이 이후 여러 차례의 환국을 일으켰던 사람인지라 경신환국(庚申換局) 또한 숙종의 변덕이 가져온 사건의 하나쯤으로 치부되기 때문이다.

마음대로 유악을 가져간 허적과 그에 분노한 숙종. 이 두 가지는 하늘 높은 줄 모르는 권력 때문에 눈이 먼 신하와 그것에 대한 분노를 더 이상 주체할 수 없게 된 왕의 관계를 쉽게 연상시킨다.

권력을 잡은 자들은 언제나 오만하고 기고만장하게 되어 있고, 허적도 다르지 않았을 것이다. 그리고 유악사건이 그 예가 될 수도 있다. 그러나 허적 개인의 문제였다면 그 하나만 쫓아내면 될 일이었을 일이 허적의 힘이 허적 한 사람만의 것이 아니었다는 사실이 문제였다.

허적은 분명 남인이었지만 꽤나 타협적인 사람이었다. 그래서 서인들이 조정을 장악하고 있을 때도 밀려나지 않을 수 있었고 앞서 곽세건의 상소 때에도 송시열을 옹호했던 것처럼 그는 적당히 잘 지낼 수 있고 그래야 한다고 믿는 사람이었던 것 같다.

그래서 허적처럼만 생각한다면 아마도 당을 나누어도 서로 싸우는 일은 없겠지만 그는 특이한 경우였다. 허적이 어떤 마음으로 온건한 태도를 보인 것인지는 알 수 없지만 조선시대의 당쟁사에서는 허적 같은 사람을 뱀처럼 교활하다고 한다. 이쪽도 옳고, 또 저쪽도 옳다고 하는 소인배라고 말이다. 확실히 서인에 대한 허적의 온건한 자세는 남인들 내부의 분란을 일으켰다.

> "처음에 임금은 서인이 남인과 서로 화합치 아니함을 미워하였으나 얼마 안 되어 조정이 이미 화합한다고 생각하였는데, 이때에 이르러 그 불화함을 깨닫게 되니, 허적 등이 두려워하여 당을 나누어 서로 삐걱거리는 일을 덮으려고 윤휴에게 요구하여 같이 들어가서 임금을 달래려고 하였다."
>
> – 숙종 1년(1675년) 9월 24일

허적을 대표하는 탁남, 윤휴를 대표하는 청남으로 남인이 갈라졌던 것이다. 온건과 그 반대되는 성향으로 나뉘는 남인들을 보면서 숙종은 아마도 역시 어쩔 수 없는 인간들이다 싶은 생각을 하기도 했을 것이다. 그리고 서로 싸울 정도로 권력이 강해진 남인들에게 위협과 염려도 없지 않았다.

그러나 숙종의 그런 염려보다 더욱 큰 영향을 준 것은 파트너 김석주의 생각이었다. 김석주 자신이 남인이 더욱더 강해져서 자신의 독자적인 영역을 침범하려 한다고 여기게 되었다면 숙종의 생각은 그다지 중요하지 않았을 것이다.

> 이때에 임금이 당국인(當局人)을 매우 미워하였는데, 김석주의 취향은 조금 다르다고 생각하여, 김석주를 전조(銓曹, 이조와 병조를 아울러 이르던 말)에 끌어다 두고자 하였기 때문이다.
>
> -숙종 즉위년(1674년) 10월 20일

'당국인(當局人)' 은 현종대에 조정에 있던 서인들을 일컫는 말일 것이다. 숙종은 그들은 미워했지만 김석주의 취향은 조금 다르다고 생각했다고 한다. 그러나 그것이 완전한 의지나 신뢰는 아니었다. 숙종은 김석주를 신뢰했지만 당시 그의 '신뢰' 는 쪼개져 있는 것이었다.

숙종은 김석주 못지않게 복창군 형제들을 좋아했고 믿었다. 명성왕후가 복창군 형제들을 제거하려 눈물로 호소하는 자리에 김석주는 병을 핑계대고 나타나지도 않았는데, 당시 남인과 손을 잡고 있던 김석주로서는 불가피한 선택이었을 것이다.

명성왕후와는 친척이었고, 복창군 형제들은 남인이었으니 어느 한쪽을 편들 수 없는 입장이었을 테니 말이다. 복창군 형제들은 꼭 제거하지 않으면 안 되는 자들이었다. 그래서인지 이 홍수(궁녀)의 변이라 불리는 사건이 모두 김석주가 꾸민 일이라고도 한다. 그가 김우명과 명성왕후 뒤에서 일을 조종했고, 그래서 야대칭에 나타나지 않은 것이라고 말이다.

실제로 복창군 형제들에 대한 숙종의 신뢰는 컸고, 그들의 힘도 그러했다. 서인, 남인, 명성왕후 같은 외척들까지 숙종을 손에 쥐려고 애썼지만 숙종의 마음에 든 건 복창군 형제들과 김석주뿐이었다.

그런데 김석주는 허적과 권대운 등의 탁남과 가까웠지만 복창군 형제는 윤휴와 허목 등 청남과 가까웠다. 그리고 김석주는 복창군 형제와 권력을 나눌 생각 같은 것은 없었는데 그건 허적 등 탁남과도 마찬가지였다.

힘이 강해진 남인에 대한 염려는 숙종보다 김석주의 그것이 더 컸던 것이다.

> 허견이 장사 수백 명을 뽑아, 은혜와 의리로써 결탁하여 장차 돌아가며 궐내에 숙직하게 하여, 임금께서 만약 병환의 위급한 일이 있으면, 그 아비를 따라 들어가서 위로는 궁중으로부터 아래로는 재상에 이르기까지 만약 이남을 옹립하는 데 이의가 없으면 일이 반드시 순조롭게 이루어질 것이고, 그렇지 못하여 혹시 김석주가 대비에게 명을 받아 하는 짓이 있으면, 먼저 김석주와 김만기를 가두어 움직이지 못하게 한 연후에 남을 옹호해 세우면 일이 이루어지지 아니함이 없을 것이라고 하였으며, 허견이 또 말하기를, '병판(兵判, 김석주)은 심한 흉물이니, 임금께서 만약 병환이 있어 위태로운 처지에 이르면 반드시 먼저 사람을 동촌(東村)에 보내어 세 공자(公子, 복창군 형제)를 쳐 죽일 것이니, 우리들도 마땅히 장사

를 보내어 막아내어 보호해야 할 것이며, 혹은 남을 대궐 안에 먼저 들어가게 하여 다른 곳에 숨겨 두었다가 때에 임하여 찾아 낸 연후에야 일이 갑자기 급해진 근심을 면할 수 있고, 마침내 옹립하는 일을 성공할 것이다' 라고 하였습니다.

-숙종 6년(1680년) 4월 17일

허견의 역모에 대해 고변한 강만철의 얘기다. 그는 허견이 장사 수백 명을 뽑아 돌아가며 궐내에 숙직을 시켜 임금이 만약 병이 나면 그 아비, 허적을 따라 들어가 복선군을 옹립하게 할 것이라 말했다고 했다. 그러면서 그는 허견이 김석주에 대해서도 말했다고 했는데 이런 내용만 보면 김석주는 왕만을 섬기는 충신이자 역모를 꾀한 허견과 복선군의 '적' 이다.

"석주의 내종아우 신범화도 추보법을 알았기 때문에 정원로와 서로 친하였는데, 김석주는 이남의 교만 방자함을 알고, 또 허견이 분수에 만족하지 못함을 알고도 신범화와 정원로로 하여금 허견과 더불어 깊이 사귀게 하여 간사한 마음을 야기시켜서 흉한 꾀를 빚어내었습니다. 이때 허견은 교서관에 출사하지 아니하고 병을 핑계대며 따로 거처하고 있었는데, 정원로 같은 무리가 운명과 재수로써 유혹하고, 이태서가 또 허견 · 남의 중간에서 서로의 관계를 맺어 주었으니, 이 무리는 끝내 용서할 수 없으며, 기타 억울하게 죽은 자는 나라 사람이 슬퍼하는 바인데, 어찌 신범화의 무리를 구문(究問)하기를 기다려서야 알 일입니까?"

-숙종 15년(1689년) 7월 18일

이어진 위의 기록은 허견의 역모가 일어난 지 9년 후의 것인데, 당시 김석주의 위치는 많이 달라져 있었다.

숙종은 여러 신하들과 경신년의 환국에 대해서 얘기를 하고 있었는데, 1689년 남인이 재등장하는 기사환국(己巳換局)이 이루어진 뒤이니 경신환국(庚申換局)에 당했던 남인들의 신원에 대해 논하는 자리였다.

남인 신하들이 모여 앉아 있었지만 그들은 허견의 역모 때문에 시작된 옥사 자체를 잘못된 것이라 말하지는 않았다.

> "허견과 이남이 부도한 말을 발하고 반란하려는 마음을 품었으니, 대역으로 논하여도 조금도 아까울 것이 없는데, 혹은 말하기를, '군사를 거느리고 대궐을 범한 것과는 차이가 있다' 고 합니다. 이미 역이라고 하였다면, 어찌 경중의 구별이 있겠습니까?"
> "견, 남 등은 비록 눈 앞의 반역한 실상은 없다고 하더라도 각각 후일을 엿보는 거역하는 마음이 있어서 몰래 서로 체결하여 마침내 죽음에 이르렀습니다. 만약 군사를 거느리고 대궐을 범한 것과 비교한다면 혹 경중의 구별이 없지는 아니할 것이나, 또 어찌 가볍게 의논할 수 있겠습니까?"
>
> -숙종 15년(1689년) 7월 18일

신하들은 복선군 이남과 허견이 역모에 대해 마음을 먹었을 뿐이라 실제로 행한 것과 차이가 없진 않겠지만 가볍게 의논할 것은 아니었다는 입장이었다.

복선군과 허견 등의 역모에 이의를 달지는 않겠다는 것이었다. 그러나 그들은 경신년의 옥사는 김석주가 얽어 짠 것이란 주장은 확고히 했다. 김석주가 자신의 심복인 정원로, 친척동생인 신범화로 하여금 허견과 친하게 하여 그를 부추기고 역모를 고변하게 했다는 것이다.

그러면서 그들은 경신년 당시 김석주가 이천의 주둔군에게 날마다 재주를 훈련하고 진법을 연습하게 한 것이 의심스럽다고 했던 말을 끄집어냈다. 이천의 군사를 훈련시킨 것은 근본적으로 산성을 신설하기 위한 것인데, 이로써 역모라 하니 더욱 웃을 만하다고 말이다.

김석주가 경신환국(庚申換局)을 얽어 짠 것이라고 한 것은 어느 정도는 사실로 보인다. 정원로와 강만철, 신범화 등이 모두 김석주와 가까운 사람이었고 강만철과 정원로가 처음에는 역모를 고변한 공이 있다고 했다가 결국은 죽임을 당했는데 이것 또한 그들의 입을 막기 위한 것이라는 말도 있었다.

경신환국(庚申換局)으로 유배를 가 있던 김수항이 석방되어 다시 영의정에 오르고, 좌의정에 정지화, 도승지에 남구만이 임명되는 등 서인들이 요직을 차지하게 된 후, 송시열조차 김석주의 눈치를 보며 그를 끌어안으려 했을 정도로 김석주의 영향력은 컸다. 이것이 바로 환국은 숙종이 벌인 것이라기보다 김석주의 작품이라는 것을, 서인들 자신의 힘으로 이룬 것이 아니란 사실을 인정했다는 증거이다. 또한 김석주가 여전히 숙종의 곁에 있을 수 있었다는 것이 가장 명백한 증거라고 할 수 있다. 김석주가 남인과 손을 잡았다는 사실, 이전에 서인들을 몰아낼 때 함께 했다는 사실이 확실했는데도 김석주는 서인들로 채워진 조정에서 여전히 예전과 다름없는 모습이었다.

숙종에게는 아직 제대로 된 왕권이라 할 만한 것이 없었고, 김석주는 그 틈

창덕궁 선정전의 청기와 임금이 평소 나랏일을 보던 편전으로 창덕궁에서 유일하게 청기와 건물이다.

을 파고들어 숙종의 이름으로 복창군 형제들을 몰아내게 만들었다. 숙종은 복창군 형제들이 죄가 있는지 없는지는 확신할 수 없었어도 잘 짜여진 판 앞에서 어찌할 수 있는 것이 없었을 것이다.

경신환국으로 김석주는 숙종을 고립시켰다. 숙종이 가장 신뢰하던 사람은 복창군 형제들과 김석주였는데 손수 복창군 형제들을 제거하게 하면서 숙종에게 김석주 자신밖에 믿을 사람이 없도록 만든 것이다. 또한 김석주는 서인을 받아들이면서 자신의 권력이 얼마나 거대한 것인지, 숙종의 왕권이 얼마나 보잘 것 없는 것인지를 만천하게 노출시켰다. 자신과 손을 잡기만 하면 왕의 눈치 따위는 보지 않아도 된다고 크게 소리친 것과 다름없었다는 얘기다.

전 병사 김환, 기패관(旗牌官, 훈련도감에 소속된 종 9품 무관직) 한수만이 대궐에 나아와서 급한 변을 아뢰었다.

……그 상변한 글에는 허새 등이 화약·화전(火箭, 화살 끝에 화약주머니를 매달아 불을 붙여 쏘던 화기)·흰옷 따위의 물건을 준비하여 역적모의한 증거가 있다고 하며, 아울러 허새가 김환의 집에 보낸 편지 두 장과 여러 역적들이 이름을 적은 종이 및 물건을 갖추어 놓은 문서와 문답한 이야기 및 이를 탐지한 사실을 적은 일기도 올렸다.

– 숙종 8년(1682년) 10월 21일

1682년 10월, 경신환국(庚申換局)이 일어난 지 2년 후였다. 전 병사 김환 등의 고변 사건이 발생했다. 내용은 남인 허새 등이 역모를 꾀한다는 것이었는데 역시 남인인 민암, 권대운 등 16명이 가담해 복평군을 추대하고 자의대비 조씨가 수렴청정을 할 거라는 주장이었다.

이어 중인 김중하가 다시 고변하고 나흘 뒤에는 어영대장 김익훈까지 일주일 사이에 세 차례의 고변이었다. 그러나 이 세 번의 고변 모두가 남인의 역모에 관한 것이라는 공통점을 갖고 있고 거기에 또 하나의 공통점을 추가할 수 있는데 그것은 바로 김석주가 뒤에 있었다는 것이다. 세 가지의 고변이 모두 한 가지나 다름없었고, 의심스러운 부분이 당연히 많았다.

이미 1년 전, 남인의 열세 가문이 역모를 꾸미고 있다는 익명서를 숙종에게 들여보낸 적이 있었던 김석주는 경신환국(庚申換局)에서 미처 제거하지 못한 남인을 처리하려는 시도를 멈춘 적이 없었다.

김석주로서는 아직 남아 있는 남인 세력들의 공격을 예상하고 대비하지 않을 수가 없었는데 허술한 계획 때문인지 바라던 결과를 얻는 것이 이제는 더 이상 쉽지 않았다. 김석주를 의심하고 경계하는 자들이 이제는 너무 많았던 것이다.

남인들뿐만이 아니라 젊은 서인들까지 일어서서 김익훈, 김중하 등이 무고죄를 저질렀다 주장했고, 외척들과 젊은 서인들의 충돌은 피할 수 없는 것처럼 보였다. 하지만 사건이 흘러갈 물길은 따로 있었다. 김석주는 운이 좋은 사람이었다. 그리고 그 운은 온전히 그의 지위, 힘에서 나오는 것이었다.

4. 10년의 파트너, 36년의 스승 김석주

김석주는 1684년 쉰하나의 나이로 죽었다.

숙종의 곁에서 누리던 10년의 권력이 무색한 나이였는데 실록에 실린 김석주의 졸기(卒記)에는 그가 조정에 나와 보낸 세월이 비교적 잘 정리가 되어 있다.

> "과거에 급제하자, 고결한 의논을 가진 자들이 (김석주가) 외척인 까닭에 혹은 마음으로 허락하여 칭찬하지 아니하기도 하였다."
> "왕실과 가까운 친족으로서 임금의 후한 대우를 받아 몇 해 사이에 재상의 지위에 올랐는데……."

이 졸기에는 선비들이 그를 받아들이지 않았고 숙종의 후한 대우를 받았다는 것을 대놓고 말해 준다. 그러면서 그가 죽자 김석주를 좋아하지 않던 자들도 나라를 위해 탄식하여 애석해 하지 않는 자가 없었고 문장도 뛰어났다며 김석주를 칭찬하는 말도 실었다.

또 한편 전체적으로 '호사가 습관이 되어' 라거나 '집을 넓게 일으키고 오랫동안 권세를 잡았으므로, 고결한 의논을 가진 자들이 자못 이를 단점으로 여겼다' 는 식의 개운치 않은 말들도 많아 당시의 여론이 그를 어떻게 생각하고 받아들였는지를 엿보게 해준다.

"장정을 찾아내고 군적을 바로잡음은 본의가 이웃들과 족속들의 원통함을 없애 주려는 것인데, 신을 원망하는 사람들이 신더러 백성에게 폭정을 하는 것이라 하고…… 신을 시기하는 사람들이 신더러 재물을 모으는 것이라 하고, 문서가 몰려들어 눈코 뜰 새 없으므로 밤에 관청에는 있어도 낮에 집에 있을 때는 없는데, 신을 이해하지 못하는 사람들이 신더러 사국(실록청) 일은 전연 포기하는 것이라 합니다."

–숙종 3년(1677년) 1월 17일

"외척의 병권이 지나치게 중한 화근은 왕년의 첩안(牒案, 관청의 공문서)을 상고하면 뚜렷이 상고할 수 있습니다. 국구(國舅, 왕의 장인) 김만기는 바야흐로 총융 대장이 되고, 김석주는 병조판서로서 수어 대장을 삼았는데, 이번에는 김익훈도 또 금영을 총괄하게 하시니, 외척 병권의 성함이 이에 이르러 극진하였습니다."

–숙종 4년(1678년) 윤3월 21일

숙종은 그 신뢰를 발판으로 즉위 초에 김석주를 수어사와 승지, 이어서 병조

판서의 자리에까지 앉혀 그에게 아예 병권을 내맡겼다. 그리고 후에도 수어 대장 같은 직책을 더불어 맡겼는데, 김석주와 가까운 자들이자 외척인 김만기와 김익훈까지 병권을 나누어 가졌으니 불만의 상소가 올라오지 않을 수 없었다.

겸 병조 판서 김석주가 거인(擧人, 과거시험에 응시하던 자) 홍치상이 대책(對策, 과거 과목의 하나, 시국에 대한 방책을 논의하게 함)에 자기의 죄상을 벌여 적어 '천공(天工, 자연의 조화)을 탐내어 교만하고 방자한 것이 날로 쌓이고, 중요한 병권을 손에 쥐어 널리 붕당을 심으며, 몸을 빼어 물러갈 줄 모른다' 고까지 하고.

-숙종 8년(1682년) 3월 21일

온 나라의 권력을 한몸에 안고 있는 듯한 김석주를 비난하지 않기란 쉬운 일이 아니었을 것이다. 과거시험을 치르던 홍치상이란 인물은 김석주를 교만하고 방자하며 병권을 손에 쥐어 붕당을 심으면서 물러갈 줄을 모른다고 심하게 비난했다.

김석주 같은 권력자를 비난하는 상소는 새삼스러울 것도 없는 것이지만 홍치상의 정체 때문에 그의 비난이 더 흥미롭다. 홍치상의 어머니는 숙안공주, 효종의 딸이자 숙종의 고모였다. 홍치상의 가문 역시 왕실과 인척 관계였고 서인 가문이었지만 김석주를 비난했던 것이다.

홍치상의 비난은 당시 김석주가 가졌던 태도를 여실히 보여준다. 그는 외척이지만 외척이 아니고 서인이지만 서인이 아니었다.

이런 상소들에도 아랑곳 않고 김석주는 훈련대장에서 호위대장까지를 거치며 숙종의 곁에 있는 동안 거의 항상 정승직과 함께 무신직을 겸했다. 숙종과 김석주의 관계에는 '무한한 신뢰' 라는 말이 그대로 적용된다.

나이가 들어 왕위에 올랐을 때, 특정한 사람과 파트너십을 맺는 경우는 종종 있었다. 세조와 한명회, 중종과 조광조, 정조와 홍국영처럼 말이다. 그런데 어린 왕의 경우 오직 한 사람에게 정승직과 병권을 동시에 맡기는 일은 숙종과 김석주의 사례 말고는 찾아보기 힘들다.

어린 왕은 파트너보다 대개 그의 어머니인 대비와 외척의 손에 좌우되기 마련이고, 그건 어찌 보면 매우 당연한 일이었다. 어린 아이에게 어머니나 외가만큼 가까운 사람들은 찾아보기 힘들고, 가까운 사람에게 의지를 하게 마련이니까.

실제로 소위 '어린 임금을 끼고' 정국을 좌우했던 왕실의 여자들이 이미 여럿 있었다. 그중 열세 살에 즉위했던 성종대의 정희왕후와 열두 살에 즉위했던 명종대의 문정왕후가 대표적이고, 숙종 이후 각각 열한 살과 여덟 살에 즉위했던 순조와 헌종대는 '세도정치' 라는 이름이 붙을 정도로 왕실여인과 그 가문이 권력을 갖는 경향이 두드러졌다.

숙종은 마치 김석주를 아버지처럼, 혹은 형제나 스승처럼 여겼고 온갖 비난 여론 속에서도 그와 함께 10년을 같이 했다. 그리고 그것은 김석주가 아버지 현종대부터 당의 이익보다는 왕의 편에 서는 쪽을 택했기 때문일 것이다.

하다못해 어머니 명성왕후조차 남편의 편을 들지 않고 친정가문만을 생각했으니 당의 이익에 초월해 왕을 섬기는 모습을 보이는 김석주를 숙종이 신뢰하지 않는 건 힘들었을 것이다.

그 때문일까. 조광조나 홍국영 등이 왕들과 파트너십을 유지하지 못하고 죽임을 당했던 것과 달리 김석주는 비교적 평탄한 인생을 살고 행복하게 죽었다고 할 수 있다.

그의 십 년은 짧지만 강렬하며 마무리가 좋았다고 말해도 맞을 것 같기 때문이다. 또한 그 십 년 동안 그는 그 누구보다도 숙종에게 가장 큰 영향을 준 사람이라고 할 수 있다. 특히나 사춘기의 어린 나이에서 성인의 문턱을 넘어서는 무렵을 함께 했기 때문에 어쩌면 아버지 현종보다도 큰 영향력을 발휘했다 할 수도 있을 것이다.

김석주가 죽고 난 후 숙종의 재위 기간은 무려 36년이었다. 그리고 숙종은 그 36년의 세월 동안 김석주 같은 파트너를 만들지 않았다. 그런 파트너가 이제 더 이상은 필요 하지 않았기 때문이었다.

> 이회 · 김환 · 김중하는 모두 참형하여 그 집을 적몰하였고 김익훈은 장하에서 죽었으며, 이첨한(본시 이주한이었는데 지금의 이름으로 바꾸었다)은 장형과 유배형에 처하였다.
>
> –숙종 15년(1689년) 3월 11일

숙종은 정말 더 이상의 파트너가 필요치 않았다. 김석주에게서 배울 만큼 배웠고 잘 써먹을 수 있을 만큼 충분히 총명했으니까 말이다.

김석주가 죽고 나서 1689년 서인이 퇴출되는 기사환국(己巳換局) 때 김익훈, 김환 등 김석주와 함께 남인들을 제거하려 했던 무리들이 죽임을 당했다. 남인들을 조정으로 들였으니 그들의 억울함을 풀어주기 위해서 복수를 해야 했던 것이다.

처음에 국청에서 이회를 임술년(1682년)의 고변서의 말로써 신문(訊問)하니, 이회가 말하기를,

"한평수가 저를 불러서 김석주의 말이라 하여 강가에 사는 모든 사람을 기찰하게 하였으므로, 즉시 가서 김석주를 만났더니, 김석주가 김익훈에게 가서 의논하라고 하였습니다."

하므로, 다섯 차례를 형신하니,

"김익훈이 은 1백 냥을 주어 이것으로 화약과 화전을 샀습니다."

하였다. 김환은 다섯 차례 형신하니,

"김익훈이 강상에다 집을 사서 제게 주고는 강가에 사는 모든 사람을 기찰하게 하였습니다. 그 우두머리가 되어 일을 꾀한 것은 비록 이회라 하여도 김익훈의 꾀임과 협박으로 고변하였습니다."

……이필은

"김석주가 저로 하여금 기찰하게 하여 제가 한평수를 천거하고 사양하였더니, 김석주가 그 일에 참여하지 않음을 꺼리고 미워하고 대관(臺官, 탄핵과 감찰 등을 담당한 관료)을 부추겨서 공박하였습니다."

-숙종 15년(1689년) 3월 11일

얘기가 복잡하지만 요약을 해보면 임술년에 고변을 했던 자들이 하나같이 김석주가 남인들을 염탐하도록 시켰으며, 임술년에는 남인 허새 등이 화약·화전(火箭, 화살 끝에 화약주머니를 매달아 불을 붙여 쏘던 화기) 등을 준비하여 역적모의한 증거가 있다고 하더니 이제는 화약과 화전은 김익훈이 준 은으로 산 것이라 했다.

김환, 이회 등은 국문을 받으며 임술고변이 모두 김석주와 김익훈이 조작하고 염탐해서 벌인 일이라며 털어놓았던 것이다. 역모를 고변한 영웅들이 한순간에 죽음을 면치 못하는 엄청난 죄인으로 추락하는 순간이었다.

> 김석주는 대비의 친족으로 성품이 음흉하고 사나와 새로운 정치를 협찬한 자취가 비록 뜻을 같이 한 것과 가까운 듯하나, 옛 붕당을 돌아본 뜻은 진실로 사사로운 마음을 쾌하게 한 것이다. 오직 그 이리처럼 탐욕에 골몰하여 빼앗지 아니하면 만족하지 않았으니, 이로써 호시탐탐 노리는 것이 날이 갈수록 더욱 심해졌다. 김만기는 본래 간사한 소인의 괴수로서 오랫동안 폐부의 친밀함에 의탁하여, 선왕이 예를 물으시던 날에는 한결같이 하늘을 속이기를 뜻하였고, 송시열이 죄를 입었을 때에 온갖 수단을 마련하였다. 공(公)을 배반하고 당을 위해 죽는 습속이 고질이 되어, 뼈에 사무치는 듯한 원한이 깊었고, 힘을 같이하고 꾀를 합하는 형세를 이루면서 이를 갈며 엿보았다.
>
> -숙종 15년(1689년) 7월 25일

숙종은 임술고변(壬戌告變)뿐만이 아니라 경신환국(庚申換局) 또한 김석주가 만들어낸 무고의 사건이라는 남인들의 주장을 기꺼이 받아들여 김석주의 시호를 빼앗았고 경신환국(庚申換局) 때 내린 공신의 이름도 빼앗았다. 한때는 아끼고 따랐던 파트너이자 친족이었지만 이제는 그저 성품이 음흉했고 탐욕에 골몰했던 간신에 지나지 않았다고 선언했던 것이다.

김석주는 잘 알려진 사람이 아니다. 그는 현종, 숙종대에 활동했던 사람인데 그 시대에 주목받던 사건이라고는 예송논쟁과 장희빈, 인현왕후, 숙빈 최씨 등뿐이니 그가 외면 받은 것이 이상할 것은 없다. 그러나 그는 숙종의 재위 46년을 만들어준 장본인이라고 할 수 있다. 숙종은 그와의 10년으로 남은 36년을 제대로 된 조선의 왕으로 살았다.

김석주는 도덕적인 인물은 아니었고, 숙종에게 그런 걸 가르쳐 주지도 않았다. 그러나 그는 권력을 유지하는 일, 적을 내치고 힘을 키우는 일에 대해서 잘 알고 있었다.

지금 그에게는 제법 많은 음모와 술수를 만들어냈다는 죄목이 씌워져 있다. 복창군 형제의 간통 사건부터 경신환국, 임술고변 등등. 그리고 그 모든 사건들이 김석주가 했을 만한 일들이라서 그렇다고 할 수도 있고, 역사가 항상 똑바로 기록되는 것은 아니니 아니라고도 말할 수 있다.

그러나 김석주가 유난히 당쟁이 치열했던 숙종대의 10년 동안 권력을 잃은 적이 없었다는 것은 그가 얼마나 대단한 사람이었는가를 증명한다. 그는 오로지 홀로 서 있었다. 그가 가깝게 지낸 사람들이라고는 김만기와 김익훈 같은 외척과 일을 시키고 정보를 모아주던 심복들뿐이었으니 그에게는 '파(派)'라는 게 없었다고 할 수 있다. 그는 홀로 서서 필요에 따라 버리고 취하고를 반복했을 뿐 무리를 만들지는 않았던 것이다.

그러나 결국 숙종은 김석주를 배신했다. 십 년을 함께 하며 무한한 신뢰를 주었던 사람을 자신의 왕권을 위해 망설임 없이 버렸던 것이다. 그러나 한편으로 숙종은 김석주에게 보여주고 있었다. 이후 36년 동안 평생 파트너를 만들지 않고 강한 왕권을 지향하며, 필요에 따라 사람들을 버리고 취하면서 그렇게. 김석주와 함께 했던 십 년이 숙종에게 어떤 것이었는지, 그리고 앞으로 살아갈 숙종의 인생이 어떤 것이 될지를. 김석주가 숙종에게 어떤 존재였는지를 확실하게 보여주고 있었던 것이다.

1. 장희빈은 신데렐라였을까?

2. 장희빈이 불러온 미색의 재앙

제3장

장희빈, 신데렐라는 없다

희빈 장씨를 애기하는 일은 뻔하면서도 새삼스러운 일이다.

왕을 사랑에 눈멀게 해서 쥐락펴락하는 동시에 나라를 혼란에 빠뜨리는 후궁의 캐릭터는 분명 새로울 게 없고 확실한 선악구조, 후궁이 죽임을 당하는 권선징악의 결말도 그러하다.

장희빈이 악독했을 것이다, 요부였을 것이다 하는 얘기들에 반박할 생각은 없다. 그랬을지도 모른다고 진심으로 생각하니까. 그러나 알고 말하는 것은 추측이라 할 수 있지만 아예 모르고 하는 얘기는 억측이라고밖에 할 수 없다는 것은 알아야 한다.

우리는 희빈 장씨에 대해 얼마나 많이 알까.

그녀가 그저 왕의 사랑만 믿고 오만방자하게 굴었으며, 사랑을 빼앗기자 온갖 악한 짓을 서슴없이 저질렀다는 것을 믿는 게 왜 그렇게나 쉬울까.

그녀가 대책없이 악하기만 한 사람이라는 것이 항상 왜 그렇게 당연했을까?

1. 장희빈은 신데렐라였을까?

장씨가 언제 태어났는지는 알려지지 않았다. 그러니 궁에 들어갔을 때나 숙종을 만났을 때의 나이가 몇 살인지도, 죽었을 때는 또 몇 살인지도 알 수가 없다.

그녀는 자의대비 조씨의 친척동생인 조사석의 처갓집 종이었던 어머니 윤씨와 역관이었던 아버지 장형 사이에서 태어났다.

윤씨는 장형의 후실이었다. 윤씨가 이전의 노비 신세를 벗어났고 역관인 장씨의 아버지는 중인의 신분이었지만 어머니의 신분을 물려받게 되는 조선의 법대로 장씨는 천할 수밖에 없었다. 거기에 아버지 장형까지 일찍 죽었다.

어머니의 천한 신분에, 아버지까지 없었던 장씨가 처음 궁에 들어간 것은 궁녀로서였다. 장씨는 자의대비전에 속하게 되었고 거기서 숙종을 처음 만났다. 숙종이 할머니인 자의대비에게 일상적으로 안부인사를 하러 오는 당연한 상황에서였다.

> 날씨가 침침하였다. 흰 기운이 서쪽으로부터 중천에 뻗쳐서 그 모양이 혜성과 같았고 여러 날 동안 사라지지 않았다.

당시 국상은 혜성이 나타나기 전에 이미 났으므로, 이러한 이변의 출현 조짐이 어디에 있는지 알 수 없었다. 그 후에 장녀가 일개 애첩으로서 임금의 총애를 받아 필경에는 왕비의 지위를 빼앗아 왕후에 승진하기에 이르러 재앙과 난리를 끼치고 큰 파란을 일으켰는데, 그녀가 임금의 총애를 받기 시작한 것이 바로 이 무렵이었으니, 이로써 하늘이 조짐을 보여 주는 것이 우연이 아님을 알겠다.

–숙종 6년(1680년) 11월 1일

실록의 기록은 장씨가 숙종의 총애를 받기 시작한 것이 숙종의 첫째 왕비인 인경왕후가 사망한 이후 무렵부터라고 한다. 실록이야 승리한 자의 기록이니

대빈궁 희빈 장씨의 위패를 봉안한 사당. 건립 당시에는 지금의 낙원동에 해당하는 중부 경행방에 있었으나, 고종 7년(1870년) 숙빈 최씨의 사당인 육상궁으로 옮겨졌다. ⓒ김미애

혜성의 출현이 장씨가 나중에 나라에 큰 혼란을 일으킬 것이라는 조짐이었다는 얘기는 그냥 넘기더라도 이 기록은 장씨가 언제부터 숙종과 인연을 맺기 시작했는지에 대해서 알려주기에 중요하다.

장씨를 누구나 신데렐라라고 말할 것이다. 그런데 장씨 같은 신데렐라가 된 여자들에게서 크게 감동을 줄 만한 부분을 찾는다면 그게 과연 뭘까?

늘 그런 이야기들은 한결같다. 멋진 남자, 기막힌 우연, 뜻하지 않은 도움 등등. 그런 비슷비슷한 흐름 속에서 그래도 감동적이라 할 만한 부분은 착한 여주인공이 그에 상응하는 상을 받고, 진정한 사랑을 이루는 부분일 테지만 가장 인상 깊게 여겨지는 부분은 따로 있다. 그건 그들이 사실은 '아무것도 아니다'라는 점이다.

그들이 예전 한때 귀족이었다거나 양반이었다거나 혹은 부자였다 라는 과거를 가질 수는 있다. 하지만 그것이 현재형은 아니다. 그들이 현재 가진 거라곤 착한 마음과 예쁜 얼굴, 그리고 투철한 희생정신뿐이다. 그러나 그런 조건만으로 신데렐라가 되는 게 가능할까? 장씨는 예쁜 얼굴에 기막힌 우연이 가져다준 만남으로 왕을 만났지만 아무도 그게 전부였을 거라 믿지는 않는다.

장씨는 분명 천한 신분의 어머니를 가졌고 아버지가 없었다. 그러면 그녀는 소녀가장이었을까? 어머니와 가족을 부양해야 하는 그런 사람이었을까?

장씨에게는 아버지가 없었지만 아버지의 사촌인 장현이 있었다. 그리고 장현은 부자였다.

> "전역관 장현은 국중의 거부(巨富)로서 복창군 이정과 복선군 이남의 심복이 되었다가 경신년의 옥사(경신환국)에 형을 받고 멀리 유배되었는데,

장씨는 곧 장현의 종질녀이다."

-숙종 12년(1686년) 12월 10일

실록은 장현을 '국중의 거부(巨富)' 라고 기록했다. 실록에 거부(巨富), 즉 큰 부자라고 기록된다는 것이 어떤 의미일까?

물론 돈이 많다는 것은 부러움을 주는 일이기도 하지만 그 반대로 미움이나 질시를 받는 일이기도 하다. 또 부유함을 언급하는 것 그 자체가 부유함을 가진 사람이 부를 쌓기까지 온갖 비리와 손가락질을 받을 만한 짓을 했을지도 모른다는 뉘앙스를 풍기게 하기 위한 목적으로 사용되기도 한다.

역관이라는 자리는 분명 부를 축적하기에 좋은 자리였다. 중국에 수시로 사신을 보냈던 조선에서 역관이라는 존재는 불가피한 것이었지만 조선정부는 역관과 사신들에게 공식적인 여비를 주지 않았다.

대신 인삼 같은 것을 각자 정해진 양대로 중국에 가져가 팔아 쓰게 했는데 사신과 역관들은 그렇게 벌어들인 돈을 그대로 여비로만 쓰지 않았다. 돌아올 때에 그 돈으로 조선의 부자들이 좋아하는 사치품을 사다가 팔아서 몇 배의 이득을 남겼던 것이다.

사신들이야 사신으로 뽑혀 가는 일이 항상 있는 것은 아니기에 중국에서 그런 식으로 무역을 해서 주기적으로 부를 축적하는 것은 어려웠지만 역관들은 그렇지 않았다. 역관 중 누가 가느냐의 문제가 있을 수 있지만 역관에게 외국에 나갈 기회가 훨씬 많은 것은 사실이었고 무역으로 돈을 버는 일도 그랬다.

게다가 외국어에 능통하고 중국을 드나들면서 알게 되는 동향 때문에라도 역관과 가까이 지내려는 고위관리들 또한 많았다. 역관은 무역으로 돈을 벌어

높은 양반들과 가까워졌고, 고위관리들의 '배려'로 인해 더욱더 돈을 많이 벌 수 있었던 것이다.

장현은 역과에 1등으로 합격했고 중국에 무려 30여 차례 다녀왔던 사람이었다. 역관이라 해서 모두 부유했고 고위층에 줄을 대고 있던 것은 아니었겠지만 장현은 분명히 부유하고 고위층과 가까운 역관 중 하나였다.

> "장현이 세력을 믿고 폐단을 지은 일은 신이 눈으로 볼 수 있었던 것은 아닙니다마는, 물건을 팔고 살 때에 그 이익을 마음대로 하고 내사[內司, 내수사(內需司) : 왕실 재정의 관리를 맡아보던 곳]를 핑계하여 남의 사(私)물을 빼앗은 것은 신이 들었습니다. 또 신이 듣건대, 김상헌이 대사헌이었을 때에 집이 제도를 넘었기 때문에 장현을 가두고 다스렸는데, 그때는 장현의 우익(羽翼)이 이루어지지 않은 상황이었으나 대가(大家)의 청탁이 그래도 매우 어지러웠다고 합니다. 그런데 이제는 그 재산이 더욱 많아지고 딸이 궁인이 되었으므로 다시 그 전에 비할 것이 아닙니다. 이익을 좋아하는 마음은 여느 사람이나 같은 것인데, 남의 물건을 빼앗아도 감히 말하는 이가 없는 것은 그 세력을 두려워하기 때문입니다. 신이 한껏 의심하면서도 어떻게 말해야 할지 모르는 것도 대개 이 때문입니다."
>
> -효종 4년(1653년) 윤7월 2일

효종 4년의 일이었다. 장현은 나라에서 중국으로 가져가는 것을 금지한 물건을 가져가면서 짐에 내수사의 짐이라는 꼬리표인 내패를 달았다. 왕실의 것이라는 꼬리표를 달았으니 감히 그것에 대해 말할 수 없었고 모두 장현의 것임을 알았어도 손댈 수 없었는데 그 짐이 50바리(말과 소의 등에 실은 짐을 세는 단위)나 되었기에 압록강을 건널 때에 불법무역을 단속하는 청나라 측에서 문제를 삼게 되었다.

분명 큰 죄였으나 효종은 장현을 감싸 주었다. 사관은 '임금의 뜻이 장현 등을 감싸는 데' 에 있었다고 실록의 기사에 덧붙였는데 이 정도만 보아도 장현의 부와 권력이 어느 정도인지 충분히 짐작할 수 있다.

그러나 효종대부터 그의 손자 숙종대까지 이어오던 장현의 권력은 경신환국(庚申換局) 무렵 기울기 시작했다. 장현은 왕과 가까운 종친인 삼복형제와 가까워지면서 자연스레 남인 쪽 사람으로 인식되어지고 있었고, 복선군 이남이 역모의 죄를 받으면서 다른 남인들과 함께 퇴출되었던 것이다.

그런데 장현은 이미 자신의 딸을 궁으로 들여보낸 전력을 가지고 있는 사람이었다. 효종대의 기록에 '장현이 나인의 아비' 라거나 '궁인의 아비' 라는 기록이 간간히 보이고 앞서 장현의 비리를 거론했던 기록에도 '딸이 궁인이 되었으므로' 라는 말을 찾아볼 수 있다.

장현과 그의 세력들은 궁인, 즉 궁 안에 여자를 들여보낸다는 것이 어떤 것인 줄 이미 잘 알고 있었다. 물론 그 조카딸, 장씨도 그저 천한 신분에 머물러 있고 싶지는 않았을 것이다.

실록의 기록은 장씨를 가리며 '자못 얼굴이 아름다웠다' 라고 말하고 있다. 그러니 장현과 남인들이 장씨를 나인으로 궁에 들어가게 한 것은 그녀가 아름다웠기 때문일 가능성이 많다. 일단 눈에 띄어야 숙종과 가까워질 기회를 더 가질 수 있을 테니까. 그리고 아마도 장씨는 아름다움 말고도 숙종을 사로잡을 재능을 갖춘 여성이기도 했을 것이다. 장씨가 너무나 쉽게 숙종의 총애를 받게 되면서 미인계는 성공적으로 스타트를 끊었다. 그러나 그 순간부터 모든 게 다 쉬워진 것은 아니었다.

숙종의 어머니 명성왕후가 장씨의 존재를 몹시 껄끄럽게 여긴 것이다.

명성왕후는 아버지 김우명과 함께 복창군 형제들의 제거를 시도하는 등 숙종을 손에 넣기 위해 적극적인 행동을 보이기까지 했었다. 그러니 남인의 미인계임이 빤히 보이는 장씨의 등장을 모른 척하는 것이 가능하지 않았던 것이다.

장씨를 만난 당시 숙종은 갓 스물을 넘어선 나이였다. 게다가 동갑내기 왕후인 인경왕후가 사망한 지 얼마 되지 않은 즈음이기도 했다. 그런 숙종이 여자에게 빠져드는 것은 별로 이상할 것이 없다. 또한 왕도 남자고 자식을 많이 보아야 하니 후궁의 존재 역시 그리 특별할 것이 없다. 어쨌든 왕이 여자를 총애하다가 다시 찾지 않는 일은 어느 시대나 반복되는 것이었으니 싫증을 느낄 때까지 기다려도 상관없었을 텐데도 명성왕후는 무척 민감하게 반응하며 장씨를 쫓아냈고 이 부분이 바로 남인의 미인계와 그에 대해 서인이 가졌던 의심과 확신을 확실히 증거한다.

숙종은 장씨를 지켜줄 수 없었다. 궁의 여자들을 책임지는 사람은 바로 왕실의 어른이고 남인 측의 자의대비가 명성왕후의 시할머니뻘이라 해도 별로 힘이 없어서 명성왕후의 뜻대로 될 수밖에 없었던 것이다.

> 전에 역관 장현은 국중의 거부로서 복창군 이정과 복선군 이남의 심복이 되었다가 경신년의 옥사(경신환국)에 형을 받고 멀리 유배되었는데, 장씨는 곧 장현의 종질녀이다. 나인으로 뽑혀 궁중에 들어왔는데 자못 얼굴이 아름다웠다. 경신년 인경왕후가 승하한 후 비로소 은총을 받았다. 명

> 성왕후가 곧 명을 내려 그 집으로 쫓아내었는데, 숭선군 이징의 아내 신씨가 좋은 기회로 여겨 자주 그 집에 불러들여 보살펴 주었다.
>
> -숙종 12년(1686년) 12월 10일

그렇게 장씨는 쫓겨났다. 이 기록에도 인경왕후가 죽은 후 은총을 받았다 했으니 대충 1680년 11월 즈음부터 장씨가 숙종의 총애를 받은 것이다. 그리고 인현왕후가 장씨를 본 적이 없다고 한 말이 있으니 인현왕후가 왕비가 된 1681년 5월 이전에 쫓겨난 것으로 볼 수 있겠다. 길게 잡아도 6개월 정도의 짧은 사랑이었던 것이다.

쫓겨난 후 장씨는 집으로 돌아가지 않고 전혀 의외의 곳에 몸을 맡긴다. 숭선군 이징의 아내 신씨의 집이자, 그녀의 아들 동평군 이항의 집이 바로 그곳인데 숭선군은 인조의 아들이다. 인조의 후궁인 귀인 조씨에게서 태어났기 때문에 숙종의 먼 종친쯤으로 여겨질 수 있지만 남자 종친이 흔하지 않던 시절이라 숭선군은 이미 어린 나이에 역모 사건에 얽혔던 일이 있었을 만큼 주목을 받던 사람이었다. 또한 그가 인조의 서자이긴 해도 인조의 계비인 자의대비와는 모자 관계라 할 수 있었고, 숭선군의 아내 신씨가 자의대비의 사촌동생이었으니 그들의 관계는 꽤나 밀접했었다. 자의대비 소속의 궁녀였던 장씨, 그리고 장씨가 쫓겨나자 그들을 돌봐주었던 숭선군 가족의 복잡하지만 뻔하디 뻔한 관계.

명성왕후 등은 숙종이 장씨를 보지 않으면 금새 잊을 거라고 믿었을지 모르지만 그렇게 생각하지 않는 사람들도 있었던 것이다.

신유년(1681년)에 내전(인현왕후)이 중전의 지위에 오르자 그 일을 듣고서 조용히 명성왕후에 아뢰기를,

"임금의 은총을 입은 궁인이 오랫동안 민간에 머물러 있는 것은 사리와 체면이 지극히 미안하니 다시 불러들이는 것이 마땅할 듯합니다."

하니, 명성왕후가 말하기를,

"내전이 그 사람을 아직 보지 못하였기 때문이오. 그 사람이 매우 간사하고 악독하고, 주상이 평일에도 기쁨과 분노의 감정이 느닷없이 일어나시는데, 만약 꾐을 받게 되면 국가의 화가 됨은 말로 다할 수 없을 것이니, 내전은 후일에도 마땅히 나의 말을 생각해야 할 것이오."

하였다. 내전이 말하기를,

"어찌 아직 일어나지도 않은 일을 미리 헤아려 국가의 사리와 체면을 돌아보지 않으십니까?"

하였으나, 명성왕후는 끝내 허락하지 않았다. 명성왕후가 승하한 후에 내전이 다시 임금을 위해 그 일을 말하였고, 자의대비도 또한 힘써 그 일을 권하니, 임금이 곧 불러들이라고 명하여 총애하였다.

-숙종 12년(1686년) 12월 10일

장씨가 다시 궁으로 들어오게 된 것은 쫓겨난 지 6년 정도 후였다.

실록의 기록 그대로라면 장씨가 쫓겨난 다음 해에 숙종의 두 번째 왕비로 궁에 들어왔던 인현왕후가 장씨의 얘기를 듣고 장씨를 다시 불러들이고 싶어 했지만 명성왕후가 허락하지 않았고, 명성왕후가 죽자 불러들이게 되었다는 것이다.

실록의 기록 그대로 인현왕후가 승은을 입은 궁녀를 궁 밖에 둘 수는 없다고 생각해서 장씨를 들이게 했을 수도 있다. 그러나 그것은 인현왕후가 사태의 심각성에 대해 제대로 인지하지 못했던 것이라고밖에 볼 수가 없다.

아마도 숙종은 장씨를 그리워했을 것이다. 하지만 6년의 세월 동안 그 그리움을 유지시켜준 것을 단순히 추억뿐이라고 말할 수는 없다. 숙종은 아마도 숭선군이나 그의 아들 동평군, 혹은 자의대비 등을 통해서 장씨에 관한 소식을 수시로 들어왔을 것이다.

장씨가 없던 세월 동안 숙종이 승은을 입게 한 여자들이 분명 한둘이 아니었을 텐데도 여전히 장씨에 대한 존재감이 살아 있었다는 것은 숙종이 가진 애정과 남인 세력들의 물밑작업 덕분이었다고 볼 수 있다. 그런 상황을 인현왕후는 너무 가볍게 보았거나 왕이라는 위치 때문에 대놓고 장씨를 재입궐시키고 싶다는 요구를 할 수는 없었던 숙종의 말없는 압박을 이기지 못했을 수 있다. 장씨를 들이는 것이 장씨 하나만이 아닌 그 뒤의 남인 세력까지 들이게 되는 것임을 인현왕후가 몰랐을 리 없기 때문이다.

2. 장희빈이 불러온 미색의 재앙

"근년의 재앙 변고는 모두가 놀랍고 괴이할 만한 것이오나 그 중에서도 지진은 더욱 두렵습니다. 사기(史記, 사마천이 서술한 역사서)를 상고하여 본즉 혹은 외척의 집권으로 혹은 여자의 극성으로 연유하였다고 되었습니다. 전하께서도 일찍이 생각이 여기에 미친 적이 있으신지요? 오늘날의 외척은 모두가 선비의 무리이므로, 아직은 염려할 만한 자취는 없습니다.

외간에 전해진 말을 들으니, 궁인으로서 은총을 받고 있는 자가 많은데, 그 중의 한 사람이 역관 장현의 가까운 일가라고 합니다. 만일 외간의 말이 다 거짓이라면 다행이겠습니다마는 만약 비슷한 것이 있다면, 신은 종묘사직의 존망이 여기에 매어 있지 않으리라고 하지 못하겠습니다. 장현의 부자는 일찍이 복창군, 복선군에게 빌붙은 자이고 그의 마음가짐이나 하는 일들이 의심을 받아온 지가 오랩니다.

……이제 만약 그들의 가까운 일가를 가까이하여 좌우에 둔다면 앞으로의 걱정은 이루 말할 수 없게 될 것입니다. 예로부터 국가의 화란이 다 여자를 총애하는 것으로 말미암고, 그 화근은 대개 이러한 사람에게서 나왔습니다. 신은 바라건대, 성상께서 장녀를 내쫓아서 맑고 밝은 정치에 누를 끼치지 말게 하소서."

–숙종 12년(1686년) 7월 6일

숙종은 홍문관 종5품직인 부교리 이징명의 상소를 받아든다.

상소의 시작은 재앙과 변고, 지진 등에 대해서다. 홍수나 가뭄, 지진 등의 재앙이 있으니 더욱 더 몸과 마음을 닦으소서 하는 상소들은 사실 흔하디흔한 것이었다. 그런 상소들에 '왕은 ……하겠다' 식으로 대응하는 것이 대개의 수순이다. 숙종 역시 신하들의 상소에 대응하는 법을 모르는 사람이 아니었으나 이징명의 상소에는 울컥할 수밖에 없었다.

이징명이 '장녀'를 언급한 부분 때문이었는데 장녀는 바로 장씨를 말한다.

이징명은 나라의 재앙이 여자의 극성으로 연유할 수 있으니 6년여 만에 다시 돌아온 '장녀'를 내쫓으라고 청하고 있었고, 때문에 숙종은 이징명의 상소를 여느 것과 같이 취급할 수 없었다.

숙종은 크게 화를 내며 이징명을 파직하고 벼슬에 쓰지 말라고 명했다. 여러 관리들이 지나치다며 만류했지만 숙종의 분노를 달랠 수는 없었다.

오히려 숙종은 '나는 본래 배우지 않아서 아는 것이 없지만 결코 이 여우와 쥐새끼 같은 무리들에게 제재를 받지는 못하겠다'는 말까지 했다. 거기에 더해 신하들이 이징명을 구원하려고 앞다투어 나서는 것은 이징명에게 내린 벌이 가벼워서라며 죄를 더해서까지 내쫓아 버렸다. 숙종의 분노가 극에 달하고 숙종의 불 같은 성격상 건드려봤자 별로 좋을 게 없었을 텐데도 신하들은 이징명을 구하고 숙종을 탓하는 말들을 멈추려 하지 않았다.

그러나 그의 나이 이미 스물여섯. 6년 전 아무것도 못하고 장씨가 내쫓기는 걸 보기만 하던 스무 살이 아니고, 김석주나 어머니 명성왕후에 기대던 애송이가 아니었다.

"너희들의 방자함이 이와 같기 때문에 청나라 사람이 군주는 약하고 신하가 강하다는 말을 한다!"

'군약신강(君弱臣强).'

전적으로 이징명의 상소 때문인지, 아니면 이징명과 더불어 장씨를 아끼는 자신을 요부에게 푹 빠진 폭군 취급을 하는 신하들 때문이었는지 어쨌든 숙종은 쌓아두었던 불만을 터뜨렸다.

'군주는 약하고 신하는 강하다.'

차마 왕이 자신의 입으로 할 수 없는 말을 꺼내는 것이 그에게 얼마나 자존심 상하는 일이었을지 너무나 뻔한 일인데도 숙종은 그런 말까지 해가며 신하들을 몰아세웠고, 그러면서 "궁인들이 사대부와 얽혀서 없는 사실을 지어내어 군주를 무함한다"고까지 말했다.

"지금은 천재(天災, 홍수나 가뭄 같은 재앙)에 거듭 이르러서 백성의 생명이 거의 죽게 된 때이므로, 바로 전하께서 지성으로 백성을 구제하여 다른 생각은 하지 말아야 할 시기입니다. 그런데 가만히 듣건대, 궁중 안에 요즈음 집을 짓는 일이 있어 목재를 실어 오고 목수를 불러들이는데, 반드시 이른 아침과 늦은 저녁에 하도록 하여 외부 사람들에게 알지 못하도록 했다고 하는데, 그 일이 사실이라면, 이는 하늘을 순응하여 성실하게 하는 도리에 어긋남이 있을 뿐만 아니라 그 대성인(大聖人)의 광대하고 광명한 도리에 있어서도 어찌 불만스러운 바가 있지 않겠습니까? 오늘날 천둥의 이상한 변이 바로 천지가 가을이 될 시기에 일어났으므로, 근심스럽고 두려운 심정이 이르지 않음이 없어서, 감히 외부에서 들리는 소문으로써 이렇게 애쓰고 경계하시도록 청합니다. 청컨대, 지금부터는 궁중 안에서 집을 짓는 크고 작은 일들을 일체 중지시키도록 하소서."

하였는데, 비답하기를,

"말단의 일은 그것을 전해 듣는 것이 사실과 어긋난 데 지나지 않는데 일이 일어나기 전에 이렇게 경계하는 말을 해주니, 이 또한 걱정하고 사랑해 주는 성심에서 우러난 것이라 어찌 깊이 생각하지 않을 수 있겠는가?"

-숙종 12년(1686년) 9월 5일

장씨가 재입궐을 한 후에 이징명의 상소를 시작으로 숙종이 장씨를 총애하는 것을 경계하는 상소들이 올라오기 시작했다.

위의 상소는 지금 천재지변이 많은 때에 궁 안에 몰래 집을 짓고 있다는 소리를 들었다며 중지시키라는 내용인데, 숙종은 사실과 어긋난다고 부인했지만 걱정하는 마음에서 나온 것이니 깊이 생각하겠다며 대답했다.

이 기록에는 숙종의 대답뿐 아니라 다른 말이 덧붙여져 있다.

어떤 이가 말하기를 '이는 임금이 궁인 장씨를 위하여 별당을 짓는 것으로 외부 사람들의 귀를 번거롭게 하지 않으려고 이른 아침과 늦은 저녁에 목재를 운반하게 한 일이 있었다' 는 것인데, 이날의 기록은 '임금은 전해 들은 것이 사실에 틀린다고 핑계를 하고서 마침내 그 공사를 중지시키지 아니하였다' 로 끝을 맺는다.

숙종이 장씨를 위해 별당을 짓게 했고, 신하들의 상소에도 중단시키지 않았다는 것이다.

> "지난날 사헌부에서 아뢸 때에 궁중 안에 집을 짓는 일을 말씀 드렸을 적에 전하께서는 그것을 전해 들은 것이 사실과 틀린다고 하시면서도 오히려 이를 너그럽게 받아들이시고 언짢게 여기지 아니하셨습니다. ……그런데 요즈음 들으니, 궁중 안에서 실제로 집을 짓는 일이 있어서 큰 목재를 구하는 목수들이 자못 민간 사이를 출입하고 있는데, 대간(臺諫)들이 말한 바, '목수를 불러들이고 목재를 실어 나를 적에는 반드시 이른 아침이나 늦은 저녁에 한다' 는 말이 진실로 거짓말이 아니라고 합니다. …… 지금 전하께서는 바야흐로 위로는 하늘의 경계를 두려워하시고 아래로

는 스스로 허물하는 말씀을 내리시어 경계하시는 뜻을 보여 주셨으면서도 궁중 안에는 급하지도 않은 공사를 일으켜 놓고서 밖으로는 이를 막아 가리우는 말씀을 하시어 스스로를 속이고 남을 속이시니, 저 내려다보고 계신 하늘이 어떻게 전하께서 하시는 일을 믿고서 노여움을 돌이켜 기뻐하고 재앙을 바꾸어 상서가 되게 하려 하겠습니까? 신의 생각으로는 후궁으로서 가까이 사랑할 사람이 간혹 있을 수도 있겠으나 진실로 관어(貫魚, 궁인들의 순서를 뜻하는 것)를 순서대로 할 수 있게 하여 부부가 화합하여 자손이 번창함의 경사가 있게 하고 미색에 마음이 현혹될 근심과 치우치게 사랑에 빠져 은총을 열어 준다는 비난을 없게 한다면, 이것이 성덕(聖德)에 무슨 결점이 되겠기에 반드시 그 일을 숨겨야 하겠습니까?"

-숙종 12년(1686년) 9월 13일

대사헌 김창협의 상소다. 그는 궁에 몰래 집을 짓고 있다는 말에 숙종이 사실과 다르다고 했지만 실제로 그런 일이 있다고 하면서 숙종이 스스로를 속이고 남을 속였다고 말했다. 그러면서 후궁을 사랑하는 일은 있을 수 있으나 궁인들을 순서에 맞게 사랑해야 한다고 덧붙였다. 말이야 복잡하지만 어쨌든 장씨에 대한 숙종의 사랑을 꾸짖는 것이었다.

그러나 신하들의 반발에도 불구하고 석 달 후 12월 드디어 장씨에게 숙원이라는 작위를 내려준다. 숙원은 후궁의 품계 중 가장 낮은 종4품의 자리였다. 하지만 그 의미만큼은 여느 후궁의 작위보다 컸으면 컸지 작다고 할 수 없었다.

후궁에게 작위를 내려주는 것이 그저 '총애' 하기 때문인 것으로 많이들 여기지만 사실은 그렇지가 않기 때문이다. 후궁의 작위도 일종의 벼슬이고 벼슬이 그냥 내려지는 법은 없다. 왕이 평생을 살아가면서 궁 안의 여자들을 얼마나 많이 건드리는지 그건 알 수 없는 일인데도, 왕의 후궁은 고작 많아 봤자 열 명 내외밖에 되지 않는다.

그건 왜일까? 그건 왕이 건드린 여자들을 다 후궁으로 삼지는 않기 때문인데, 물론 단 하룻밤이라 해도 왕을 모신 여자들의 처지가 결코 이전과 같을 수는 없다.

그래서 나인일 경우 대개 특별상궁의 자리에 오르게 된다. 족히 십여 년은 넘겨야 겨우 될까말까한 상궁이 되는데 겨우 하룻밤밖에 걸리지 않으니 궁녀들에게는 이마저도 크나큰 행운이겠지만, 특별상궁이 되는 궁녀들 중에서 후궁의 작위를 받는 여자들은 거의 없다. 왕이 재위하면서 건드린 수많은 궁녀들 중 후궁의 작위를 받는 궁녀들은 손가락으로 꼽을 정도이니 그렇게 말할 수밖에.

궁녀들이 후궁의 작위를 받는 경우는 단지 왕의 사랑 때문인 경우가 거의 없었다. 궁녀들이 남자들처럼 더 높은 벼슬을 받게 되는 이유는 '임신' 이었다.

> "상궁 박씨가 빈어(嬪御, 임금의 첩)의 자리에 함께 있은 지 거의 10년이 되었다.
>
> ……지금 이미 임신을 하였고, 내전이 또 이것 때문에 말을 하니 숙원에 봉하라."
>
> -숙종 24년(1698년) 11월 4일

장씨에게 숙원의 작위를 준 1686년에서 12년의 세월이 흐른 후 실록의 기사에 이런 부분이 있다. 나중에 숙종의 셋째 아들 연령군의 어머니가 되는 숙종의 후궁 명빈 박씨를 숙원에 봉한다는 명을 내린 기록인데 이 기사를 보면 장씨를 숙원에 봉한 것이 얼마나 이례적인 일인지 알 수 있다.

박씨는 승은을 입고 상궁이 되어 10년을 보냈다. 그런데 비로소 후궁의 작위를 받게 된 것도 그저 10년의 세월 때문이 아니고 임신을 했기 때문이었던 것이다.

장씨는 숙원 작위를 받았을 때 임신하지 않았는데, 신하들이 크게 반발하는 이유가 바로 그 때문이다. '벼슬'을 받을 아무런 이유가 없었던 것이기 때문에 말이다.

> "신이 삼가 깊이 우려하는 것은, 장씨의 일은 전하께서 그 미색 때문이며, 전하가 장씨를 봉한 것은 그를 총애하기 때문이니, 오늘날 신하와 백성들의 근심이 이보다 더 큰 것이 어디에 있겠습니까?"
>
> -숙종 12년(1686년) 12월 14일

사간원의 정6품직인 정언의 자리에 있었던 한성우가 올린 상소의 일부다.

'미색'과 '총애', 한성우의 말처럼 숙종이 장씨에게 숙원의 자리를 준 것에 대해 다들 그렇게 생각하고 있었다.

그런데 단순히 아름답기 때문에, 아끼고 사랑하기 때문에 벼슬을 준다는 것이 그렇게 왕을 비난할 만한 일일까?

결론부터 말하면 '그렇다.'

> "나라의 기강이 무너지니 사람들이 법을 두려워하지 않아 궁인들은 왕족

들과 얽히고, 왕족들은 사대부들과 결탁하여 갖가지로 아첨하고 없는 사실을 날조하며 음흉한 소문을 지어내어 군주를 모함하는 습관은 진실로 매우 통탄할 일이다. 지금부터 이와 같은 일은 드러나는 대로 효시(梟示)하는 것을 법령으로 삼도록 하라."

-숙종 12년(1686년) 12월 14일

한성우 등 신하들의 비난에 숙종은 너희들은 뭘 잘했다고 그러느냐는 식으로 방어에 나섰다. '궁인들이 왕족과 얽히고', '왕족들은 사대부와 결탁' 하여 아첨하고 날조하고 소문을 지어내어 자신을 모함했다고 분노를 터뜨린 것이다.

숙종은 그런 일이 드러나는 대로 효시(梟示), 즉 머리를 잘라 매달 것이라며 이를 갈았는데 이 실록에 덧붙여진 사관의 말이 있어 숙종이 가리키는 사람이 누구인지 알게 해준다.

'왕족은 대체로 여러 공주들을 가리킨 것으로서, 숙안공주의 집이 더욱 의심을 받았다.'

숙안공주라, 좀 낯익지 않나? 숙안공주는 바로 과거시험에 김석주를 비난하는 글을 냈던 홍치상의 어머니다. 여러 공주들과 장씨가 무슨 상관이 있기에 숙종은 그들의 얘기를 꺼내지 않을 수 없었던 것일까?

일단 이 얘기는 좀 나중으로 미뤄두고 이 시점이 바로 경신환국(庚申換局)이 일어나 서인들이 조정을 장악한 지 6년 정도 된 때라는 것을 기억해 두자.

이달에 큰 수해가 났다. 집이 물에 잠기어 파괴된 것이 1백 64호나 되도록 많았고 살림살이도 남김없이 떠내려갔으며 민중들이 도망하여 피할 적에 물에 휩쓸려 죽은 사람이 또한 매우 많아, 예전에 없던 큰 이변이었다. 옛적의 역사에 큰 수해를 여자를 총애해서 생기는 일이라고 했었다. 이때 장씨의 사랑함이 바야흐로 융숭했었으니, 이번의 수재가 생긴 것은 우연한 일이 아니다.

-숙종 13년(1687년) 6월 13일

신하들은 장씨에 대해서, 그리고 장씨에 대한 숙종의 사랑을 공격하는 일을 멈추지 않았다. 수해 같은 자연재해까지도 모두 숙종이 장씨를 사랑하기 때문에 벌어지는 것이라고 했으니.

임금이, 동평군 이항(李杭)이 정세가 불안하여 오랫동안 출사하지 않으므로 두세 번 부르니, 항이 그제야 나왔다.

사신은 말한다. "이때 항은 비할 수 없는 총애를 받아 궁에서 유숙(留宿)하기도 하고 하는 말을 다 들어주었었다. 영창군(선조의 아들인 순화군의 아들) 이침(李沈)이 캐어묻자, 항이 감히 숨기지 못하고 하는 말이 '김수항(金壽恒)·이단하(李端夏)·이사명(李師命)과 숙안공주·숙명공주 두 공주는 마땅히 오래가지 못한다' 라고 했었는데, 그 뒤에 과연 그의 말과 같았고……."

-숙종 13년(1687년) 10월 5일

장씨에 대한 사랑을 공격하는 서인 신하들의 공격범위는 점점 더 넓어져 갔다. 장씨가 쫓겨났을 때 그녀를 돌봐주었던 이항 등에게까지 뻗친 것이다. 그래서 이항은 오랫동안 조정에 나오지 않기까지 이르렀고 장씨 측과 숙종, 서인의 대립각은 점차 날카로워지고 있었다.

1688년 10월 27일 장씨는 드디어 왕자를 낳았다.

> "신(臣)이 듣건대 '장 소의 모친이 8인이 메는 옥교(屋轎)를 타고 궁에 왕래한다' 고 합니다. 그런데 장 소의의 어미는 한 천인(賤人)일 뿐인데, 어찌 감히 옥교를 타고 대궐에 드나들기를 이와 같이 무엄하게 할 수가 있습니까? 옛날 선조 초년에 유모가 옥교(屋轎)를 타고 입궐하니, 선조께서 매우 준엄하게 꾸짖으시며 즉시 명하여 내쳐 물리치고는 걸어서 돌아가게 하였으니, 화란의 조짐을 막는 뜻이 이 또한 지극했던 것입니다. 전하께서는 잇달아 지금부터 마땅히 궐 안을 경계하고 조심하여 등급의 한계를 정돈하고 안과 밖을 엄숙 화목하게 하여 위와 아래의 구분이 확실해지게 하소서."
>
> –숙종 14년(1688년) 11월 12일

숙원을 거쳐 정2품 소의(昭儀)의 자리에 있던 장씨의 어머니가 입궐할 때에 옥교를 탄 일에 대한 상소의 내용이다.

장씨가 왕자를 낳고 나서 딸을 돌봐주려고 어머니 윤씨가 궁을 드나들고 있었던 것인데, 사헌부 지평 이익수는 윤씨의 옥교를 빼앗고 종을 잡아다가 죄를 다스리고는 상소를 올렸던 것이다. 그의 말대로 윤씨는 노비 출신이었으니 천인이라 덮개가 있는 가마인 옥교를 타는 것은 신분과 주제를 넘어선 것이긴 했으나 너무 과격했던 것일까?

숙종은 이익수의 명을 받아 옥교를 뺏고 종을 잡은 사헌부 금리(禁吏, 의금부와 사헌부에 속하여 도성 안의 범법 행위를 단속하던 하급 벼슬아치)와 조례(皁隷, 경호 · 경비 등 잡역에 종사하던 하급군관)를 잡아와서 가혹한 형벌을 명했다.

숙종은 후궁이 해산할 즈음 외가에서 들어와 보는 일과 들어올 때 가마를 타는 것은 모두 이전에도 있는 일이었기에 윤씨가 출입을 했던 것이고, 가마를 탔던 것이라고 말했다. 그러면서 그는 이는 관리가 남의 사주를 받는 소치(所致, 어떤 까닭으로 생긴 일)라고까지 했다.

"귀인(영빈 김씨)의 어미가 왕의 명으로 인하여 출입할 때에 사헌부에서 이와 같이 모욕한 일이 있었다는 것을 듣지 못하였다. 내외의 친족이 중요한 위치에 자리를 잡아 기세(氣勢)가 두렵고 강약이 같지 않으므로 진실로 감히 서로 버틸 수가 없는데, 이번에 입궐한 일은 또 귀인의 본가에서 한때 들어와 볼 것을 허락한 것에 비할 바가 아니다. 또 궁중의 시녀들은 한 천인(賤人)에 불과하나, 직품이 상궁에 오르면 법에 의하여 교자를 타게 되고, 방자(房子, 남자하인)나 사비(私婢)의 무리들도 출입할 때는 모두 나올(羅兀, 상류층 부녀자의 쓰개)로 얼굴을 가린다. 더구나 왕자의 외가에서 전교로 인하여 출입하는데도, 대간(臺諫)의 상소에 혹은 천인(賤人)이라 하고 혹은 걸으라 하니, 그들이 기기(忌器, 임금 곁의 총애를 받는 신하를 제거하려 하여도 임금에게 해가 미칠까 두려워한다는 말)의 혐의를 생각지 않고 방자한 뜻으로 모욕하는 것이 이미 매우 적지 않으며, 오늘의 일은 더욱 한심한 것이 있다."

–숙종 14년(1688년) 11월 12일

숙종은 이번의 일을 귀인 김씨와의 일과 비교했다. 후에 더 소개하겠지만 나중에 영빈 김씨가 되는 귀인 김씨는 장씨가 재입궐했던 즈음에 후궁이 된 사람인데, 장씨와 달리 서인 명문 안동 김씨 가문의 딸이었다.

숙종은 귀인 김씨의 어미가 출입할 때에는 모욕을 당하지 않았는데, 장씨의 어미는 모욕을 당했으니 그들의 신분과 기세의 차이 때문이라고 말한 것이다. 또한 궁중의 시녀들도 천한 신분인데 교자를 타고 종들도 상류층 부녀자들이 쓰는 니올을 쓰는데, 어찌 오늘의 일이 한심하지 않겠느냐고 했다.

그러나 사간원 등에서는 '앞으로 후궁이 옥교를 타는 것을 허락하지 않는다' 는 것을 법으로 세워 시행하게 하라고 청했다. 숙종의 분노에는 아랑곳하지 않은 것이다. 숙종은 그에 반발했고, 거듭 청하는 신하에게 교자를 탈 수 없게 하는 것을 이해할 수 없다고 대답한다.

이 사건이 크게 번지지는 않았다. 그러나 숙종이 장씨를 얼마나 아꼈는지를 말할 때 자주 그 실례로 다루어지는 사건이다.

8명이 드는 덮개가 있는 가마에 휘장까지 달려있었다니 대충 얼마나 호화로운 모습의 가마였을지 짐작이 간다. 장씨의 출신도 그렇고, 그녀의 어머니 윤씨의 출신도 천하기 이를 데 없으니 장씨가 후궁이 되어 왕자를 낳았다고 해서 그런 일이 그냥 넘어가지지는 않았을 것이다.

숙종이 가마를 뺏은 일을 문제 삼은 것은 분명 그가 장씨에게 애정이 있었기 때문이었다. 그러나 숙종의 했던 말 몇 가지에서 그가 또 무엇 때문에 그렇게 불쾌감을 느꼈는지가 나타난다.

'왕의 명으로 출입했던 것.'

'관리가 남의 사주를 받는 소치.'

'귀인(영빈 김씨)의 어미가 출입할 때에 이와 같이 모욕한 일이 있었다는 것을 듣지 못하였다.'

숙종의 말에 따르면 신하들은 막강한 서인을 믿고 귀인은 건드리지 않으면서 장씨만 건드린 것이다. 숙종은 사랑하는 자신의 여자를 신하들이 업신여긴 것도 기분이 나빴지만 왕보다 힘센 신하들이 있다는 사실에 열패감을 느끼고 있었다.

서인들은 숙종이 장씨를 사랑함으로 해서 장씨를 둘러싼 주변인들과 남인들이 점점 더 기세등등해지고 있다고 했지만 기록만 보고 말하자면 그렇지 못하다. 서인들이 장씨에 대해 사사건건 트집을 잡고 자연재해조차도 그녀의 탓이라고 말한 것은 그렇게 '할 수' 있었기 때문이다.

서인의 힘이 더 센 상태가 아니었다면 그들은 감히 제대로 말하지도 못했을 것이다. 그들은 장씨뿐만 아니라 숙종까지도 공격하고 있었는데, 그것은 그들의 힘이 어느 정도였는지를 말해 준다. 숙종은 이미 장씨를 총애하기 전부터 동평군 이항과 가까운 사이였다. 이항이 장씨를 이용하려는 의도가 있었던 것은 사실이지만 장씨가 아니었더라도 이항과 숙종의 사이는 좋았을 것이라는 얘기다. 그런데 숙종은 서인들의 극성 때문에 가까운 종친이자 아끼는 신하인 이항을 제대로 만나볼 수조차 없었다. 장씨가 총애를 받고 숙종이 그녀 주변의 사람들을 가까이 한다고 해서 남인의 힘이 갑자기 세어진 것은 아니었다.

숙종에게는 평생 희빈 장씨를 포함해서 여섯 명의 후궁이 있었다. 물론 후궁의 작위를 받지 못한 여자들이 수없이 많았겠지만 숙종의 여자문제는 장씨 말고는 그리 두드러지게 나타나지 않는다.

궁인 유씨를 봉하여 숙원으로 삼도록 명하였다. 이어 호부에 명령하여 논밭을 살 값으로 은 4천 냥, 용도에 첨가하여 보낼 콩 1백 석, 궁방의 값으로 쓸 은 2천 냥을 수송하게 했다. 대개 이때 나라의 저축이 고갈되고 민생이 계속 곤궁했으나, 후궁의 전택 매입에 소요되는 값이 6천금에 이르니, 식자들이 근심하고 한탄했다.

-숙종 24년(1698년) 8월 2일

"후궁이 점점 많아지고 외제(外第, 후궁의 집)가 더욱 사치하여져 궁궐의 비용을 억제할 수가 없습니다. 그리고 은전(恩典, 은혜를 베풀어 내리던 특전)을 내릴 때 내려주는 물품이 너무 풍성하기 때문에 각사(各司)의 금전과 베를 궁중으로 많이 실어오고 있습니다."

-숙종 25년(1699년) 4월 9일

"전하께서 춘추가 한창이시고 빈어(嬪御, 첩)가 점점 번성하니, 근래 옥체가 편치 못한 것은 혹 여기에 손상되어 그런 것인지요? 바라건대, 전하께서는 기거를 조절하고 원기를 보호하여 오직 복의 아름다움을 누리소서."

-숙종 27년(1701년) 3월 22일

후궁에 대한 것이나, 궁중에 사치가 심하다거나 첩이 많다거나 하는 얘기들은 실록에 군데군데 나타난다. 그러나 후궁이 많다거나 총애하면 안 된다거나 하는 말들은 신하들이 의례적으로 하는 말이기도 했고, 숙종대는 또 유난히 후궁의 존재를 경계하지 않으면 안 되었던 시대였다. 왕비나 후궁, 하다못해 궁녀들까지도 '당'에 속해 있었던 것이다. 그러니 왕이 어떤 후궁을 사랑하고 아낀다는 것은 그 '당'에 힘을 주는 것으로 이어질 가능성이 있었다.

서인들이 장씨에게 가진 불안감은 바로 그런 것이었다. 그리고 그 불안감이 극에 달하자 왕권을 침해하는 짓을 저지르고 하는 일들이 더 잦아지고 심해졌다.

> 소의 장씨를 희빈(禧嬪)으로 삼았다. 당시에 장씨에 대한 총애가 날로 성하였는데, 이항과 장희재(張希載)가 민암 · 민종도 · 이의징 등과 체결(締結)해 내통하여 모의함에 못하는 바가 없었으니, 국가의 화(禍)가 장차 조석에 있어, 사람들이 모두 무서워서 떨었다.
>
> –숙종 15년(1689년) 1월 15일

경신년 남인이 쫓겨난 지 9년, 그리고 장씨가 재입궁한 지 3년 만에 그녀는 드디어 후궁의 자리 중 가장 높은 곳인 정1품 빈의 자리에 올랐다.

서인들이 그토록 부르짖고 두렵다 말했던 미색의 '재앙'이 그제야 비로소 시작된 것이다.

제4장

인현왕후, 권력의 딸

장희빈에게 악독한 요부라는 이미지가 씌워져 있다면 인현왕후는 언제나 그 반대의 이미지를 가지고 있었다.

조용하고 도덕적이며 한없이 착한 그런 이미지 말이다.

그러나 장희빈에게 있어 그 동안의 이미지만이 전부가 아닐지 모른다는 생각을 해본다면, 그건 인현왕후에게도 그대로 적용되어야 할 것이다.

만약 장희빈이 악독하지 않았다면 그녀의 적으로 규정되어지는 인현왕후 역시 마냥 착하고 도덕적인 인물은 아닐지도 모르니까.

인현왕후의 인생이 그리 좋은 것은 아니었다. 열다섯에 왕비가 되었지만 스물세 살에 폐위되어 쫓겨났고 다시 스물여덟에 복위했지만 서른넷에 세상을 떠났으니까.

그녀는 젊은 나이에 일찍 죽었으며 그 사이에 많은 풍파를 겪었다.

그러나 단순히 그런 사실들을 빼면 그녀의 인생에는 무엇이 있었을까. 폐위되고 복위되고 죽은 인생, 그 안에는 분명 또 다른 것이 있을 텐데 그게 대체 뭘까.

사람의 인생은 다만 몇 가지의 사실만으로 결정지어지지 않는다. 일찍 죽었다 해도 행복한 인생을 산 사람이 있을 테고, 객관적으로는 불행한 일을 겪었더라도 그게 잘된 일이었다고 말하는 사람도 있을 거란 얘기다.

인현왕후는 왕비가 되었다. 그래서 행복했을까?

그녀는 폐위되었다. 죽고 싶을 만큼 괴로웠을까?

1. 인현왕후, 권력으로 왕비가 되다

대내에서 삼간택을 거행하였다. 시임 대신과 원임 대신을 미리 명하여 부르니, 와서 빈청에 모였는데, 이것은 바로 예부터 내려오던 관례이다. 자전(慈殿, 명성왕후)이 언문으로 쓴 글로 빈청에 하교하기를,

"대혼(大婚, 임금의 혼인)을 병조 판서 민유중의 집과 정하였는데, 여러 대신들의 뜻은 어떠한가?"

하니, 영의정 김수항 · 판중추부사 김수흥 등이 임금에게 아뢰기를,

"지금 삼가 자교(慈教, 명성왕후의 하교)를 받들건대, 진실로 신과 사람의 소망에 맞으니, 이는 온나라 신하와 백성의 복입니다. 신 등은 기뻐서 하례하는 바가 지극함을 견디지 못하겠습니다."

-숙종 7년(1681년) 3월 26일

인현왕후는 숙종의 첫째 왕비 인경왕후가 1680년 스무 살의 젊디젊은 나이에 사망하자 그 다음 해에 숙종의 두 번째 왕비가 되었다. 1667년생인 그녀가 왕후 책봉 당시 열다섯의 나이였으니 스물한 살이었던 숙종과는 여섯 살의 차이가 난다.

창덕궁 대조전 왕비가 거처하던 내전으로 왕비의 침전인 서온돌과 왕의 침전인 동온돌로 나뉘어 있다. 대조(大造)는 '크게 만든다'는 뜻으로 성군이 될 왕자를 생산하기를 바라는 마음이 담겨 있지만 숙종의 정비 세 사람 중 아들을 낳은 사람은 없었다.

왕비가 된 사실만으로 충분히 짐작케 해주듯 그녀의 여흥 민씨는 좋은 집안이었다. 또한 여흥 민씨는 특히 왕비를 많이 낸 가문으로 유명한데, 태종의 왕후인 원경왕후 민씨가 바로 여흥 민씨다. 태조 이성계가 조선을 세우는 데에도 그렇고 태종이 다른 형제들을 물리치고 왕위에 오르는 데에도 물질적으로나 '무력'으로나 많은 도움을 주었던 민씨 가문은 이미 고려시대부터 이름난 가문이었다.

원경왕후에 이어 인현왕후, 그리고 고종의 황후인 명성황후와 미처 황후의 자리에 오르지 못하고 황태자비로 죽었지만 대한제국의 마지막 황제 순종의 황후인 순명효황후까지 여흥 민씨 가문 출신의 왕후는 무려 네 명이나 된다.

그리고 이 소위 '좋은 집안' 출신이라는 것은 인현왕후의 고상함을 드러내려는 목적을 위해 좋은 장치로 사용되곤 한다. 좋은 집안에서 바르게 교육 받았으니 당연히 고상하고 좋은 품성을 가지지 않았겠느냐는 식으로 말이다. 그럴 수도 있다. 좋은 교육은 분명 사람의 성품을 고르고 바르게 만드는 데 크나큰 역할을 한다. 그러나 좋은 집안이라는 것은 대충 권력, 힘이 있는 집안이라는 말과 맞물리기 마련이다.

가문은 나쁘지 않되 경제력이 없거나 보잘 것 없는 벼슬을 가진 집안일 수도 있지만 인현왕후와는 상관없는 얘기였다. 그녀의 집안은 권세가라고 말해도 전혀 부족함이 없는 가문이었고, 인현왕후의 아버지 민유중과 그의 형제 민시중, 민정중 등은 인현왕후가 왕비가 되기 오래 전부터 권력의 중심에 있던 사람들이었다.

인현왕후는 그녀가 왕비가 되어 아버지와 가문에 권력을 쥐어준 것이 아니라 가문의 권력이 왕후를 만든 케이스에 속하는데 인현왕후가 왕후로 간택을 받았을 때, 그녀의 아버지 민유중은 병조판서, 민유중의 형인 민정중은 좌의정의 자리에 있었다.

그녀는 가문 좋고 돈 있고 힘까지 있는 집안의 딸이었던 것인데, 모든 것을 가지고 태어난 사람들이 노력 없이 가지게 된 것에 대해 얼마나 당연시 여기는지 우리는 잘 알고 있다. 민씨라고 달랐을까. 현명한 어머니, 자애로운 아내가 되어야 한다고 교육을 받은 그녀라 해도, 태생적으로 착한 마음을 가졌다는 그녀라 해도 질투와 박탈감에서 헤어나오는 것은 쉬운 일이 아니었을 것이다. 게다가 중인과 여종의 사이에서 난 여자가 그 상대라니.

예조에 명하여 빈어(嬪御, 왕의 첩)를 간택하도록 하였다. 이때 임금이 오랫동안 저사(儲嗣, 왕세자)가 없어서 위아래가 걱정하지 않는 이가 없었는데. 중궁(인현왕후)이 여러 차례 권유하므로, 임금이 빈어를 두기로 한 것이다.

-숙종 12년(1686년) 2월 27일

1686년 4월, 숙종이 다시 만난 장씨와 알콩달콩할 무렵에 숙종은 새로운 후궁을 맞이한다. 후궁을 간택하기로 결정한 지 한 달여 만에 입궐한 김씨는 승은을 입은 궁녀 출신이 아닌 정식 후궁으로 궁에 들어오면서부터 종2품 숙의(淑儀) 작위를 받았다.

한 달 후에는 한 품계를 더 올려 소의(昭儀), 또 5개월 뒤에는 종1품 귀인(貴人) 작위를 받았으니 확실히 여느 후궁들의 처지와 같지는 않았다. 후궁을 그저 애첩 정도로 여겨 왕의 사랑을 받아야만 가능한 자리라고 생각했다면 좀 의외겠지만 간택후궁은 그리 새로울 것이 없는 일이었다. 자손을 많이 보아야 하는 왕실에서 후궁은 불가피했다.

그러니 이왕 후궁을 보아야 한다면 자식도 많이 낳을 것 같고 궁녀같이 낮은 신분이 아닌 여자들을 정식으로 뽑아 올리는 것만큼 좋은 것은 없었다.

후궁이 왕실로 들어와 왕의 아내가 되고, 왕자나 공주의 어머니, 운만 좋다면 왕의 어머니가 될 수도 있기 때문에 그리 나쁜 자리는 아니었다.

그러나 기본적으로 간택후궁이 양반의 신분이어도 그리 좋은 가문의 여자가 들어오는 일은 별로 없었다. 험한 궁이다 보니 왕후의 자리라 해도 피하는 마당에 후궁의 자리에 열성적으로 응할 가문이 많을 리 없었던 탓이었는데, 김씨의 경우는 다르다.

그녀는 안동 김씨, 인현왕후의 가문과 마찬가지로 명문의 서인 가문이었다.

그녀의 아버지 김창국이 그리 높은 벼슬을 갖지는 못했지만 그의 가문과 친척들은 서인을 대표한다 할 수 있을 만큼 쟁쟁한 가문이었던 것이다.

그런 가문의 딸인 김씨가 열여덟의 나이에 왕의 후궁으로 들어온 것에는 이유가 있었다.

> 장씨의 교만하고 방자함은 더욱 심해져서 어느 날 임금이 그녀를 희롱하려 하자 장씨가 피해 달아나 내전(인현왕후)의 앞에 뛰어들어와, '제발 나를 살려주십시오' 라고 하였으니, 대개 내전의 기색을 살피고자 함이었다. 내전이 낯빛을 가다듬고 조용히, '너는 마땅히 전교(傳教, 임금의 명)를 잘 받들어야만 하는데, 어찌 감히 이와 같이 할 수가 있는가?' 하였다. 이후로 내전이 시키는 모든 일에 대해 교만한 태도를 지으며 공손하지 않았으며, 심지어는 불러도 순응하지 않는 일까지 있었다. 어느 날 내전이 명하여 종아리를 때리게 하니 더욱 원한과 독을 품었다. 내전이 다스리기 어려운 것을 근심하여, 임금에게 권하여 따로 후궁을 선발하게 하니, 김창국의 딸이 뽑혀 궁으로 들어왔으나 또한 총애를 받지 못하였다.
>
> –숙종 12년(1686년) 12월 10일

김씨는 인현왕후와 서인 측이 내놓은 새로운 카드였다.

실록은 인현왕후가 장씨의 교만과 방자함에 '낯빛을 가다듬고 조용히 응했다' 고 기록한다. 그래서 마치 김씨가 후궁으로 들어온 것이 장씨의 교만함 때문인 것처럼 보이지만 '다스리기 어려운 것을 근심하였다' 는 것은 여러 가지로 해석이 될 수 있는 부분이기도 하다.

순수하게 조선의 왕후로서 장씨의 교만함이 문제를 일으킬 것 같아 걱정이 된 것일 수도 있고 또 한편으로 왕의 총애로 점점 더 막강해지는 장씨를 견제하려는 것일 수도 있다는 해석 또한 가능하다는 것이다. 실제로 김씨는 후에 인현왕후가 쫓겨날 때 같이 쫓겨났는데, 당시 숙종은 말했다.

> "김씨는 궁궐에 들어온 뒤로 조금도 공경하는 마음으로 순종함이 없었고 해괴하게 질투만을 일삼은 일이 한두 가지가 아니었다. 밖으로는 김수항(김씨의 종조부)및 주가(공주의 집)와 내외에서 교통하여 임금의 동정을 살폈으므로 궁중의 모든 일이 누설되지 않은 것이 없었다. 또 신하들을 만났을 적에 한 말을 적어 놓은 소지(小紙, 작은 종이)를 훔쳐 몰래 보고 나서는 소매 속에 감추어 두었다가 누차 힐문을 받은 뒤에야 비로소 도로 바쳤다. 정말 마음이 음흉하여 실로 헤아리기가 어렵다. 안으로는 교사스럽기 간특한 부인에게 주야로 아첨하여 혈당(血黨, 생사를 같이 하는 무리)을 맺고 유언비어를 날조하여 못하는 짓이 없었는가 하면, 국가를 교란시키기 위해 임금을 무함했으니 실로 패역(悖逆) 부도(不道, 사람으로서의 도리에 어긋나고 순리를 거스름)한 죄과를 범한 것이다. 당연히 중한 법으로 다스려야 하지만 우선 너그러운 법을 따라 작호를 거두어들이고 정상을 참작하여 폐출시킨 것이니, 그대들은 알라."
>
> –숙종 15년(1689년) 4월 24일

인현왕후와 서인들을 쫓아내려고 작정을 한 상황에 있었으니, 숙종이 꼭 진실만을 말했다고는 볼 수 없다. 단지 김씨가 서인의 유력 가문이었기 때문에 쫓아낸 것이라는 추측도 가능하기 때문이다. 그러나 당쟁이 치열하던 시기, 숙종의 속내를 읽는 것이 무엇보다도 중요했던 그때에 아무나 들어갈 수 없는 궁안 깊숙이, 왕과 한이불을 덮는 사이인 여자만큼 유용한 정보통은 없었다.

그런 정보통을 서인이 이용할 생각을 하지 않았다면 그렇게 말도 안 되는 상황이 또 어디에 있겠는가.

그러나 아무런 소용이 없었다. 김씨는 숙종의 아이를 가지지도 못했고 숙종의 사랑도 받지 못했다. 얼마 후 그저 총애를 받는 '궁인' 신분이었던 장씨가 숙원 작위를 받아 드디어 후궁의 반열에 오르면서 인현왕후와 서인은 장씨의 존재가 여간 어려운 문제가 아니게 될 거란 사실을 깨닫게 된다.

2. 왕후의 폐위, 장희빈에게 지다

김씨가 후궁으로 들어온 지 3년 후 1689년의 4월 23일, 그날은 인현왕후의 생일이었고 신하들은 당연하게 왕후에게 축하 문안을 하려고 모여들었다.

하지만 인현왕후는 신하들로부터 인사를 받을 수 없었다. 숙종이 신하들을 저지했기 때문이었다.

> "탄일에 문안을 올리는 것은 신하들의 으레 행하는 예인데 전하의 처분은 뜻밖에서 나온 것으로, 성심(聖心, 임금의 마음)이 무엇에 격분되어 갑자기 이런 전교가 있게 된 것인지 모르겠습니다."
>
> 하니, 답하기를,

"세상이 잘 다스려진 세상과 어지러운 세상, 그리고 나라가 흥하고 망하는 것은 모두 후비(后妃, 임금의 아내)에게서 연유되는 것이다. 지금 중전에게 마음씨 곱고 정조가 바른 그런 덕은 없고 도리어 여곽[여후(呂后)와 곽후(郭后). 여후는 한나라 고조의 황후로 악명 높은 황후였고, 곽후는 효선제의 황후로 역시 악한 황후]의 도리에 어긋나고 사나운 행실만 있어서 평시의 말과 행동이 모두 분노와 원망에 차 있었기 때문에 세월이 쌓여 갈수록 나아질 것이라는 기대가 끊겨가고 있었다. 투기하는 마음이 제대로 먹혀들지 않아 어찌할 수 없게 되어서는 스스로 선왕과 선왕후의 분부를 지어내어 공공연히 말하면서 품고 있는 생각을 멋대로 부렸다.

내 나이 30에 비로소 원자를 두었으니 이것은 종묘사직의 무한한 복인 것이다. 진실로 타고난 천성의 마음이 있는 사람이면, 경사스럽게 여기는 마음과 돌보아 아끼는 정이 자기가 낳은 자식과 다름이 없어야 하는 것이다. 그런데 원자가 탄생하였다는 말을 듣고부터는 매우 노여운 기색을 드러내며 도리에 어긋난 불평하는 말을 한 것이 한두 번이 아니다. 그리고 공주들과 더욱 친밀히 지내는 것이 주도면밀하여 뒷날의 걱정이 이루 말할 수 없을 것 같아 일찍 국본을 정한 것이다.……하루인들 이런 사람이 한 나라의 국모로 군림할 수 있겠는가?"

–숙종 15년(1689년) 4월 23일

왜 문안을 드리지 못하게 하느냐는 신하들의 말에 숙종은 비로소 자신의 뜻이 왕후의 폐위에 있음을 밝힌다. 큰 충격을 받은 신하들은 부인은 으레 편협한 성품을 가진 이가 많아서 투기하지 않는 사람이 드물다며 서서히 진정시킨다면 어찌 감화시키기 어렵겠냐는 등 전하께서 어찌 부인 하나를 용납하지 못할 수가 있냐는 등 반대의 뜻을 분명히 했다.

그러나 숙종의 결심은 확고했다. 다음날 그는 왕후가 어제 문안을 받지 못하게 했으면 송구스럽고 불안해하는 마음가짐이 있어야 할 텐데 성난 투로 '진실로 나의 죄이다. 어찌 할 것인가? 폐출시키려거든 폐출시키라' 고 했다며 자신의 결정을 바꾸지 않을 것임을 분명히 했다.

> "이름이 국모였지 실제로 그런 덕이 없는데도 국모로 대우할 수가 있겠는가? 홍치상(洪致祥)은 왕실의 친족으로 임금을 무함한 정상이 드러났는데도 오히려 말하기를, '홍 주부(洪主簿), 홍 주부' 하면서 그가 죄를 받은 것을 매우 애석히 여기는 듯이 하였으니, 이것이 무슨 심정인가? 김씨(영빈 김씨)를 폐출할 적에 그로 하여금 명에 따라 내보내게 하고서는 이어 사람을 시켜 살펴보았더니 마음이 태연자약하였고 그의 집안사람을 재촉해 불러 도보(徒步)로 나가게 하면서 딱하게 여기는 빛이 있었다. 이런 사람을 오장육부(五臟六腑)가 있는 이라고 할 수 있겠는가? 이런 잡류(雜類)들이 궁중에 모여 있으니, 앞으로 어떻게 감당할 수가 있겠는가?"
>
> -숙종 15년(1689년) 4월 24일

숙종은 또 인현왕후가 홍치상에게 '홍 주부, 홍 주부' 하면서 그가 죄를 받은 것을 애석해 했다고 덧붙였다. 숙안공주의 아들인 홍치상은 바로 얼마 전 조사석이 우의정에 제수된 일에 대해 장씨의 어머니가 조사석의 여종이었기 때문에 정승이 되었다는 말을 했고, 역모를 꾸민다는 말로 동평군과 장희재를 모함했다는 죄목으로 목을 졸라 죽인 상태였다.

> "매일 한밤중에 천장을 우러러 '친족이 적으로 변하였으니 세상 일이 진실로 애통한다' 고 탄식하지 않은 적이 없었다. 지난날 대신들이 김수항의 죄상을 나열할 적에, 친족이 궁 안과 연결하여 위의 동정을 살핀다고 한 그 귀절이 매우 명백한 논설이었다. 동평군과 장희재 등은 본디 저들처럼 귀한 가문에 아첨하여 위의 동정을 살피려는 작태를 본받지 않았기 때문에 홍치상의 무리가 마침내 혐의를 품고 원수처럼 미워한 것이다. 이미 '인연하여 정승이 되었다' 고 하였고, 또 '역모를 도모한다' 고 하였고, 또 '장희재가 동평군의 당에 들어갔다' 고 하는 등 백방으로 날조하여 무함하여 기필코 죽인 다음에야 그만두려 하였다. 그리고 지난 겨울 나라에 큰 경사(원자의 탄생)가 있었는데도 친족 사이에 기뻐하는 기색은 보이지 않고 도리어 불만스러운 기색을 보였으니, 송시열의 상소 같은 것은 오히려 그 다음 일인 것이다."
>
> -숙종 15년(1689년) 윤3월 7일

"친족이 적으로 변했다."

숙종은 그렇게 말했다. 장씨를 숙원으로 책봉했을 때, 숙종을 비난했던 한성우가 올린 상소에서 숙종은 왕족이 궁인들, 사대부들과 결탁하여 군주를 모함한다고 분노를 터뜨렸다. 그리고 이 왕족이 바로 숙안공주를 가리킨 말이라고 했다. 이제 또 다시 숙종은 숙안공주의 아들인 홍치상의 죄를 들어 친족이 적으로 변했다고 말하고 있는 것이다.

"홍치상과 김수항이 서로 교통하여 임금의 동정을 살폈다. 속담에 '손바닥 하나로는 소리를 낼 수 없다'고 하였으니, 이것이 어찌 홍치상이 혼자서 한 일이겠는가? 하루는 빈청(賓廳, 대신이나 당상관이 모여 회의하던 곳)에서 대신들을 만날 때 그때의 이야기를 작은 종이에 직접 기록하여 좌석 곁에다 놓아두었는데 곧바로 잃어버렸다. 귀인(영빈 김씨)이 마침 건즐(巾櫛, 머리 빗고 얼굴을 씻는 것)을 받들면서 소매 속에 숨겨 놓은 것이다. 철저히 수색을 하자 비로소 마지못하여 내놓았다. 그 이유를 하문하니, 쓸데없는 휴지인 줄 잘못 알았다고 했다. 이것은 한때에 우연히 저지른 일이 아닌 것으로, 유언비어를 날조한 것은 홍치상뿐이 아니다."

-숙종 15년(1689년) 4월 21일

모두 얽혀 있었다. 홍치상과 숙안공주, 영빈 김씨, 인현왕후까지 모두.

숙종의 고모인 숙안공주는 남양 홍씨의 집안으로 출가를 했고 남양 홍씨는 서인의 가문이다. 그녀의 동생인 숙명공주 또한 서인 가문인 청송 심씨 가문으로 출가를 했고 그래서 숙안공주와 숙명공주 등은 남편의 가문을 따라 서인 쪽으로 돌아섰던 것이다.

숙종의 말들이 맞다면 적어도 숙종에게는 인현왕후를 쫓아낼 이유가 있게 된다. 인현왕후는 당의 이익을 우선시했고, 공주들뿐 아니라 영빈 김씨 등과 함께 숙종을 감시하면서 장씨와 장희재, 동평군 등을 모함했다. 그러니 그런 사람을 아내라고 할 수 없다는 숙종의 말에는 공감하지 않을 수가 없는 것이다. 그러나 왕비를 쫓아내는 일은 결코 쉬운 일이 아니었다.

창덕궁 인정전 창덕궁의 정전으로 숙종은 이곳으로 친히 나와 인현왕후의 폐위를 반대하는 자들을 국문했다.

"진실로 이렇게 하지 않으면 흔단(釁端, 서로 사이가 벌어져서 틈이 생기게 되는 실마리)이 서로 알력하는 사이에서 생기고 혐의가 서로 핍박하는 사이에서 일어나 사랑하고 미워하는 말들이 그 사이에 난무하게 됨은 물론 침윤(浸潤, 물이 차츰 배어 들어가듯이 남을 누차 헐뜯어서 곧이 듣게 하는 참소)이 점점 익어가게 되는 것입니다. 이를 철저히 살피지 않는다면 그 화의 흘러 미치는 일을 이루 말할 수 있겠습니까? 전하께서는 종묘사직의 화와 어지러움 때문에 염려하신다고 전교하셨습니다만, ……원자에게 이미 원자의 이름을 주었으니, 바로 중궁의 아들인 것입니다. 그런데 어찌 중궁을 엎어뜨린 뒤에야 원자가 편안할 리가 있겠습니까?"

–숙종 15년(1689년) 4월 25일

4월 25일 전 사직 오두인, 전 목사 박태보, 전 관찰사 이세화 등을 필두로 해서 86인의 상소가 올라왔다. 이날 이들의 상소와 함께 날이 샐 때까지 있었던 일이 실록에 자세히 적혀있는데 한 편의 소설이라 해도 좋을 만큼 자세하고 흥미진진하다.

상소를 본 숙종은 승정원에 숙직하고 있는 승지를 급히 불렀다. '숙직' 이라 했으니 이미 날이 어두워진 후였는데 숙종은 촛불을 밝히고 승지를 기다리렸다.

"승지는 이 상소를 읽으라."

숙직 승지 이서우가 숙종에게서 받은 상소를 손으로 펴보니 종이에 찢어진 데가 있었는데 숙종이 화가 나서 손으로 쳤기 때문이었다.

숙종은 인정전 문에 형구(刑具, 형벌을 집행하기 위하여 사용하는 도구)를 설치하라고 명을 내리며 3경(0~2시)까지 제대로 못하면 승지에게 무거운 벌을 내리겠다고 했다. 친히 나가서 국문을 하겠다는 뜻이었다. 국문이 이루어지려는 참이었으니 대신들을 불러모으지 않을 수 없었다. 상소를 올린 자들을 잡아들임과 동시에 형구가 설치되고 집에서 잠들어 있을 대신들까지 깨워 모아야 했으니 정말 바쁘고 불안한 밤이었다.

> "비망기의 내용은 전혀 살펴 유념하지 않고서, 기필코 부인을 위하여 절의를 세우기 위해 도리어 내가 참언을 들어주어 무죄한 사람을 폐출하려 한다고 하니, 과연 이럴 수가 있는가? 차라리 나를 폐위하는 것이 낫지 않겠는가?"
>
> –숙종 15년(1689년) 4월 25일

이세화, 오두인, 박태보 등이 잡혀 왔고 숙종은 부인을 위해 절의를 세우려고 자신이 죄없는 사람을 쫓아내려고 한다면서 차라리 나를 폐위하는 것이 낫지 않겠냐며 비꼬았다. 숙종은 누구의 사주를 받아서 상소를 지은 것이냐며 박태보 등을 몰아세웠고 원하는 대답이 나오지 않자 국문이 진행될수록 숙종의 화는 점점 커져만 갔다.

> "신이 이미 상소를 올려 진달했는데 어떻게 감히 숨기겠습니까? 전하께서는 분명히 신을 서인이라 여겨서 이런 엄한 하교를 내리시는 것 같습니다만, 신은 성품이 편협하여 세상과 합치되는 점이 적은 탓으로 조정에 벼슬한 지 오래지만 원만하게 종사하지 못하였던 것을 전하께서도 반드시 아실 것입니다."
>
> -숙종 15년(1689년) 4월 25일

박태보는 숙종의 화에 기름을 붇는 발언을 했다. 자신이 서인이라 여기기 때문에 숙종이 엄하게 나온다는 것인데, 송시열을 쫓아내고 서인을 몰아내려는 와중이었으니 그의 말은 분명 일리가 있었다.

그러나 숙종으로서는 남인이라서, 혹은 서인이라서 자신이 합리적이지 못한 태도를 보이고 있다는 박태보의 말을 인정할 수 없었다. 숙종은 어떻게 감히 서인이니 남인이니 하는 말을 할 수 있냐며 분노했고, 시종일관 임금을 배반하려 하는 것이 역적이 아니면 무엇이냐고 말했다. 그러면서 그는 인현왕후의 오빠들인 민진후 형제의 사주를 받았느냐며 대놓고 묻기도 했다.

그러나 날이 새도록 참혹한 매질과 처참한 고문이 이어졌음에도 숙종은 원하던 대답을 얻을 수 없었다. 숙종은 다시 이런 상소가 있으면 곧바로 역모죄로 다스리도록 할 것이라고 선언하고는 국문을 마무리할 수밖에 없었는데 박태보, 이세화, 오두인 등은 모두 유배형에 처해졌고 모진 고문을 증거하듯 박태보와 오두인은 유배를 떠나는 도중에 죽었다.

"아! 예로부터 후비가 투기로 인하여 원망하고 분노하는 경우가 진실로 혹 있었으나, 지금의 일은 그런 것이 아니다. 투기하는 것 외에도 별도로 간특한 계획을 꾸며, 스스로 선왕 · 선왕후의 하교를 지어내어서 공공연히 나에게 큰소리로 떠들기를, '숙원은 전생에 짐승의 몸이었는데, 주상께서 쏘아 죽이셨으므로, 묵은 원한을 갚고자 하여 이 세상에 태어났습니다. 그래서 경신년 역옥(경신환국) 후에 원한과 불평을 가진 무리와 서로 결탁하였던 것이며, 화는 장차 헤아리지 못할 것입니다. 또 팔자에 본디 아들이 없으니, 주상이 하셔도 애쓰셔도 공이 없을 것이며, 내전에는 자손이 많을 것이니, 장차 선묘(선조) 때와 다름이 없을 것입니다' 라고 하였으니, 이는 비록 삼척동자라도 반드시 듣고 믿지 아니할 것이다.
더욱이 이제 조종이 묵묵히 도우심으로 원자가 태어나자, 흉한 꾀가 더욱 드러났으니, 그 누구를 속이겠는가?
성묘(성종)께서 윤씨를 폐비할 때 하교하시기를, '만약 후궁의 참소를 듣고 잘못으로 이 일을 하였다면, 천지와 조상들이 위에서 밝게 따져 바로잡을 것이다' 라고 하였으니, 지극하다. 왕의 말씀이여! 경 등은 시험 삼아 생각해 보라. 아침저녁으로 말하고 행하는 것이 투기와 원망, 분노가 아님이 없는데, 이것도 부족하여 시부모의 말씀을 지어내어 과인의 몸을

경복궁 아미산의 굴뚝 한번 궁에 들어오면 나가기 힘들고 움직이기 힘든 왕비를 위해 교태전 뒤쪽에 만들어진 아미산의 굴뚝 모습. 화려한 옷과 장신구로 조선 여인 중 가장 높은 지위에 있었지만 결코 자유로울 수도 안전할 수도 없었던 왕비의 모습과 대조되는 아름다움이다. ⓒ김미애

업신여겼으며, 총애를 독차지하려고 난을 얽고 겸하여 화를 조정에 전가시켰으니, 그 이른바, '서로 핍박하고 서로 알력(軋轢)한다' 고 하는 것과 과연 방불하다. ……안으로 거역하는 마음을 품고 임금에의 도리를 잊은 흉역한 무리에게는 악을 징계하는 법이 없을 수 없다."

-숙종 15년(1689년) 5월 2일

화려한 가마를 타고 왕후가 되어 들어왔던 궁에서 인현왕후는 서인의 신분이 되어 친정으로 떠났다. 숙종이 인현왕후를 쫓아내겠다고 선언한 지 채 열흘이 못 되서였다.

중궁이 흰 가마를 타고 요금문으로 나가서 본 것으로 돌아가니, 신하로서 실직에서 물러난 사람들과 유생들이 곡하면서 따르는 이가 넓은 길을 메웠고, 이조 좌랑 이현조는 관청 건물로 가서 아래에서 통곡하였다.

–숙종 15년(1689년) 5월 2일

같은 날 혼례를 올릴 때 왕후로서 받았던 교명과 혼례복도 모두 불태워졌고 나흘 후 5월 6일 희빈 장씨를 왕비로 삼겠다는 숙종의 명이 내려졌다.

"희빈 장씨는 좋은 집에 태어나서 머리를 따올릴 때부터 궁중에 들어와서 효를 다하고 공손하고 검소한 덕이 드러나 일국의 어머니가 될 만하니, 함께 종묘를 받들고 영구히 하늘의 상서로움을 받을 것이다. 이에 올려서 왕비를 삼노니, 예관으로 하여금 일체 예절에 따라 즉각 거행하게 하라."

–숙종 15년(1689년) 5월 6일

장씨가 숙종을 만난 지 9년, 6년여의 세월을 떨어져 있다가 다시 만난 지 3년 만에 장씨는 국모의 자리에 올랐다.

인현왕후는 김씨를 후궁으로 들이게 하고 같은 서인인 공주들과 궁 안의 궁녀들을 동원해서 숙종을 사로잡아 보려, 장씨를 이겨 보려 애썼지만 결국 처절한 패배를 맞게 된 것이었다.

그러나 희망은 있었는데 궁에는 아직 최씨가 있었던 것이다. 가문, 지위, 재물로도 어찌할 수 없었던 상황을 순식간에 변화시킬 그녀, 최씨.

1. 왕의 벼슬을 받지 않는 신하

2. 회니시비, 스승과 제자의 다툼?

3. 기사환국, 서인이 쫓겨나다

제5장

송시열, 선비는 사약을 받고

가고 가다 철령(鐵嶺) 위에 오르니,
내 마음도 굳기가 쇠와 같구나.
비록 그릇을 이룰 정성은 모자라지만,
그러나 서산(西山) 수양산(首陽山) 백이숙제(伯夷叔齊)의 피는 견디겠지.

송시열은 숙종이 즉위한 다음해 1월에 덕원부로 귀양을 떠났고, 귀양길에 '내 마음도 굳기가 쇠와 같구나' 라는 시를 지었다.

그는 숙종 즉위년에 판중추부사(判中樞府事, 중추부의 으뜸 벼슬. 종일품)의 직에 있었고 예순여덟의 나이였다. 늙은 대신을 우대해 칠십이 넘으면 이름을 올릴 수 있는 기로소(耆老所)에 들어가고 궤장을 하사받을 날도 머지않은, 적당히 물러나서 젊은이들을 이끌고 틈틈이 왕의 조언에 응해야 할 편한 나이였던 것이다. 그러나 그는 열다섯 살에 접어든 왕의 명으로 추운 겨울에 안 그래도 유난히 춥다는 철령(鐵嶺)에 올라 있었다.
그에게는 무슨 일이 있었던 것일까? 그는 대체 무슨 죄를 저지른 것일까?

1. 왕의 벼슬을 받지 않는 신하

"세도가 나빠지면서 풍속이 못되어져 전혀 스승과 제자의 기풍이 없어졌는데, 유독 김장생에게만은 생도가 있습니다. 신이 그의 문하생들을 보니 재주가 있고 없고를 논할 것 없이 모두 선은 행해야 하고 악은 미워해야 하며, 임금은 충성으로 섬겨야 하고 어버이는 효성으로 받들어야 한다는 도리를 알고 있었습니다.

송준길 · 송시열은 모두 김장생의 문인인데, 신은 비록 서로 만나보지는 못했으나 그들이 살고 있는 지방의 사람들은 감히 멋대로 그른 짓을 하지 못한다고 합니다. 일찍이 송준길이 예를 논한 글과 송시열의 과장(科場)의 글을 보고서 그들이 속유(俗儒, 속된 선비)가 아님을 알았습니다."

-인조 14년(1636년) 6월 11일

송시열은 1607년에 태어났다. 실록에 처음 이름을 올린 것은 인조 14년(1636년) 때였는데, 1636년 6월은 병자호란이 일어나기 6개월여 전이고, 정묘호란이 일어난 지 10여 년 후였다.

송시열은 이때 최명길의 추천을 받았다. 김장생의 문하생으로 임금을 충성

송시열 초상 인조대부터 가장 이름난 유학자였던 송시열의 초상. 노년의 모습에서 깐깐하면서도 반듯한 기상이 느껴지는 듯하다. 국립중앙박물관 소장.

으로 섬기고 어버이는 효성으로 받들어야 한다는 도리를 아는, 속된 선비가 아니라는 이유였다.

송시열은 당시 서른의 나이였고, 3년 전에 생원시에 장원급제를 한 상태였다. 당시에 과거의 1차 시험이랄 수 있는 생원, 진사시만 통과하고 대과는 통과를 하지 않아도 조정에 나아가 벼슬을 받을 수 있는 길은 많았다. 가장 흔한 것이 천거(薦擧)였는데, 송시열은 그렇게 해서 실록에 처음으로 이름을 올렸던 것이다. 얼마 후 병자호란이 일어났기 때문에 한동안 실록에서 송시열의 이름은 찾을 수가 없다.

그러나 이후, 인조는 송시열에게 이런저런 벼슬을 내리며 그를 등용하려 애썼는데, 두 번의 전쟁으로 피폐해질 대로 피폐해진 나라의 사정을 추스르기 위해서였다.

선비들의 나라인 조선에서 학문으로 이름 높은 선비를 우대하는 것은 불가피한 일이었다. 조선은 유학을 나라의 기본학문이자, 나중에는 거의 종교화하기까지 했으니 유학을 하는 선비들을 홀대한다는 것은 있을 수 없는 일이었다.

게다가 유학은 기본적으로 충성과 효(孝), 예(禮)를 강조하는 학문이다. 그런 '예' 만큼 백성들을 잘 단속하는 데 유용한 도구는 없었다. 나라에 충성하고 부모에 효도하고, 여자들에게는 아버지와 남편에게 복종하라는 말들을 강조하게 되면 자연히 질서는 유지되는 것이기 때문이다. 그래서 나라의 혼란이 가중될수록 예의와 학문은 두드러지게 강요되고, 선비는 대접받기 마련이었다.

인조는 혼란을 잠재우고 백성들의 충성심을 불러일으키는 동시에 신하들과의 유대를 돈독히 하기 위해 송시열이나 송준길 같은 이름난 선비들을 불러들이지 않으면 안 되었다.

오륜행실도 조선 정조 때 이병모(1742~1806년) 등이 오륜에 출중한 사람들의 행적을 설명한 책. 오륜행실도를 비롯한 삼강행실도와 이륜행실도 등은 조선 후기 날로 혼란스러워져만 가는 나라의 질서를 바로잡아 보려는 노력의 일환이었다.

그러나 송시열을 부르는 것은 쉽지 않았다. 여러 벼슬을 내렸지만 송시열이 사양하고 한양으로 올라오지를 않았던 것이다.

> 상이 글을 내려 전 승지 김집과 전 지평 송시열을 불렀다.
>
> ……시열의 자는 영보이고 송준길의 자는 명보인데, 모두 충청도 회덕 사람이다. 두 사람 다 장생에게 사사하였는데, 장생이 언젠가 시열을 두고 말하기를 "이 사람은 독실하여서 반드시 크게 진취할 것이다"고 하였다. 처음에 대군의 사부가 되었으나 병자호란 이후로 벼슬길에 뜻을 끊어서, 누차 벼슬을 주었으나 거절하고 부임하지 않았다.
>
> -인조 23년(1645년) 10월 9일

인조의 재위 내내 송시열의 태도는 한결같았다. '대군의 사부' 가 되었다는 기록이 있으나 그 '대군' 이 왕위에 올랐어도 그는 달라지지 않았다.

"김상헌은 덕망이 있는 원로로서 병든 몸으로 달려와 곡을 하였습니다. 사람들이 바야흐로 그에게 의지하여 중하게 여기고 있는데 곧 물러나 돌아가려 하니, 그대로 머물러 있으면서 시호를 의논하는 데 동참하게 하소서. 그리고 참의 김집 및 송준길 · 송시열 · 권시 · 이유태 등도 모두 글을 읽은 사람들이니, 관찰사에게 분부하시어 역말을 태워 올려보내게 하소서."

하니, 상이 따랐다. 하교하기를,

"이들은 모두 선조(인조)에서도 불러들이기 어려웠던 사람들인데 어찌 나를 위하여 오려 하겠는가. 더구나 송시열은 지난날 나의 사부였으므로 그리운 생각이 마음속에 간절하니 이런 내용을 갖추어 서술하여 최온과 함께 부르라."

-효종 즉위년(1649년) 5월 14일

효종은 신하들이 송시열, 송준길 등을 부르라는 말에 송시열이 지난날 나의 사부였으므로 그리움이 간절하다며 그를 불러들이라 명했다. 마흔셋의 나이가 된 송시열은 이전과는 달리 거의 한 달여 만에 조정으로 올라왔지만, 상소를 올려 고향으로 돌아가겠다는 청을 반복하는 것은 여전했다.

장령 송시열이 소명을 받고 조정으로 나아와서는 누차 상소하여 돌아가기를 빌었으나 상이 은혜로운 비답으로 윤허하지 않으니, 시열이 입궐하여 왕명에 감사하고 이어 입대를 청하였다. 이때 마침 상께 병이 있어 접견하지 않으니 시열은 대청(臺廳, 궁중에 있던 회의실)에서 조복을 벗고 곧장 국문으로 나아가 상소하고서 떠났다. 그러자 상이 크게 놀라 곧 여섯 승지를 불러 이르기를,

"내가 병으로 접견하지 못했으므로 인해 시열이 갑자기 돌아갈 계획을 결정하였으니 누가 나를 위하여 그를 머물게 할 수 있겠는가."

……시열은 상의 대우를 받아 예우함이 특별히 융숭했는데 한 번 입대를 허락하지 않았다 하여 사모를 벗어 버리고 서둘러 돌아가니, 듣는 이들이 모두 너무 지나치다고 하였다.

-효종 즉위년(1649년) 6월 26일

사직하고 고향으로 돌아가고 싶다는 송시열의 상소를 윤허하지 않았고, 송시열도 왠일인지 왕명에 감사하고 입대를 청했다. 그런데 효종에게 병이 있어 그를 만날 수 없다고 하자 송시열은 곧장 상소하고 떠나 버렸다.

크게 놀란 효종은 당황해서 어쩔 줄 몰라 했고, 송시열과 평소 친한 김익희가 송시열을 뒤쫓아 타이르겠다고 하자 크게 기뻐했다. 그러나 송시열은 끝내 떠났다. 풍속을 가다듬고 재물을 절약하고, 검소한 덕을 숭상하고 등등의 말이 적힌 상소만 올린 채였다.

효종은 상소를 아름답게 여겨 받아들였다고 했지만 그렇게 떠나 버린 송시열의 처사는 분명 지나친 것이었다.

송시열이 세자부로서 상견례를 행한 다음 차자를 올려 의례 절차에 대해 대략 변론하면서, 그대로 앉아 세자와 말을 주고받은 사유를 아뢰고 물러가게 해줄 것을 청하니, 상이 불허한다고 부드럽게 답하고 대면하여 하유하겠다는 것으로 유시하였다.

-현종 10년(1669년) 1월 4일

송시열은 효종 말년에 잠시 조정에 몸담았을 뿐 거의 조정을 떠나 있었고, 현종대에 와서도 마찬가지였다. 현종은 예순셋의 노인이 된 송시열에게 세자(숙종)의 스승이 되어줄 것을 청했다. 송시열은 세자를 가르치는 세자시강원의 세자부 벼슬을 받아 세자와 스승과 제자로서 상견례까지 했지만 또 물러나 떠나겠다는 청을 반복했다.

숙종은 그런 식으로 송시열을 처음 만난 셈이다. 아홉 살의 나이에 예순셋의 노인을 스승으로 맞으면서.

"제왕이 계통을 세움에 있어 임금의 자리를 이어받은 뜻을 심히 중하게 하였고, 성인(聖人)이 예를 제정하심에 적서의 분별을 극히 엄하게 하셨으니, 이는 조금도 문란케 할 수 없는 것입니다. 영중추부사 송시열이 기해년의 대상을 당하여 대왕대비(자의대비)의 복제에 차장(제2장자)은 3년의 적당한 본래의 예가 있는데도 이를 버리고 쓰지 않고는, 하필 '임금의 자리는 이었으나 적통이 아니다(體而不正)' 라는 조목을 억지로 끌어서 맞추려고 대왕대비로 하여금 당연히 입어야 할 3년복을 입지 못하게 하고, 이를 내려서 서자의 기년복(1년복)을 입으시게 하였습니다. 그리고 말하기를, '효종대왕은 인조대왕의 서자가 되기에 해롭지 않습니다' 하였고, 또 이르기를, '차장을 모두 장자라고 이름하여 복을 참최(3년복)로 입게 되면 적통이 엄하지 아니하다'는 방자한 말을 써서 스스로 그 군주를 낮추게 하는 데로 돌아가는 것을 깨닫지 못했으니, 그가 고집한 바는 항상 바르지 못하다는 서(庶)자에 있었던 탓으로 첩서(妾庶, 첩과 서자)의 명백한 글을 얻지 못했던 것입니다. ……지금 이전의 예(기해예송)가 이미 바르게 되었고 나라의 방침이 이미 정해졌으나, 의논을 주도하여 예를 무너뜨린 사람에게 죄를 가하지 아니했으니, 청컨대 송시열을 파직케 하소서."

-숙종 즉위년(1674년) 12월 18일

장령 남천한, 지평 이옥 등 네 명이 다 함께 상소를 올렸다.

송시열이 예를 무너뜨렸는데 그 죄를 가하지 않았으니 그를 파직해야 한다는 내용이다. 숙종은 그렇게 하라고 명을 내렸는데, 이날 1674년 12월 18일은 또한 앞서 숙종과 만만치 않은 대결을 벌였던 이단하가 파직된 날이기도 하다.

숙종이 막 즉위했을 때만 해도 송시열과 서인의 입장은 괜찮았다. 일단 현종의 장례를 치르기에 경황이 없던 것도 사실이지만 현종은 아무런 조치도 취하지 못하고 죽었고 여전히 서인의 힘이 강했기 때문이다.

그런데 남인이 조금씩 예송문제로 서인을 공격하기 시작했고, 결정적으로 송시열이 효종의 죄인이라는 곽세건의 상소가 올라오고 그가 충언을 한 것이라는 식으로 기울자 서인은 궁지에 몰렸다.

이미 곽세건의 상소 때문에 송시열은 수원으로 내려가 버렸고, 송시열을 파직시키기 8일 전에 숙종은 송시열이 진천으로 가서 죄를 기다리고 있다는 보고를 받은 상황이었다.

"송시열의 죄는 결단코 파직에만 그칠 수 없는 것입니다. 삭탈관작하고 문외출송(門外黜送, 죄지은 사람의 관작을 빼앗고 한양 밖으로 추방하던 형벌) 하소서."

-숙종 즉위년(1674년) 12월 26일

숙종대에 들어서면서 제자 이단하와 함께 파직된 송시열은 위기에 빠졌다.

인조반정이 서인들에 의해 일어났고 그 기세가 현종대까지 이어졌기에 왕에게 무례하다고까지 여겨질 행동을 해도 괜찮았지만 상황이 달라진 것이다.

"근일에 여러 신하들이 시비를 논의하는 것을 성상께서 당을 두호한다고 의심하시어 매번 꾸짖어 처벌을 더하셨습니다.

저으기 생각건대 성상께서 송시열을 깊이 죄주시려는 것은 예를 논하는 것의 시비를 바로잡고자 하심이오나, 그렇지 못한 것이 있습니다. 지난날 조광조 등 여러 현명한 사람들의 조정에서의 처사가 일일이 다 합당한 것은 아니지마는, 그 화를 입고난 뒤에는 사람들이 그 어진 것만을 일컫고 그의 잘못은 말하지 아니하였습니다. 신은 아마도 송시열이 죄를 무겁게 입는다 하더라도 후세의 시비는 정하기가 어렵지 않을까 합니다."

하니, 임금이 큰소리를 내어 이르기를,

"모든 신하들이 국사는 생각하지 아니하고 오로지 송시열만을 두호하니,

당에 치우치는 것이 아니고 무엇이냐? 그를 구원하는 자들이 또 예를 논의하는 것을 가지고 잘못이라고 하니, 더욱 통탄스럽다."

-숙종 즉위년(1674년) 12월 27일

경연 중이었다. 시독관 윤지완의 말이 숙종의 신경을 건드렸다.

윤지완은 송시열을 조광조와 비교했으니 그 말은 즉 숙종이 조광조같이 후세에 길이 남을 현인을 억압한 폭군이라고 말하는 것과 다르지 않았다. 숙종은 모든 신하들이 송시열만을 두호한다며 그 자리에서 윤지완의 벼슬을 갈아치웠다.

"근래 이들은 송시열을 죄주었기 때문에 장차 나라를 망치게 될 것이라 하니, 이제야 비로소 송시열의 세력이 두려운 것을 알겠다. 죄주지 않으면 거의 국가를 그르칠 것이다."

-숙종 1년(1675년) 1월 16일

송시열을 파직한 12월부터 숙종에게는 송시열을 두둔하고 숙종이 마치 폭군 혹은 암군이나 되는 양 몰아세우는 상소가 밀어닥쳤다.

'송시열을 죄주었기 때문에 장차 나라를 망치게 될 것이라고 한다' 는 숙종의 말은 어느 정도 사실이었다.

서인들은 현종대에 그랬던 것처럼 이제 겨우 열다섯이 된 왕을 무자비하게 공격하고 있었다.

"접때 경연에서 송시열의 대단한 기세가 두렵다는 분부가 계셨으나……

이번에는 유생들이 마음으로 송시열이 어진 줄 알아서 이렇게 아뢰어 변명하거니와 송시열에게 무슨 기세가 있기에 사람을 시켜 이렇게까지 하겠습니까?"

하니, 임금이 놀라서 똑바로 보고 답하지 않았다.

–숙종 1년(1675년) 1월 22일

또 경연 중이었고, 시독관 이유의 말에 숙종은 놀라움을 금치 못했다.

이유는 숙종이 송시열의 세력이 두렵다고 한 말을 트집 잡아 유생들이 송시열이 어진 줄 알아서 그를 위해 상소하고 변명하는 것일 뿐, 송시열에게 무슨 세력이 있어서 사람을 시켜 그렇게까지 하겠냐는 말이었다.

숙종이 송시열 세력, 즉 서인들에 대해 한 말을 대놓고 부인하는 것이었고 이에 숙종은 너무 놀라 아무런 답도 하지 않았다.

"전례(典禮, 왕실의 길흉에 관한 의식)가 이미 정해졌고 큰 흉악인들이 도망치고 내쫓긴 뒤인데, 송시열의 혈당(血黨, 생사를 같이 하는 무리)들이 팔을 걷어붙이고 씩씩대며 원망과 독기를 더욱 풍기며, 다만 송시열이 있는 줄만 알고 군신 간에 정해진 의리는 아랑곳없이 말을 조작하고 비방을 일삼기를 날이 갈수록 심하게 하더니, 이번에 변변찮은 송상민이 책자를 만들어 올려, 위로 선왕(현종)에 언급하고 아래로 조정 신하들을 모함하니 나의 분함이 끝이 없다. 마땅히 역적을 처벌하는 법률로 적용하여 국법을 바로잡으라."

–숙종 5년(1679년) 3월 13일

송시열을 쫓아낸 지 거의 5년여가 흐른 후의 기록이다. 숙종은 여전히 송시열을 두둔하고 숙종을 공격하는 신하들 때문에 골머리를 앓고 있었다. 오죽하면 상소를 올린 자를 역적으로 취급하기까지 했을까.

이리저리 유배지를 옮겼던 송시열은 이때 급기야 거제도에 위리안치(圍籬安置)를 당한다. 외로운 섬에 유배를 당하면서 또 가시덤불을 둘러 안에서 나오지도 못하게 하는 위리안치.

> "송시열의 죄악은 내가 모르는 바 아니나, 생각하면 외딴 섬에 옮겨서 위리안치한 것으로도 간사한 싹을 꺾는 데는 족하다. 위로 태묘에 고하고 아래로 백성들에게 반교하였으니, 이만하면 천하 후세에 꾸짖어 바로잡았다고 할 만하다. 하필 죽여야만 통쾌하겠느냐?"
>
> –숙종 5년(1679년) 5월 22일

그러나 거제도에 위리안치되면서 유배지에서 홀로 죽어갈 것처럼 보였던 송시열에게 희망이 생겼다. 송시열과 서인들을 지긋지긋해하던 숙종의 태도가 조금씩 바뀌기 시작한 것이다.

송시열을 기어이 죽여야 한다는 주장에 죽여야만 통쾌하겠냐고 말했던 숙종은 다음해 5월, 송시열의 위리를 풀었고 곧 이어서 놓아주었다. 1680년 경신환국(庚申換局) 때문이었다.

> 송시열이 이에 입성하니, 도성의 백성들이 분주하여 모여들어 구경하는 자가 매우 많았다. 대궐 문에 이르자 아전들과 액례(掖隷, 액정서 소속 관

리)들이 모두 빙 둘러서서 그를 기다렸다. 임금이 인견하였는데, 송시열에게 명하여 앞에 엎드리게 하고 위로하여 말을 내리기를 매우 지극하게 하였다. 송시열이 말하기를, "성상께서 춘궁(세자)에 계실 때에 잠깐 입시하였는데, 그 뒤에 여러 해 동안 용안을 뵙지 못하였으니, 원컨대 쳐다볼 수 있게 하여 주소서."

하니, 임금이 이를 허락하였다. 임금이 또 말하기를,

"춘궁에 있을 때 한두 차례 경을 보았는데 지금 경의 수염과 머리가 이미 쇠잔하여 희었구나."

–숙종 6년(1680년) 10월 12일

숙종은 송시열을 풀어준 지 거의 다섯 달 만에 그와 얼굴을 마주했다.

일흔넷의 늙은 신하와 스무 살 왕의 만남은 이렇게 이루어졌는데, 송시열이 숙종의 세자시절에 잠깐 보았고 숙종 역시 그때 한두 차례 보았을 뿐이라 했다.

숙종은 거의 송시열을 본 적이 없었다. 송시열은 이전 인조대부터 계속 벼슬을 내려도 사양하고 오라고 해도 가지 않는 일을 반복했으니 그럴 만했다.

그러니 다만 한때 송시열이 벼슬을 받아 조정에서 일을 했다고 해도 그것이 바로 돈독한 군신관계로 연결이 되지는 않았을 것이란 건데 숙종에게도, 그의 아버지와 할아버지에게도 송시열은 좋은 신하가 아니었다. 송시열은 자신이 효종의 사부였고, 북벌의 파트너였음을 강조했고, 서인들은 송시열이 인조대부터 크게 대우받는 훌륭한 신하라고 끝없이 주장했지만 숙종에게는 아니었다.

숙종은 경신환국(庚申換局)으로 서인을 다시 불러들이면서 서인의 대표라 할 수 있는 송시열을 다시 불러들인 것뿐 그에 대해 뭔가 각별한 감정이나 존경을 가졌기 때문은 아니었다. 송시열이 늘상 효종과 현종 등 왕들을 가르치려고만 하고 같이 일하기를 거부했던 것처럼 숙종 역시 송시열을 그렇게 대하고 있었다. 그저 '필요'에 의한 관계 말이다.

숙종은 모르긴 몰라도 송시열이 싫었을 것이다. 제대로 가르침을 받아본 적도 없는데 자신의 스승인 양 말하고 모든 것을 다 알고, 항상 자신이 옳다고 주장하는 데다가 그를 건드리기만 해도 벌떼같이 몰려드는 송시열의 제자들까지.

학문을 존경하는 것과 사람을 좋아하는 문제는 다른 것이다. 서로 더없이 친근하고 그리웠던 사이인 양 서로를 보며 앉아 있었지만 그들은 다른 생각을 하고 있었을 것이다. 숙종은 송시열이 필요하다는 것을 잘 알고 있었고, 노련하기 짝이 없는 송시열 또한 이 어리고 애송이 같은 왕을 앞으로 어떻게 주물러야 할까를 궁리하고 있지 않았을까.

만약 이 두 사람을 그린 그림이나 사진작품에 이름을 붙인다면 그 제목은 바로 '정치'이지 않을까.

2. 회니시비, 스승과 제자의 다툼?

"송시열은 은진사람인데 그 아버지는 송갑조이다. 윤증 부자는 본래 윤휴를 편들고 송시열과 어긋났는데, 윤증이 당시의 의논이 이와 같음을 보자, 갑자기 글을 보내어 송시열을 헐뜯고 배척하니, 당시의 무리가 이에 드디어 윤증을 도와서 합하여 하나가 되었다. 이에 이르러 윤휴, 윤증의 무리가 두 감정을 번갈아 부채질하여 화가 일어날 기미가 더욱 벌어져서 드디어 극진한 화에 이르렀다."

-숙종 15년(1689년) 6월 3일

1689년 송시열이 죽었을 때 그의 나이는 83세였다.

앞서 그의 이름을 유명하게 만든 효종의 북벌에 대해 언급했지만 정작 그의 인생에서 가장 중요했을 결정적인 사건은 따로 있다. 졸기부분에 그 사건에 대해 간략하게 요약되어 있는데 윤증 부자가 송시열과 어긋났고 드디어 극진한 화(禍)에 이르렀다는 부분이다.

이 화가 바로 서인을 노론과 소론으로 가른 이유가 된 '화(禍)', 회니시비(懷尼是非)이다.

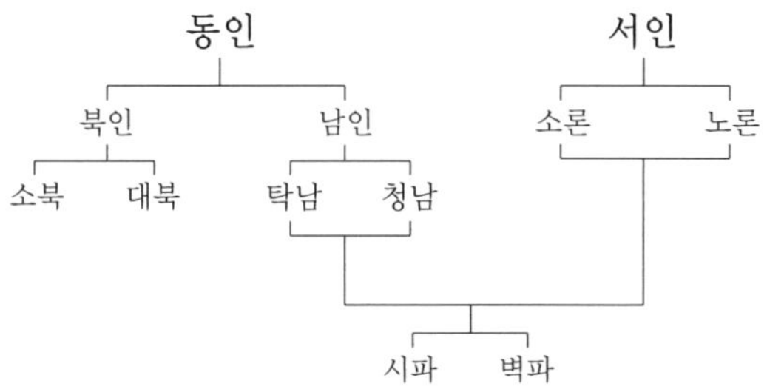

붕당 계보도 선조대에 동인과 서인이 생기면서 부터 붕당정치가 세도정치로 변화하기 전인 정조때까지 붕당의 계보이다.

처음에 서인과 동인이 생겨났다. 동인이 분열해서 북인과 남인이, 북인이 분열해서 또 소북과 대북이, 남인이 분열해서 탁남과 청남이 생겨났다. 이 끝없는 분열사태는 언뜻 몹시 비정상적이고 말도 안 되게 보이기도 한다.

그러나 사실, 제대로 된 이름이 붙여지지만 않았을 뿐 붕당이 없었던 시대는 없었다. 어느 시대, 어떤 상황에서든 한 가지 목적을 가지고 사람들이 모이고 뭉치는 것은 불가피한 일이다. 사람은 좋아하는 것, 싫어하는 것, 혹은 하고 싶은 것, 하고 싶지 않은 것으로도 뭉칠 수 있다. 그런 일상적인 것으로도 엄청난 친화력을 발휘하는 것이 인간인데 권력이나 야망을 위해서 분열하고 뭉치는 것이 뭐가 그리 이상하겠는가.

다만 선조대에 서인과 동인이 생겨난 이래로 눈에 띄는 분열은 보이지 않는 편이었던 서인을 갈라지게 만든 것이 송시열이라는 것은 아이러니하다고 말할 수 있을 것이다.

회니시비는 송시열이 살았던 회덕(懷德)과 윤증이 살았던 니성(尼城)에서 따온 말로 송시열과 윤증이 벌였던 '시비(是非)'를 뜻한다.

> "신이 그윽이 듣건대 조정에서 바야흐로 송시열이 예를 무너뜨린 죄를 다스린다 합니다. 송시열은 신이 스승으로 섬긴 이이고 신도 자신이 중한 죄를 졌습니다. ……지금 송시열이 바야흐로 논죄하는 가운데에 있는데 신은 은명(恩命, 임금이 내리는 명령 가운데 관리를 임명하거나 죄를 용서하는 따위의 은혜로운 명령)까지 받았으니, 신이 어찌 감히 편안히 감추고 스스로 사실대로 고하지 않아서 임금을 속인 죄에 거듭 빠지겠습니까?"
>
> –숙종 1년(1675년) 1월 15일

숙종 1년, 당시는 송시열이 예송 문제로 인해 곤혹을 겪고 있을 무렵이었다. 사헌부 종3품직인 집의의 위치에 있었던 윤증은 스승인 송시열의 일로 사직을 청했다.

윤증 고택 송시열과 회니시비를 벌인 윤증의 고택. 한때 송시열과 사제지간이었던 윤증은 송시열의 노론과 대립한 소론의 영수로 송시열 못지않은 훌륭한 유학자였다. ⓒ이왕재

"전 대사헌 윤증은 산림에 발붙여 선비라 자처하면서 속으로는 바른 사람을 미워하는 마음을 품고서, 송시열을 헐뜯는 데에 여력을 남기지 않았고, 이조 참판 박세채에게 글을 보내어 방자하게 송시열을 욕하였는데 없는 것을 가리켜 있다하고 흰 것을 가리켜 검다 하였는데, 그 글이 온 세상에 가득히 전파되었습니다."

-숙종 10년(1684년) 4월 29일

윤증이 스승 송시열이 곤경에 빠지자 사직을 청한 지 9년 후, 사옹 직장 최신이 상소를 올렸다. 그는 자신의 스승인 송시열은 학문이 순수하고 올바르고 도덕이 크게 번성하여 팔방의 선비가 태산 북두처럼 바라보아 왔다는 말로 상소를 시작하며 윤증이 송시열을 헐뜯고 욕했다면서 뒤이어 3년 전인 신유년(1681년)에 윤증이 송시열에게 보내려고 했던 서찰이라며 그 내용을 밝혔다. '신유의서(辛酉擬書)' 라고 불리는 이 서찰은 윤증이 송시열에게 보내려고 쓴 것이기는 했지만 송시열에게 전달하지는 않았다.

먼저 박세채에게 보여주었는데 박세채가 보내지 말라고 극구 만류했기 때문이었다. 그러나 윤증과 박세채만 알고 묻힐 뻔한 서찰은 박세채의 사위인 송순석에 의해 송시열의 손에 들어갔다. 송순석은 박세채의 사위였지만 송시열의 손자이기도 했던 탓이었다.

서찰의 내용은 대충 예상이 가듯 송시열을 비난하는 내용이다. 송시열이 평생 따른 사람은 주자였지만 그의 행동은 주자의 가르침과 다르다거나, 북벌이 송시열 개인을 위해서 이용되었으며 윤증 자신은 송시열에게서 글만 배웠을 뿐이라는 말로 사제관계를 부인했다.

송시열은 윤증의 스승이었고, 윤증의 아버지 윤선거는 송시열의 문인이기도 했다. 그런데 이들이 왜 '시비(是非)'라고 불리는 논쟁을 하지 않으면 안 되었던 걸까. 무슨 일이 있었던 걸까. 그 사이에 대체 무슨 일이 있었기에 극진히 섬기던 스승을 헐뜯고 욕하는 데까지 가게 되었던 걸까?

> 청나라가 우리나라를 침범하기에 미쳐, 윤선거는 강화도로 피란하고…… 김익겸 · 권순장 등과 함께 성문을 나누어 지켜서 일이 급하면 반드시 죽기로써 서로 맹세하고, 아내와 더불어 함께 죽기를 약속하기에 이르렀다. 강화도가 함락되자 김익겸 등이 과연 맹세를 저버리지 않고 모두 죽으니, 윤선거도 함께 죽고자 하여 그 아내 이씨를 몰아서 스스로 목매게 하였으나 윤선거는 죽지 못하였다. ……윤선거도 스스로 원망하고 스스로 단속하며 장가들지 않고 벼슬하지 않으며 뜻을 굽혀 김집의 문하에 배움을 청하였으니, 문하의 여러 사람이 그 진취를 인정하고 그 지나간 일을 마음에 두지 아니하여 벗이 되기를 허락하였다. 송준길 · 송시열 · 이유태 · 유계 등이 가장 그에게 친절하여 절차 강마(講磨, 학문이나 덕행 등을 배우고 닦음)하면서 서로 사귀어 칭찬하고 편들어 주었다. 효종이 여러 번 불렀으나 윤선거는 번번이 강화도의 일을 끌어대어서 스스로 죽을죄를 지은 신하라고 일컫고 끝내 나아가지 않았다.
>
> -숙종 10년(1684년) 5월 13일

윤증의 아버지 윤선거에게는 지난시절의 아픔이 있었다. 병자호란 때 강화도가 함락되면 친구들과 같이 죽기로 했지만 그러지 못했던 것이다. 윤선거에게도 사정은 있었다. 죽는다는 것은 쉬운 일도 아니고 남한산성에 아버지가 인조와 함께 있었기에 자식된 도리도 외면할 수 없었던 것이다. 이후 윤선거는 죽은 친구들과 아내에 대한 빚을 갚느라 재혼도, 벼슬도 하지 않았다.

윤선거는 송시열 등과 가까이 지냈지만 남인이었던 윤휴와도 친분이 있었다. 그런데 윤휴는 송시열이 신처럼 받드는 주자(주희)에 대해 상당히 다른 입장을 보여 사문난적(斯文亂賊, 유교에서 교리를 어지럽히고 사상에 어긋나는 언행을 하는 사람)이라 낙인찍힌 사람이기도 했다. 그래서 송시열은 윤선거에게 윤휴와 절교하기를 바랐지만 윤선거는 송시열의 바람을 들어주지 않았다.

윤증은 송시열과 스물두 살 차이가 난다. 아버지와의 인연으로 송시열의 제자가 되었는데 송시열의 뒤를 이을 제자가 될 거라는 말을 들을 정도로 뛰어난 제자였다. 윤증은 스승을 하늘과 같이 섬겼고 송시열 역시 윤증의 뛰어남을 인정했던 것이다.

그러나 송시열은 윤선거가 끝끝내 자신의 말을 듣지 않고 윤휴와 절교를 하지 않은 것이 마음에 맺혀 있던 상태였다. 그 상태는 윤선거가 죽고 오히려 증폭되었는데 윤휴가 자신의 아들을 통해 제문을 보냈고 윤증이 이를 기꺼이 받아들인 것이 송시열을 제대로 건드렸다. 그리고 윤증이 송시열에게 아버지의 묘갈명(墓碣銘, 묘비에 새긴 글)을 지어줄 것을 청하러 갔을 때의 일이었다.

> 윤선거가 죽자, 윤증이 송시열에게 묘갈명을 청하고 이어 소매 속에서 그 아비가 기해년(1659년) 사이에 일찍이 송시열에게 보내려 하였던 편지를 꺼내어 보였다. 글 속에 윤휴 · 허목 · 조경 · 홍우원 등을 써야만 하고 버릴 수 없다며 몹시 칭찬하였으므로, 송시열은 더욱 윤선거에 대하여

의심이 없을 수 없어서 갈문을 지음에 있어 스스로 입언(立言, 후세에 전할 만한 말을 남김)하려 들지 않고 다만 박세채가 지은 행장(行狀, 사람이 죽은 뒤에 그의 행적을 적은 글)의 말을 인용하여서 이를 맺었다. 윤증이 고쳐 주기를 청한 곳이 서너 군데 있었으나 송시열은 오히려 하나도 그 뜻에 따르지 않았으니, 윤증이 비로소 이를 원망하였으나 감히 말을 꺼내지 못하였다.

–숙종 10년(1684년) 5월 13일

윤증은 아버지 윤선거가 송시열에게 보내려 했던 편지라며 전해 주었다. 그 내용은 윤휴, 허목 등의 남인을 써야 하고 버릴 수 없다는 것이었는데 윤휴를 배척했던 데다가 완고한 성격을 지니고 있던 송시열에게 그 편지는 도저히 그냥 넘어갈 수 없는 것이었다.

송시열은 윤증의 부탁에 그러마고 하긴 했으나 윤선거의 묘갈문을 특별히 덧붙여 짓지 않고 박세채가 먼저 지은 행장을 인용하는 식으로 맺어서 주었다. 당연히 만족할 수 없었던 윤증은 거듭 고쳐주기를 부탁했지만 송시열은 제자의 부탁을 들어주지 않았다.

3. 기사환국, 서인이 쫓겨나다

앞서 김석주의 사주로 인해 김환, 김익훈 등이 했던 임술년의 고변사건들을 기억할 것이다. 김석주가 미처 제거하지 못했던 남인들을 제거하려 했던 일들

말이다. 허술한 계획과 김석주를 의심하고 경계하는 자들이 이제 너무 많았기에 김익훈, 김석주는 자칫 위험에 빠질 뻔했었던 상황이었는데, 이 남인을 겨냥했던 외척들의 공격은 결론적으로 김석주나 김익훈 등의 몰락이 아닌 본격적인 서인의 분열을 불러왔다.

굳이 '본격적'이라고 표현을 한 이유는 회니시비로 인해 분열의 조짐이 계속해서 일어나고 있긴 했지만 젊은 서인들은 아직도 송시열에게 일말의 기대를 가지고 있었기 때문이다.

송시열은 정말 서인들에게는 거대한 산이었다. 그러니 그 산에 대한 믿음은 절대 흔들리지 않을 것 같았지만 오히려 그렇기 때문에 충격과 실망은 더욱 클 수밖에 없었다.

이미 송시열은 갈수록 점점 더해만 가는 편협한 태도로 젊은 서인들의 마음을 불안하게 만들고 있었고, 노련하고 연륜 있으며 단단한 신념으로 무장한 대학자가 늙고 고집 세고 편협하기만 한 노인으로 변하는 건 순식간의 일이다.

> "광남군 김익훈 · 양주 목사 이이순 등은 송시열과 가장 친밀하여 저쪽에서 부르면 이쪽에서 화답하여, 색을 탐하고 방자하게 꾸며댄 말과 뜬소문은 모두 이 무리들에게서 말미암았으니, 청컨대 극변에 원찬하소서."
>
> -숙종 15년(1689년) 2월 3일

임술고변이 일어난 때는 1682년이었는데 7년 후 송시열의 죄를 청하는 상소의 일부에 송시열과 김익훈의 관계에 대한 단서가 적나라하게 나와 있다.

'저쪽에서 부르면 이쪽에서 화답하여'.

종묘 정전 종묘 정전(宗廟正殿)은 종묘의 중심 건물로 영녕전과 구분하여 태묘(太廟)라 부르기도 한다. 정전은 조선시대 역대 왕 가운데 공덕이 있는 왕과 왕비의 신주를 모시고 제사하는 곳인데, 현재 모두 19개의 방에 왕과 왕비의 신주를 모시고 있다. ⓒ정원식

"신이 죄를 기다리는 일이 있습니다. 이황의 문인이었던 조목은 이황이 죽은 뒤에 그의 자손을 보기를 마치 동기와 같이 하였습니다. 그가 관직에 있을 적에 지성으로 경계하여 과실을 면하게 하여 주었으므로, 당시나 후세에서 모두 조목이 그의 스승을 위하여 도리를 다하였다고 일컬었습니다. 신은 김장생에게서 수학하였으므로, 그의 손자 김익훈과 신의 정과 뜻이 서로 친한 것은 다른 사람과 자연히 다릅니다. 근일에 김익훈이 죄를 얻을 것이 매우 중한데, 신이 평소에 경계하지 못하여서 그로 하여금 이 지경에 이르게 하였으니, 신은 실지로 조목의 죄인입니다."

-숙종 9년(1683년) 1월 19일

임술고변 당시 김익훈 등이 무고를 한다며 몰아세우는 젊은 서인들의 기대를 저버리고 송시열은 김익훈을 감싸주었다. 숙종 앞에서 '김익훈이 죄를 얻을 것이 매우 중한데, 신이 평소에 경계하지 못하여서 그로 하여금 이 지경에 이르게 하였다' 며 자신이 죄인이라는 말을 했던 것이다. 김익훈은 송시열의 스승인 김장생의 손자였고 문인이기도 했다. 그러니 그들이 가까운 사이였을 거란 건 보지 않아도 알 수 있는 것이다. 그래도 젊은 서인들은 송시열이 설마 김익훈의 편을 들 거란 생각은 하지 않았다.

김익훈 역시 외척이면서 서인이었지만 고변 사건은 누가 보아도 확실히 지나치고 비겁한 면이 있었으니 혈기왕성하고 패기 넘치는 젊은 사람들이 보기에 꼭 그렇게까지 해야 하나 하는 입장은 많을 수밖에 없었다.

이런 젊은 사람들의 입장을 송시열은 배신했다. 왕 앞에서 '대로(大老)' 라 불렸던 송시열이 그런 식으로 말한 것은 내 체면도 있으니 김익훈을 용서해달라는 행동이었는데, 송시열과 나이든 서인의 노장파들은 당장 남인들을 모두 몰아낼 수도 있는 방법이었기에 충분히 김석주와 김익훈을 이해할 수 있다는 입장이었던 것이다.

송시열은 또 얼마 후에 효종의 덕을 기려야 한다며 효종의 세실(世室)을 주장했다. 세실(世室)은 불천지위(不遷之位), 즉 영원히 위패를 옮기지 않고 모시는 것을 뜻한다. 조선시대의 종묘제도는 5명의 왕만 모시는 5묘제였는데 5명의 왕까지만 모시고 다른 왕의 위패는 옮기게 되어 있었다. 물론 제도는 그저 제도일 뿐이라 현재 종묘의 세실은 5묘가 아니라 19묘나 된다. 숙종은 당연히 할아버지 덕을 기리자는 데 반대할 이유가 없었고 효종의 세실은 신속하게 이루어졌다.

송시열은 또 태조 이성계의 시호를 추가하자고까지 주장했는데, 태조가 위화도회군으로 대의를 밝힌 것이라는 입장을 세웠다. 그러나 그의 주장은 위화도회군은 존주대의(尊周大義), 즉 중국을 위한 것이 아니라 나라를 세우는 화가위국(化家爲國)을 하기 위한 것이었다는 박세채의 주장에 가로막혔다.

박세채는 서인이었다. 그러나 그는 윤증과 함께 젊은 서인들을 이끄는 중심인물이었고 그가 그렇게 송시열의 주장에 반박하고 나선 것은 더 이상 송시열과는 뜻을 같이 하지 않겠다는 뜻도 되는 것이다.

송시열의 의도는 분명 불순했다. 그는 예론으로 인해 자신이 효종을 부정했다는 말들을 고치고 싶어 했다. 효종의 세실을 주장한 것은 '악대설화' 를 공개한 것처럼 송시열 자신이 효종의 충성스러운 신하였음을 주장한 것과 같은 것이었고, 태조의 시호를 추가하자고 한 것 또한 왕실에 대한 자신의 충성을 확인받고자 하는 것과 다르지 않은 것이었다. 그러면서도 한편 김익훈과 김석주에게서 사람들의 관심을 떼어내고자 하는 의도도 가지고 있었다.

박세채와 젊은 서인들은 그런 의도를 뻔히 보이는 송시열에게 크게 실망할 수밖에 없었다.

태조의 시호 문제는 송시열이 주장한 '소의정륜(昭義正倫)' 이 아니라 '정의광덕(正義光德)' 을 덧붙이자는 김석주의 의견으로 대충 마무리될 수 있었지만 송시열과 박세채의 무리는 그럴 수 없었다.

> 훈귀(勳貴, 나라를 위하여 두드러지게 세운 공로가 있는 귀족)의 여러 신하가 하는 행동이 왕왕 사람들의 뜻을 만족시키지 못함이 많았으니, 나이 젊

은 후진이 스스로 깨끗한 언론이라고 칭하여 공격하고 배척하였으나, 음으로 다른 날 스스로 보전할 계책을 하여 송시열의 무리가 혹시 그 안의 좌우에 있지 않을까 의심하여 은밀한 곳에서 비방하여 말하였다.

-숙종 10년(1684년) 5월 13일

송시열 등의 노장파가 김석주와 김익훈 등 외척들의 힘을 인정하고 그들과 함께 갈 것을 결정함으로써 외척들은 허술한 무리수를 썼음에도 더욱 큰 권력을 갖게 되었다. 송시열은 아마도 김석주를 감싸면서 더 이상의 환국은 없을 거라고 여겼을지 모르지만 그는 틀렸다.

숙종은 영의정 김수흥, 이조판서 남용익, 호조판서 유상운 등 꽤 여럿의 신하들을 불러 모았다.

"국본을 정하지 못하여 민심이 매인 곳이 없으니, 오늘의 계책은 다른 데에 있지 않다. 만약 선뜻 결단하지 않고 머뭇거리며 관망만 하고, 감히 이의를 제기하는 자가 있다면, 벼슬을 바치고 물러가라."

-숙종 15년(1689년) 1월 10일

왕이 신하들을 불러놓고 한 말치고는 굉장히 과격하다. 신하들은 할 말을 잃었다. 국본을 정하지 못해 민심이 매인 곳이 없다니, 오늘의 계책이 다른 데에 있지 않다니 대체 이게 무슨 말일까?

"오늘 여러 신하에게 묻는 것은 바로 왕자의 명호를 정하려는 일이다."

숙종은 곧 자신이 하고 싶은 말이 무엇인지 직설적으로 얘기했다. "왕자의 명호를 정하려 한다"라고. 왕자의 명호란 왕자에게 '원자' 라는 이름을 주겠다라는 뜻이었다. 원자는 왕의 맏아들이라는 뜻이고 물론 태어난 왕자는 숙종의 맏아들이 맞다. 그러나 왕비가 아닌 후궁에게서 낳은 왕자이기에 숙종과 달리 원자라는 이름을 붙이는 별도의 절차가 필요했던 것이다.

왕의 맏아들이라는 이름을 '공식적' 으로 갖게 된다는 것에는 굉장히 큰 의미가 있다. 원자라는 이름을 받으면 세자가 되고, 세자가 되면 왕위에 오르는 것이 대개의 수순이기 때문인데 후궁의 아들이 세자가 되는 일도 어쩔 수 없이 정해지는 마당에 태어난 지 100일도 안 되서 원자라니 분명 지나친 일이었다.

> "중궁께서 춘추가 지금 한창이시고, 다른 날의 일을 알 수 없으니, 갑자기 이런 일을 의논하는 것은 어찌 너무 급하지 않겠습니까?
> ……오직 전하께서는 신중하게 하소서. 전하께서 신을 물러가라고 말씀하셨으니, 물러가기는 하겠습니다만 또한 말하지 않을 수가 없습니다."
>
> -숙종 15년(1689년) 1월 10일

이조판서 남용익의 말이었다. 중전의 나이가 한창이니 얼마든지 아이를 낳을 수 있는데, 지금 후궁의 아들로 후계를 삼겠다고 하는 얘기가 너무 급하지 않겠냐면서 남용익은 물러가라 하면 물러가겠지만 할 말은 하지 않을 수 없다고 말했다. 물론 이런 반대 의견만 있는 것은 아니었지만 신하들의 반응은 대체로 긍정적이라고 하기엔 거리가 멀었다.

왜 두어 달밖에 되지 않았는데 그렇게 서두르느냐, 뒤에 왕후가 아이를 낳으면 어쩌겠느냐 등등의 얘기들이 신하들의 입에서 나왔고 거듭 이것은 큰일이니 널리 묻고 의논해서 결정하라는 청을 했던 것이다. 그러나 숙종의 의사는 처음부터 끝까지 확고했다.

> "옛사람의 교훈에 이르기를, '불효에 세 가지가 있는데 자식이 없는 것이 가장 큰 불효이다' 고 하였다. 내 나이 거의 30이 되도록 아들이 없어 밤낮으로 근심하고 두려워하다가 이제야 비로소 왕자를 두었으니, 지금 내가 명호를 정하려는 것이 어찌 빠르다고 하겠느냐? 작년 5월에 내가 꿈속에서 어떤 사람을 만나, '내가 언제 아들을 낳겠느냐?' 고 물으니, 그 사람이 이르기를, '이미 잉태하고 계신데 남자입니다' 하였다. 내가 듣고서 스스로 기뻐하였는데 아들을 낳게 되어서는 내 마음에 믿는 바가 있게 되었다."
>
> –숙종 15년(1689년) 1월 10일

숙종은 나라의 형편이 외롭고 위태하여 후계를 빨리 정하지 않을 수 없다고 덧붙였다. 그러면서 세자 책봉은 다섯 살이 되기를 기다리는 게 마땅하지만 나라가 위태롭고 강한 나라가 이웃에 있으니 왕자의 명호를 정하는 것을 늦출 수 없다며, 결정적인 한마디로 자리를 정리했다.

"대계는 이미 정해졌다."

숙종은 닷새 후 1월 15일 왕자에게 원자의 이름을 주었다는 사실을 종묘·사직에 고했다. 선대왕들을 모신 종묘와 신을 모신 사직에 알렸으니 이제는 돌이킬 수 없었다.

"지난해 11월 초에 지금의 영의정 김수흥이 글을 급히 신에게 보내어 알리기를, '후궁에 왕자의 경사가 있다' 고 하였는데, 신이 쇠약하여 정신이 흐릿하고 귀가 어두운 가운데서도 저절로 기쁨에 넘쳐 입이 벌어졌는데, 오늘날에 이르러 저으기 듣건대, 여러 신하들 중에서 원자의 이름을 정하는 것이 너무 이르다는 말이 있다고 합니다.

대개 철종(哲宗, 중국 북송의 황제)은 열 살인데도, 신종이 병이 들자 비로소 책봉하여 태자로 삼았습니다. 이와 같이 천천히 한 것은, 제왕의 큰 행동은 항상 여유 있게 천천히 하는 것을 귀하게 여기기 때문입니다. 하물며 지금은 의심과 핍박의 염려가 있지도 않음이겠습니까?"

-숙종 15년(1689년) 2월 1일

2월 1일이었다.

숙종이 원자의 명호를 정했다고 종묘와 사직에 알린 지 보름 후, 송시열의 상소가 올라왔다. 상소가 올라왔을 때는 이미 날이 어두워 있었다. 그런데도 숙종은 승지와 홍문관 관원들에게 들어오라 명하고는 잔뜩 화가 난 목소리로 말했다.

"명호가 이미 정해졌으니, 임금과 신하의 분수에 맞는 도리를 다시 논하는 것은 부당하거늘, 송시열이 이 일을 상소에서 말하기를, 오늘날의 일을 너무 이르다고 하였다. 하지만 대명 황제는 황자를 낳은 지 넉 달 만에 봉호한 일이 있었는데, 송시열이 이와 같이 말한 것은 무슨 뜻이냐?"

-숙종 15년(1689년) 2월 1일

신하들은 말하지 못하고 서로 눈치를 보다가, 입을 모아 오늘날의 일을 너무 이르다고 할 수 없다고 말했다. 그러나 숙종의 화는 사그라들지 않았다. 일이 이미 정해졌는데도 말하는 것은 반드시 무슨 뜻이 있는 것이라며 숙종은 신하들을 다그쳤다.

송시열의 말이 옳은 것 같으냐? 너희들도 그렇게 생각하느냐?

신하들은 송시열이 부당했고, 망발을 했다며 숙종의 생각에 동의하는 말들을 뱉어주었지만 '송시열'이라는 사람에 대해서는 각기 조금씩 다른 반응을 보였다. 아무래도 서인 혹은 남인, 각자의 위치를 생각하지 않을 수 없었기 때문일 텐데 누군가는 송시열은 예우하던 신하이니 타이르면 될 것이라고 하고 또 어떤이는 송시열이 붕당을 나누어 서로 헐뜯고 배척했다며 그를 비난했다.

그러나 숙종은 신하들과 의견을 교환할 생각 같은 건 애초에 없었다. 이미 그에게는 송시열을 어떻게 처리할지에 대한 계획이 세워진 상태였다. 숙종은 송시열이 원자 명호를 정한 것에 불만이 있는 것이라며 송시열을 두둔한 신하들을 그 자리에서 파직시켰다.

> "송시열은 산림의 영수로서 나라의 형세가 고단하고 약하여 인심이 물결처럼 험난한 때에 감히 송의 철종을 끌어대어 오늘날의 정호를 너무 이르다고 하였으니, 이런 것을 그대로 두면 임금을 무시하는 무리들이 장차 연달아 일어날 것이니, 마땅히 멀리 귀양을 보내야 할 것이지만 관대한 은혜를 베풀어 삭탈관작하고 성문 밖으로 내치게 한다."
>
> -숙종 15년(1689년) 2월 1일

송시열을 두둔한 신하들의 파직과 함께 사건의 '주인공' 송시열의 삭탈관작을 명하면서 숙종은 단호하게 덧붙였다.

"반드시 송시열을 구원하는 자가 있겠지만, 비록 대신이라 하더라도 용서하지 않을 것이다."

기사환국(己巳換局)의 시작이었다.

송시열을 내쫓으라는 명을 내린 후 다음 날, 숙종은 더 망설이지 않고 원자의 할아버지인 장형과 그 아버지, 할아버지 등에게 영의정과 좌의정 등의 관직을 주었다. 그리고 더불어 남인 목내선, 김덕원 등을 좌 · 우의정에 임명한다.

그리고 마침내, 관대한 은혜를 베풀겠다던 이전의 말과 달리 송시열을 귀양 보내라는 명을 내린다.

'송시열은 같은 당 사람들을 내세우고 도리에 어긋나는 의논을 주창하였는데, 무릇 자기와 의견이 다른 자는, 죽이지 않으면 반드시 귀양을 보내고 조정에 나오지 못하게 하고야 말더니, 오늘날에 이르러서는 원자의 정호는 진실로 마음속에 음흉하고 간특한 꾀를 품고 있는자가 아니면 다른 말이 없어야 마땅한데도, 방자하게도 상소하여 인심을 미혹되고 어지럽게 했으니, 청컨대 극변에 위리안치하소서' 라는 남인 신하들의 청을 기꺼이 받아들인 결과였다.

"윤휴는 경학을 깊이 속속들이 깊이 연구한 선비로서 대대로 나라의 은혜를 입어 지위가 재상에 올랐으나, 오직 당대의 시급한 일에 익숙하지 못하여 논의가 소활하였지만, 국가를 근심하고 인군을 사랑하는 뜨거운 정성은 진실로 내가 아는 바이다. 불행하게도 경신년(1680년)에 간사한 무리가 송시열을 위하여 보복하려고 그 죄를 나열하며 터무니없이 무함하지 않음이 없었다. ……세월이 여러 해가 지났는데도, 아직도 명백히 하지 못하였으니 이는 나의 본마음이 아니다."

–숙종 15년(1689년) 3월 5일

이전에 경신환국(庚申換局)으로 송시열을 불러들였던 것처럼 숙종은 이번에도 똑같이 한다.

윤휴를 가리켜 간사한 무리가 송시열을 위하여 보복하려고 윤휴를 무함했다는 것이다. 숙종은 윤휴의 복관을 명하고 제사를 지내주게 했다.

"송시열은 양신(이이와 성혼)의 남은 논의를 주워 모아서 사람을 죽이고 나라를 병들게 하였으며, 윤증을 배척하는 데 힘을 쏟아 다시 남은 여유가 없어, 거의 사람으로서 지켜야 할 도리를 끊어 버리고 나라가 제대로 되지 못함을 면치 못하였다."

–숙종 15년(1689년) 3월 15일

'사람을 죽이고 나라를 병들게 하였다.'

숙종은 이전까지만 해도 송시열이 아닌 윤증이 잘못했다는 입장이었다. 어찌 스승에게 그럴 수 있느냐 하는 것이 그가 취했던 태도였는데 송시열을 배척하고자 마음을 먹자 숙종은 순식간에 태도를 바꾸었다.

송시열은 2월 8일 제주도로 떠나서 한 달여 후인 3월 6일에 제주도에 위리안치되었고 서인들 역시 언제나 송시열을 따라 물이 흐르듯 움직였던 것처럼 조정을 떠나기 시작했다. 제주도로 유배를 갔던 송시열이 기어이 사약을 받았고, 1년에 걸쳐 전현직 관리 등 처벌을 받은 서인이 백여 명 이상이었다.

숙종 재위 46년을 딱 둘로 나눠야 한다면 나는 그것을 김석주의 죽음 전과 후로 나눌 것이다. 1684년에 김석주가 죽었을 때 숙종은 스물네 살이었다. 열네 살부터 꼭 십 년을 김석주와 함께 했던 것이다.

그 십 년을 편의상 김석주와의 파트너십이라 말할 수도 있겠지만 그보다는 숙종이 배우는 입장이었다고 보는 게 맞을 것이다. 김석주가 있었던 시절의 환국과 그가 죽은 후의 환국이 비슷하게 보이는 것은 아마 그 때문일 텐데, 숙종 역시 김석주처럼 온전히 '독립적' 인 모습을 보인다.

숙종이 김석주에게 배운 것은 그런 것이 아니었을까. 아무도 믿어선 안 되고 정치나 권력에서 의리란 없으며 내가 강하지 않으면 당한다는 사실 같은 것 말이다. 앞서 보았듯 숙종은 그렇지 않아도 송시열에 대한 감정이 좋지 않았다.

송시열은 다른 모든 이를 가르쳐야만 한다는 생각에 사로잡혀 있던 사람이었다. 그에게 옳은 것은 주자와 자기 자신뿐이었는데, 그러한 생각은 나이가 먹을수록 더해져만 갔고 왕도 그에게 예외는 아니었다. 그는 나라의 스승이었다. 적어도 그와 서인들은 그렇게 믿었다.

숙종은 송시열뿐만 아니라 당시 노론 · 소론으로 나뉘어 싸움을 하고 자신을 감시하고 주의깊게 살피는 인현왕후와 영빈 김씨 등에게 충분히 질린 상태에 있었다.

숙종이 언급한 송시열의 죄 중에는 그와 윤증의 관계, 회니시비에 대한 것도 있었다. 숙종은 그것을 죄라 말하고 있었고, 나라의 큰 스승이라 불리는 송시열이 스승답게 제자들을 끌어안지 못했으니 분명 죄였다.

숙종은 장씨의 아들에게 원자의 이름을 주겠다고 선언하며 자신의 강한 의지를 보여주었다. 신하들도 눈치가 있다면 어느 정도는 꺾이고 넘어갔어야 했고 실제로 그러했지만 송시열이 기름을 부었다. 그는 자신이 꺾여야 할 필요를 느끼지도 못했고, 숙종은 이미 쌓일 만큼 쌓인 불만에 더해 자신의 눈치도 보지 않는 송시열에게 절망했다.

'죽이지 않으면 어렵겠다' 라는 생각과 서인들이 송시열을 어떤 존재로 생각하는지 모르지 않았던 숙종이기에 송시열을 본보기로 삼을 수 있다는 생각도 하지 않았을까. 사실 숙종에게는 노론이 더 낫다든가 소론이 더 낫다든가 하는 생각까지는 없었던 듯하다.

그건 중요하지 않았다. 나라는 강력한 왕권으로 이끌어 나가면 되는 것이고 중요한 건 그 왕권에 도전하는 무리를 물리치는 일이었으니까.

숙종은 어느 한쪽을 물리쳐 그들과 함께 해야겠다는 생각을 한 것이 아니라 도전자를 물리치는 데에 그 목적을 두고 있었다. 숙종이 지키고 싶은 것은 왕실과 왕권뿐이었고, 이미 장씨가 그 안에 들어와 있으니 숙종은 장씨의 문제를 모두 자신의 것으로 인식했을 뿐이었다.

오랫동안 눈엣가시였던 송시열을 제거해야 할 때라는 것을 깨닫게 된 것은 누가 더 나은가라는 생각이 아니라 누가 위험한가를 따지다 보니 나오게 된 결과였던 것이다.

송시열은 대단한 인물이었다. 인조, 효종, 현종대까지 언제나 왕권보다 우위에 있었고 도저히 왕이 손댈 수 없었던 존재처럼 보였던 그였다.

그러나 결국 그는 왕에 의해 죽임을 당했다. 세상은 변하고 있었지만 그는 여전히 바뀐 세상에 적응하거나 굽혀야 할 필요를 몰랐기 때문이다.

자신의 세력인 서인을 위해서는 젊은이들의 비난까지 감수해가며 외척을 감싸 안을 정도로 고개를 숙였지만 숙종이 진정 어떤 사람인지 그는 알지 못했고 알려고도 하지 않았다.

숙종이 가장 중요했고 가장 자신의 적수에 적당한 사람이었는데도 그는 그걸 몰랐다. 숙종이 바로 바뀐 세상이었으며, 굽혀야 할 상대였는데 송시열은 바로 그걸 알지 못했던 것이다.

1. 숙빈 최씨, 무수리 혹은 궁녀

2. 숙종, 왕권을 위해 장희빈을 이용하다

3. 갑술환국, 서인 조정으로 돌아오다

4. 숙빈 최씨의 적, 장희빈 죽다

5. 가장 정치적인 여자, 숙빈 최씨

제6장

숙빈 최씨, 다른 사람

하늘이 특이한 자품을 길러
정숙하고 신령스러웠네.
착실하고 깊으신 덕은
어린 시절부터 이루어진 것이지.
일찍이 임금의 은총을 입어
순종으로써 공경히 받들었다네.
마음속에 성실함이 쌓이었으니
궁궐의 법도에 흡족하였네.
이에 상서로운 복을 지녀서
우리 임금님을 낳으셨다네.
점괘가 제왕의 지위에 맞으시니
하늘이 우리나라를 도운 것이지.
크게 이으시고 드러내시니
복은 끝없이 영원하여라.
착함과 경사의 지조이리니
그 이치가 밝게 드러나리라.
저 울창한 높은 언덕에는
우뚝한 비석 서 있도다.
머리 조아리고 명을 지어
길이길이 후세에 알리노라.

–박필성(朴弼成), 숙빈최씨신도비문

'이에 상서로운 복을 지녀서 우리 임금님을 낳으셨다네.'

왕의 승은을 입은 여자들은 많다. 그러나 아들을 낳고 그 아들이 왕이 되는 일은 쉽지 않다. 말 그대로 '상서로운 복' 을 지니지 않고서는 불가능한 일이 숙빈 최씨에게 닥친 것이다.

그런 엄청난 일이 그저 복이 있어서, 운이 있어서 가능한 일이었을까?

그 운의 정체를, 왜 그 운이 다른 이도 아닌 숙빈 최씨를 따를 수밖에 없었는지 몹시 궁금하다.

1. 숙빈 최씨, 무수리 혹은 궁녀

최씨를 숙원으로 삼도록 명하였다.

–숙종 19년(1693년) 4월 26일

최씨를 숙원으로 삼는다는 기사를 처음으로 숙빈 최씨의 존재가 수면 위로 올라왔다.

숙빈의 성은 최씨이고 그 선대는 해주 사람으로 현의광륜예성열렬(顯義光倫睿聖英烈) 주상전하(숙종)의 후궁이다.
계유년(1693년)에 처음으로 숙원에 봉해졌다가 숙의와 귀인을 거쳐 기묘년(1699년)에 숙빈으로 승급되었으니 여관(女官) 중에서 가장 높은 품계이다.
숙빈께서는 모두 세 왕자를 낳았는데 첫째와 셋째는 태어나자마자 요절하였다.
둘째의 이름(御諱)은 연잉군에 봉해졌고 종친부를 주관하였다.
사옹원과 종부시의 도제조를 겸하였고, 오위도총부 도총관을 겸하였다.
군수 서종제의 딸을 맞이하였다.

숙빈께서 궁중에서 병세가 위중해지자 임금께서는 장동(將洞) 사제로 나아가 요양하도록 명하셨다.

그러나 의약이 아무런 효과를 거두지 못하여 연세가 마흔 아홉이었을 때, 무술년(1718년) 3월 9일 돌아가셨으니 금상(今上) 44년이었다. 5월 12일 양주 고령동 옹장리 묘향 언덕에 예식을 갖추어 장사지냈다.

-숙빈최씨묘표

최씨가 사망할 당시 세워졌던 묘의 표석에는 그녀가 해주 사람이고 마흔아홉에 죽었다는 정보가 들어 있다. 그리고 이후 영조대에 세워진 그녀의 신도비에 따르면 그녀의 정확한 생년월일은 1670년 11월 6일이다. 숙원으로 책봉되었을 때 그녀는 스물네 살이었던 것이다.

신도비에는 아버지 최효원은 행 충무위 부사과의 직에 있었고 어머니 홍씨는 통정대부 홍계남의 딸이었다고 기록되어 있다. 거기에 증조부 최말점은 통정대부의 품계, 조부 최태일은 학생(유생)이었다는 것도 덧붙여져 있는데, 현재 서울시 은평구 진관외동에 최효원의 묘가 보존되어 있어서 더 많은 정보를 주고 있다.

최효원의 묘표에는 그가 35세인 1673년에 사망했고 다음해에 어머니 홍씨도 세상을 떠났다고 되어 있다. 최효원은 1남 2녀를 두었는데 아들 만호(萬戶) 최후가 있고 숙빈 최씨는 둘째 딸이라고 적혀 있다.

그러니 최씨는 4살 무렵에 아버지를, 이어서 5살에는 어머니마저 잃은 것인데 신도비에는 그녀가 1676년에 뽑혀서 궁중에 들어왔다고 한다. 그녀의 나이 7살 때였던 것이다.

소령원과 소령원비 경기 파주시 광탄면 영장리에 있는 영조의 생모인 숙빈 최씨의 묘소인 소령원과 소령원비의 모습. 영조는 즉위하자마자 최씨의 신도비를 세웠다. ⓒ김정인

묘표나 신도비를 보면 최씨의 신분은 비교적 명확해 보인다. 아버지가 무관의 자리의 있었고, 할아버지가 학생(유생)이었다고 하면 적어도 양인, 혹은 중인의 신분이라고도 할 수 있다는 것이다.

그런데 최씨는 일곱 살에 궁녀로 들어갔다는 기록을 남기고 있고 무수리였다는 진지한 '소문들' 까지 달고 있는 사람이다.

> 내수사에 명하여 양가의 딸을 뽑아 들여 궁녀로 삼게 하였다. 이에 내수사 사람이 여러 날 동안 민간에서 찾아 마지않으니, 동네가 소요스럽게 되면서 10세 이상인 자들은 다투어 시집가서 피하였다. 국법으로는 궁인을 으레 각사의 종에서 뽑는데, 이제 도리어 양민을 침범하고 환시를 시켜 맡게 하니, 듣는 자들이 속으로 개탄하였다.
>
> -효종 4년(1653년) 9월 24일

> "궁녀를 선택하는 일은 마침 진달하려고 하였는데 대신이 이미 말하였습니다. 옛 규정은 각사의 종으로 뽑아 들였는데 지금은 양가의 여자를 선택하였다 하니, 지금부터는 형조에서 법전에 의하여 종을 선택하게 하고 별감과 궁중의 계집종들이 사사로이 나가서 강제로 선택하는 것은 일체 금단하소서."
>
> -현종개수 5년(1664년) 10월 23일

> 액정의 종들이 '조만간에 양가(良家)의 딸들을 뽑아 궁중으로 들여오게 될 것이라' 고 말을 했었기 때문에, 항간의 여염에서 크게 겁을 내어 더러

는 뇌물을 바치고 모면하려고 하는 폐단이 없지 않았었다.

-영조 3년(1727년) 윤3월 23일

이 기사들이 말해주는 공통된 사실은 한 가지다. 궁녀들은 나라의 노비들 중에서 충당한다는 것. 무수리가 궁의 '종'이었듯 궁녀 역시 그랬다는 것이다. 그래서 최씨의 신분은 노비였을까?

그러나 위 기록들은 궁녀들이 노비였다는 것도 말해 주지만 양가의 딸들을 궁녀로 뽑기도 했다는 사실도 알려 준다. 그래서 최씨의 신분이 더욱더 헷갈린다. 그녀의 신도비도, 그녀의 아버지 최효원의 묘표도 모두 나중에 세워진 것이기에 그녀의 신분에 대해 그리 솔직할 것이라 보여지지 않기 때문이다.

희빈이나 숙빈은 모두 숙종 당대에 빈의 자리에 올랐던 사람이다. 그러나 당시 두 사람에 대해 공개되었던 정보의 양은 무척이나 대조된다. 희빈 장씨의 경우는 그의 아버지와 할아버지, 어머니 윤씨에 그녀의 오빠인 장희재의 존재까지 숙종실록에 또렷이 드러나 있지만 최씨의 경우 그렇지가 못하다. 아버지의 이름이 최효원이고 '최후' 라는 이름을 가진 동기가 있다는 기록은 영조대에 와서야 보이고 있는데, 최후가 최씨의 오빠인지, 동생인지도 알 수가 없다.

"나는 선왕(숙종)의 측실(후궁)의 아들로서 외람되이 감히 감당할 수 없는 자리를 더럽히고 있는데, 외가가 한미하여 친족 가운데 태복시(太僕寺)에서 역에 복무하다가 그 일신을 마친 사람이 있으니, 내가 외가를 대우한 것이 너무 야박했다고 할 수 있다."

-영조 10년(1734년) 2월 18일

영조가 왕위에 올라 10년이 흘렀을 때 자신의 외가에 대해 한 얘기가 기록에 남아 있다. 외가의 친족 가운데 궁중의 수레와 말을 관리하는 일을 하는 태복시에서 일하다가 죽은 사람이 있다는 내용이다.

이렇듯 알려진 게 없어서일까. 최씨는 빈의 자리에까지 오른 사람치고 불확실한 야사를 많이 가진 사람이다. 그녀가 전라도 정읍 출신이고 인현왕후의 아버지 민유중이 영광군수로 부임할 때 발견한 고아소녀였다는 일화가 그 중 하나인데, 1930년 장봉선이 편찬한 《정읍군지》에 숙빈 최씨 관련 설화가 처음 등장한다.

이 설화에 따르면 민유중이 1675년 영광군수로 발령을 받고 가족들과 함께 내려가다가 태인면 대각교에서 쉬게 되었고, 이때 남루한 차림의 최씨를 발견했다는 것이다. 민유중은 그런 최씨를 거두어 키웠는데, 서울로 발령을 받고

창덕궁 연경당 순조28년(1828년)에 효명세자가 사대부 집을 모방하여 궁궐 안에 지은 집. 다른 건물과 달리 단청이 없는 소박한 건물로 궁에서의 숙빈 최씨와 같이 너무 평범해서 독특한 모습이 있다.

1681년 딸이 왕비가 되자 최씨도 입궐하게 되었다는 것이다.

그러나 설화는 그저 설화이기에 터무니없게까지 느껴지는 허점이 있다. 군수라면 종사품의 자리, 낮은 관직은 아니지만 1675년이면 민유중이 이미 종사품을 넘어서는 관직을 맡을 때이다. 게다가 유력한 가문에 서인의 중심인물 중 하나인 민유중 같은 사람이 외직으로 발령받는 일은 거의 없다. 설화는 마치 민유중의 집과 인현왕후를 여느 평범하고 소박한 가문이며 사람들인 양 표현하지만 인현왕후의 가문은 소위 재력과 권세가 합쳐진 가문이었다. 요즘으로 치자면 아주 예전부터 이어온 재력가 집안에, 국회의원을 지내면서 장관도 몇 번 맡았던 그런 사정이 6대쯤 이어온 집안이라고 하면 좀 비슷할까.

그런 집안에서는 외직을 맡지도 않고, 그것도 아내와 딸까지 데리고 먼 지방까지 가는 일은 하지 않는다. 설사 외직을 발령 받았다 하더라도 이 핑계 저 핑계대서 내려가지 않다가 사직을 해서 더 좋은 관직을 기다리는 것이 그들의 방식이다.

게다가 인현왕후가 입궁할 때 최씨를 데리고 갔다면 최씨의 나이가 열 살이 넘어서게 되니 그것 또한 일곱 살에 입궁했다는 신도비와 맞지 않는다.

정읍시에서는 최씨와 민씨 가족이 만났다던 대각교 하류에 '숙빈 최씨 만남의 광장'을 완성했다고 하는데, 전라남도 담양군에서도 최씨에 대한 얘기가 전해진다고 하니 아마도 그런 사실들이 보여주는 것은 숙빈 최씨의 출신이 정확히 알려진 적이 없다는 또 하나의 반증일 것이다.

> 선대왕(숙종)께서는 하루는 밤이 깊은 후에 궁위의 안을 지팡이를 짚고 두루 돌아다니며 나인의 방을 일일이 지나치는데, 오직 한 나인의 방에

등빛이 빛나고 있었다.

밖에서 몰래 엿보니, 성찬을 차려놓고 상 아래에서 한 나인이 손을 모으고 무릎을 꿇고 있었다. 선대왕이 그것을 매우 이상하게 여겨 그 문을 열고서 그 까닭을 물어보니 나인이 부복하고 아뢰기를, "소녀는 곧 중전마마의 시녀인데, 지나치게 총애를 받았습니다. 내일이 중전마마의 탄신일인데도 서궁에 유폐되신 처지라서, 수라를 받지 않은 것으로 자처하실 텐데, 조석으로 받들어 모시는 것이 단지 거친 음식뿐이니, 내일 탄신일에 누가 찬수를 올리겠습니까? 소녀는 정리가 슬픈 것을 이기지 못하여, 이에 중전이 좋아하는 것으로 설치하였으나, 전혀 바칠 길이 없었습니다. 그러므로 진현할 양식을 차려 소녀의 방에 진설하여, 정성을 표현하고자 하였습니다"라고 하였다.

선대왕께서 비로소 생각해 보니, 내일이 정말로 중전의 탄신일이었다. 곧 감동하여 깨우친 마음이 있어서 그 정성스러운 뜻을 가상히 여겨, 마침내 그를 가까이하였다. 이로부터 태기가 있었다.

– 이문정(李聞政), 《수문록(隨聞錄)》

이문정의 《수문록(隨聞錄)》은 경종의 재위기간에 있었던 일을 '들은 대로' 기록한 책이다. '수문(隨聞)'이 바로 들은 대로 썼다는 뜻인데, 이 책에 숙빈 최씨와 숙종의 첫 만남이 쓰여 있는 것이다. 그들의 첫 만남은 로맨틱하다. 전에 모시던 상전에 대한 충성심을 간직하고 있는 착한 나인과 그런 나인에 의해 감동을 받고 깨우친 남자의 만남인데다가 그들의 신분이 하늘과 땅이니 그렇게 느껴질 수밖에.

그러나 《수문록》은 숙종과 최씨의 만남이 이루어진 후 20년 세월을 훌쩍 넘긴 때에 쓰여진 책이다. 그리고 이 책에는 최씨의 이야기뿐 아니라 장희빈에 대한 이야기도 있는데, 특히 장희빈이 사약을 받는 중에 세자를 보겠다고 하더니 세자의 성기를 잡아서 그를 성불구자로 만들었다는 이야기가 유명하다.

《수문록》은 서인의 쪽에 치우쳐서 쓰여진 기록이다. 최씨나 인현왕후에 대해서는 우호적이고 장희빈에게는 더없이 가혹한.

설화나 《수문록》 같은 야사는 아마도 인현왕후와의 인연, 최씨가 인현왕후에게 가진 충성심을 부각시키기 위한 작업 중 하나일 수도 있고 최씨같이 천하고 알려지지 않은 여자가 어떻게 빈의 자리에 올랐고 왕의 어머니까지 되었을까 라는 궁금증이 낳은 상상의 결과물일 수도 있다.

영조는 어머니 당신이 궁녀였다고 말했다고 증언하기도 하지만 무수리라는

종친부 건물 종친부는 조선시대 왕의 족보와 영정을 받들고 왕의 친척인 왕가 · 종실 · 제군의 계급과 벼슬의 인사 문제와 이들 간의 다툼 등에 관한 문제를 의논하고 처리하던 관아였다. 옛 경기고등학교 자리인 정독도서관 관내에 위치하고 있으며 종친부 옆에 의빈의 인사 문제를 관장하는 의빈부가 있었다. ⓒ김미애

말이 괜히 나온 것도 아닐 것이다. 영조가 평생 신분 콤플렉스에 시달렸던 만큼 무수리라는 말은 분명 신빙성이 있기 때문이다.

출신에 대한 여러 분분한 이견을 갖고 있는 그녀가 언제부터 숙종의 사랑을 받기 시작했는지도 정확히 알 수는 없다. 스물네 살에 숙원이 되어 실록에 처음 이름을 올린 때와 승은을 입은 시점이 꼭 맞아떨어지는 건 아니기 때문이다. 앞서 10년을 상궁으로 있다가 임신을 해서 후궁의 지위에 오른 명빈 박씨의 경우도 있으니 최씨의 경우도 그럴 수 있는 것이다.

그러나 어쨌든, 출신이나 과거를 일단 접어두고 보면 최씨의 시작은 장씨와 비슷했다. 조금 다른 점이 있다면 최씨는 장씨와 달리 숙종의 사랑만으로 후궁에 오른 것은 아니라는 점이다.

그녀는 숙원에 오른 뒤 6개월 만에 아들을 낳았다. 그러니까 그녀가 후궁이 된 것은 사랑 때문이 아니라 임신을 했기 때문이었고, 그녀의 운은 사실 승은을 입은 것이 아니라 임신을 한 이후부터였다고 보는 게 맞을 것이다.

2. 숙종, 왕권을 위해 장희빈을 이용하다

"의빈(儀賓, 부마와 같이 왕족의 신분이 아니면서 왕족과 혼인한 사람을 통틀어 이름)들이 조정의 일에 참여할 수 없게 한 것은 생각건대 우연한 일이 아닌데, 근래에 이 법이 해이해지는 조짐이 없지 않다. 시험 삼아 한 가지 일로써 말한다면, 지난날 해창위 오태주가 금창 부위의 일로 사정을 말하여 청한 것이 있었는데 일이 합당한지의 여부를 물론하고 이러한 길이 한번 열리면 앞으로의 폐단에 관계가 있으니, 소의 내용과 관련된 일은 시행하지 말라고 해당관청에 분부하라."

이때 여러 공주들은 다 장씨에게 아부하지 않았기 때문에, 오태주가 이러한 엄한 교지를 만나게 된 것은 아마도 반드시 여기에 말미암았을 것이라 한다.

—숙종 12년(1686년) 12월 14일

1686년이었다. 숙종은 해창위 오태주가 금창 부위 박태정에 대해서 말한 것에 대해 의빈들이 조정에 참여할 수 없게 한 법이 해이해졌다며 염려를 드러냈다.

오태주는 현종의 딸인 명안공주의 남편이고 박태정은 소현세자의 사위다. 숙종의 말처럼 부마의 위치에 있는 사람이 나랏일에 대해 이러쿵저러쿵하는 것은 조선에서 금지된 일이니 그의 염려와 지적이 지나친 것은 아니다. 그러나 진짜 중요한 부분은 숙종의 명 아래에 덧붙여진 사관의 말이다.

여러 공주들이 장씨에게 아부하지 않았기 때문에 오태주가 엄한 교지를 만나게 되었을 거라는 말. 오태주는 바로 인현왕후 폐출 당시 상소를 올려 유배 중 사망했던 오두인의 아들이다. 서인의 가문이라는 것이다. 그리고 여러 공주들은 숙안공주, 숙명공주 등을 뜻하는데 명안공주 또한 숙종의 동생이긴 했지만 '그 공주들'에 포함될 수 있었다.

공주들이 궁녀에서 후궁이 된 장씨에게 호의적인 태도를 보이지 않는 것은 어쩌면 당연했다. 그리고 공주들이 서인의 가문으로 출가를 했으니 더더욱 그랬을 것이다. 그러나 숙종이 단지 공주들이 장씨에게 호의적이지 않다는 것 때문에 그들에게 불쾌한 감정을 갖게 된 것만은 아니다.

> 김수항이 죄를 입게 된 것이 비록 정승을 정할 때의 일 때문이기는 했지만, 혹자는 그의 아들 김창협이 일찍이 한 차례 상소를 올려 후궁을 지적하여 배척하면서 말을 매우 절박하게 했었기에, 임금의 마음에 불평스러워 그의 아비에게 화풀이하게 된 것이라면서 또한 몰래 논의하는 자가 많았었다. 이때에 이르러 김만중이 아뢰기를,
> "요사이 전하께서 김수항과 이단하에 대한 대우가 그전보다 크게 달라지셨는데, 김수항에 대해서는 외부 사람들 모두의 말이 '김창협의 상소 때문이다' 라고 합니다. 어찌 전하께서 그의 아들이 한 일 때문에 그의 아비에게 화풀이를 하시겠습니까? 이는 김수항의 죄명이 분명하지 않기 때문에 이런 의심을 가지는 말이 외간에 마구 퍼지게 되는 것이 아닐 수 없습니다. 지금 전하께서도 신료들에게 마치 의심이 쌓여 풀리지 않으시는 것 같은데, 그렇다면 아래에서도 성상께 의심이 없을 수 없게 되는 것은 또한 당연한 일입니다.……바라건대, 전하께서는 반성하시면서 더욱 수신하고 제가하는 도리를 닦으소서."
>
> –숙종 13년(1687년) 9월 11일

〈사씨남정기〉를 써서 인현왕후의 복귀에 큰 힘을 실어 주었던 김만중이 숙종에게 한 말이었다. 그는 김창협이 장씨를 배척하는 말을 했기 때문에 그 아버지 김수항에게 화풀이를 한 것이라는 말을 시작으로, 얼마 전 조사석이 우의정이 된 것은 장씨의 집과 친밀해서 연줄을 댄 것이고, 이런 말을 온 나라 사람

들이 하고 있다고까지 말했다.

"유독 전하께서만 듣지 못하신 것입니다."

다른 사람은 다 아는데 왕만 모른다는 말, 숙종은 당연히 크게 화를 냈다.

> "나와 같이 재주도 없고 덕도 박한 사람이 임금의 자리에 있으면서 이러한 말을 듣게 되니 진실로 신하들을 대할 면목이 없다. 김창협이 한 일은 비록 해괴하기는 했지만 어찌 죄를 그의 아비에게 옮길 리가 있겠는가? 이단하는 정승의 직책에 합당하지 못함을 내가 본래 알고 있었거니와, 속담에 '차례로 하는 대간이다' 라는 말이 있듯이, 또한 어찌 차례로 하는 대신인들 없겠느냐? 조사석을 이미 연줄을 대어 정승이 되었다고 했으니, 광해군 때에 값을 바치고 벼슬을 얻게 된 일과 같은 것인데, 금을 받은 것이라 여기느냐, 은을 받은 것이라 여기느냐? 분명히 말의 근거를 대라. 결코 그만두지 않겠다."
>
> -숙종 13년(1687년) 9월 11일

김만중은 의금부에서 명을 기다리겠다고 말했고 숙종은 김만중을 문초하겠다는 명을 내렸다. 그런데 주위의 여러 신하들이 명을 거두어 달라며 말렸고 승정원에서는 대간(臺諫, 간언을 맡아보던 관리를 이름)이 이미 도로 거두도록 말한 것을 들어 명령서를 받들 수 없다고 했다.

"단지 대각(臺閣, 사헌부와 사간원을 통틀어 이르던 말)이 있는 것만 알고 임금이 있음은 알지 못한다."

"신하들이 임금 보기를 일개 시종하는 신하만도 못하게 여기었다."

숙종은 분노하며 신하들이 임금을 업신여긴다고 치를 떨었다. 할아버지와 아버지가 약한 왕권 때문에 신하들에게 무시당했던 전철을 밟지 않으려고 언제나 애쓰던 그였기에 분노를 잠재우는 것은 도저히 가능하지 않았다.

"내가 오늘날 개탄하며 통곡하게 된 일이 있다. 이번에 정승을 더 정하게 할 때 여러 공주들이 마침 들어왔었는데, 숙명공주가 묻기를, '어느 사람으로 삼았습니까?' 하기에, 내가 말하기를, '조사석으로 삼았습니다' 하니, 숙명공주가 '그 사람이 재주 있다는 것은 듣지 못했습니다' 하고, 숙안공주는 말하기를, '조사석이 좋은 명정(銘旌, 장례 때에 죽은 사람의 품계 등을 기록하여 관 앞에 세우는 기) 감을 얻게 되었습니다' 라고 했었다. 조정 신하의 현명한 여부를 어찌 공주들이 상관하여 그들이 말을 이렇게 하는지 내가 진실로 한심스러웠다.

민유중이 죽었을 때에는 여러 공주들이 으레 내전(인현왕후)께 위문하는 것이기에 궁인들이 사사롭게 서로 알려 들어오게 한 것인데, 숙명공주가 바로 앞에 다가와 높은 음성으로 말하기를, '전하께서는 들어오라는 명이 없었는데 상궁이 사람을 시켜 들어오라고 했기에 감히 왔습니다' 하며 언사와 기색이 이상했고, 얼굴과 목이 붉어졌었다.

그전부터 조정의 벼슬아치가 내관과 결탁하고, 궁인들이 궁가(宮家, 대군 · 공주 등 왕족이 사는 집)와 내통하는 것은 모두 통렬하게 금하는 법이기에 지난해에 비망기에다 언급했던 것이고 다른 뜻이 있었던 것이 아니었다. 그런데도 여러 공주들이 이로부터 의심을 품고 전과 크게 달라지므로 내가 마음을 썩여온 지 이미 오래인데, 임금을 모함하고 욕했으니,

어찌 앙화가 없을 일이겠는가?"

–숙종 13년(1687년) 9월 13일

김만중의 상소를 받은 지 이틀 후 여러 신하들이 있는 자리에서 숙종은 대놓고 공주들에 대한 불만을 늘어놓았다. 우의정으로 임명한 조사석에 대해 탐탁하지 않게 말을 했으며 인현왕후를 위문하러 오면서 자신에게 기분 나쁜 기색을 보였다는 것이다.

숙종은 이들이 임금을 모함하고 욕했다 했고 이 기록에서 사관은 이렇게 말한다.

"이번에 김만중의 일로 인해 갑자기 이런 분부를 내리게 된 것은 대개 공주가 장귀인(장씨)이 자전(명성왕후)의 상이 막 끝나자마자 즉각 도로 들어와 총애를 독차지함을 근심하여 여러 차례 불평하는 말을 하게 되었었다. 장씨는 요망한 여인이라 이미 깊이 감정을 가지게 되었었고, 공주의 집이 또한 동평군 이항의 집과 불화가 있었기 때문에, 임금이 김만중을 노여워함을 기회로 '그가 한 말의 근거는 두 공주에게서 나온 것입니다' 라고 틈을 타 참소하고 헐뜯으므로, 임금이 그의 말을 받아들여 이런 분부가 있게 된 것이다."

"궁인 가을헌과 전 궁인 귀례 등은 사사로운 당을 맺어 안팎으로 화답하여 응하면서 금령을 함부로 어기고 국법을 두려워하지 않았으며, 궁가와 체결하여 없는 것을 가리켜 있다고 하는 등 행동과 처사가 매우 음침하고 참혹하였다. 귀례는 이 일 때문에 세 차례나 편배(編配, 귀양 보낼 사람의 이름을 적어 넣던 일)귀양되었으나, 패악한 마음을 고치지 않고 더욱 방자한 습관대로 굴었다. 아울러 감사 정배(定配, 죽을죄를 지은 죄인을 처형하지 아니하고, 장소를 지정하여 귀양을 보내던 일)하고, 즉일로 보내라."

-숙종 14년(1688년) 8월 25일

'사사로운 당을 맺어 안팎으로 화답하여 응하면서 금령을 함부로 어기고 국법을 두려워하지 않았으며, 궁가와 체결하여 없는 것을 가리켜 있다고 하는 등' 궁녀들이 저질렀다 하기에는 참 과하다 여겨지는 죄목들이다. 당시 공주들에 대한 숙종의 불만과 이후 김춘택의 인현왕후 복위사건은 비슷하게 보이는 부분이 여간 많은 게 아니다.

공주들과 심지어 가을헌과 귀례처럼 궁녀들 또한 궁가와 연결되어 숙종을 압박했다. 거기다 숙안 공주의 아들인 홍치상까지 조사석이 우의정에 제수된 일에 대해 장씨의 어머니가 조사석의 여종이었기 때문에 정승이 되었다는 말을 내뱉었다.

이런 일들이 모두 장씨가 재입궐한 이후 기사환국(己巳換局)이 일어나기 전까지 발생한 것들이었다. 때문에 장씨에 대한 총애로 그 모든 일들이 벌어지고 환국으로 이어진 것이라는 해석도 가능하다. 그러나 기사환국이 일어났던 1689년까지의 시간이 장희빈의 재입궁과 맞물린다고 해서 장씨에 대한 총애 때문에 인현왕후를 내쫓고 서인들을 내쫓았다고 단정할 수는 없다. 그리고 그렇게 단정할 수 없는 이유는 바로 너무나 유난한 서인들의 행동 때문이다.

왕이 후궁을 총애하면 이를 경계해야 한다고 말하는 것은 신하들의 입장에서 당연했다. 또한 장씨의 존재가 남인의 미인계라는 사실이 공공연한 것이었으니 장씨를 유독 경계하는 것도 이해될 만하다. 그러나 서인들은 너무 '무엄'

하게 굴고 있었다. 그저 '경계' 나 '염려' 의 수준이 아니었다. 신하들은 왕을 비난하고 왕비나 공주들, 궁녀들은 왕을 염탐하고 있었다. 그들은 왕을 제어하려고까지 하고 있었다는 것이다.

그런 서인들의 행동은 이미 김석주가 죽은 1684년부터 숙종을 고민케 하고 있는 부분이었다. 김석주가 있었을 때 숙종은 그의 권력이 자신의 것인 양 여기고 있었다. 김석주를 통하다보니 직접적으로 왕권에 대해 도전을 받은 적이 별로 없었던 것이다. 그런데 김석주가 죽고 나자 숙종은 사태의 심각성을 깨닫지 않을 수 없었다. 김석주의 권력은 그저 김석주의 것이었지 자신과는 상관없는 것이었다.

숙종은 왕위에 오른 지 10년이나 지나서야 다시 홀로 권력을 쌓기 위한 방법을 강구하지 않으면 안 되었다. 그리고 그 방법이 바로 장씨였다. 장씨가 남인들에 의한 전략으로 입궁했다는 것은 별로 의심의 여지가 없고 서인들도 알고 있는 것을 숙종이 몰랐을 리가 없다.

그러니 장씨를 입궐시킨 것은 전적으로 숙종의 결정에서 나온 것이라 보아야 한다. 남인은 숙종에게 장씨의 존재에 대해 끊임없이 알리는 역할은 할 수 있었지만 장씨를 입궁시킬 만큼 힘은 없었다. 그런 힘이 있었다면 애초에 장씨가 쫓겨나는 일도 없었을 테니까 말이다. 숙종은 장씨의 입궐을 홀로 결정하고 기꺼이 남인들까지 자신에게 가까이 오도록 했던 것이다.

인현왕후가 장씨를 입궐시켰다는 실록의 기록은 거짓이거나, 자발적인 것이 아니었다고 여겨진다. 인현왕후가 정말 그러고 싶어서, 그래야 해서 장씨를 들였다면 그 이후 서인들의 행동은 납득이 가지 않는 탓이다. 그들은 영빈 김씨를 후궁으로 들여보냈고 공주들과 궁녀들, 인현왕후까지 장씨와 그 주변인들을 헐뜯으며 숙종을 감시했다.

장씨를 입궁시킨 숙종의 의도를 의심하지 않을 수 없었기 때문에 그들이 그렇게 민감했던 것이다. 숙종은 바로 그것을 노렸다. 그는 장씨를 입궁시켜서 그녀의 뒤에 있는 남인이 조정에 조금씩 자리를 잡고 서인이 긴장을 하길 바랐다. 김석주가 없다고 해서 자신이 약해빠진 왕은 아니란 걸 경고하고 싶었던 것이다. 그러나 서인은 숙종이 무엇을 할 수 있는지 알지 못했다.

숙종이 받아주지 않았다면 남인의 진출은 가능하지가 않았다는 사실은 충분히 생각할 수 있는 부분인데도 그들은 그저 장씨가 입궁하고 남인이 하나둘씩 조정에 나오는 것이 장씨에 대한 총애 때문이라고만 하며 숙종이 후궁의 아름다움에 현혹되어 눈이 먼 사람인 양 몰아세웠던 것이다.

신하들은 그 이전의 환국이 숙종 혼자의 힘만으로 이루어진 것이 아니라는 걸 알고 있었다. 그런 생각에 사로잡혀 있다 보니 숙종이 얼마만큼의 능력을 갖고 있는지에 대한 생각을 아예 할 수가 없었던 것이다.

그저 어린 왕, 김석주라는 인물이 아니면 아무것도 하지 못하는 왕으로 치부해 버렸기 때문에 서인은 미래에 자신들에게 어떤 위기가 닥쳐올지 도저히 예상을 할 수가 없었다. 장씨를 들이고 3년의 세월을 서인과 함께 더 보내면서 숙종은 환국이 불가피한 것이란 걸 결국은 인정해야 했다. 서인들은 긴장을 하면서 조심을 한 것이 아니라 숙종을 우습게 보고 충분히 제어하고 이길 수 있다고 여겼다.

이렇듯 기사환국이 일어나기 전 상황은 신하들이 왕의 명령을 제대로 받지 않는 데에까지 이르러 있었고 끝내 환국이라는 최악의 상황을 불러왔다.

숙종은 송시열을 죽이고 인현왕후를 쫓아냈다. 기사환국은 숙종의 계획으로 이루어진 것이었고 꼭 필요한 것이었다. 기사환국이 없었다면 그의 왕권도 없었을 것이다. 이전의 갑인환국과 경신환국은 김석주가 자신의 권력을 홀로 쥐기 위해 계획하고 실행했던 것이었다면 기사환국은 전적으로 숙종의 의도대로 그 자신의 목적인 왕권강화를 위해 이루어진 것이었다.

그런 일을 치러 낸 숙종에게 숙빈 최씨가 나타난다. 그리고 그녀가 실록에 모습을 나타내고 불과 1년 정도 후에 숙종은 다시 환국을 감행한다.

숙종은 강한 왕권을 위해 기사환국을 일으켰는데, 서인을 다시 불러들인 갑술환국도 그랬을까. 숙종은 서인에게서 그랬던 것처럼 남인에게서도 심각하게 왕권을 위협받았던 걸까. 남인은 환국으로부터 5년여의 세월을 조정의 중심에 있었고 장씨는 왕비가 되었으며 그녀의 아들은 세자가 되었다. 그래서 점점 더 막강해질 그들을 제어할 필요가 있었던 걸까.

서인들은 쫓겨난 그 순간부터 분명 조정으로 돌아오기 위해 무척이나 애를 썼을 것이다. 그런데 재미있는 사실은 숙빈 최씨가 실록에 존재를 알린 순간과 서인이 돌아오는 환국의 순간이 묘하게 맞아떨어진다는 것이다. 그건 우연이었을까. 아니면 단지 숙빈 최씨의 운이 좋았기 때문이었을까.

그런데 환국의 필요가 아예 없었던 것은 아니지만 누군가 환국을 부추겼다는 가정을 한번 해본다면 어떨까. 만약 그렇다면 숙종을 부추겨 환국을 불러온 사람은 분명 숙빈 최씨일 것이다. 그녀가 바로 궁에서 쫓겨난 인현왕후의 유일한 희망이었을 것이다.

3. 갑술환국, 서인 조정으로 돌아오다

"처음에 권력을 가진 간사한 신하에게 조롱당하여 잘못 처분하였으나, 곧 깨달아서 그 심사를 환히 알고 그 억울한 정상을 깊이 알았다. 그립고 답답한 마음이 세월이 갈수록 깊어져, 때때로 꿈에 만나면 그대가 내 옷을 잡고 비 오듯이 눈물을 흘리니, 깨어서 그 일을 생각하면 하루가 다하도록 안정하지 못하거니와, 이때의 마음을 그대가 어찌 알겠는가? 옛 인연을 다시 이으려는 것은 자나 깨나 잊지 않으나, 국가의 처사는 또한 용이하지 않으므로, 참고 머뭇거린 지 이제 6년이 되었는데, 이 뒤에 어찌 다시 만날 기약이 없겠는가?"

-숙종 20년(1694년) 4월 12일

깨달았고, 그립고, 다시 보고 싶다.

자신이 쫓아낸 바로 그 사람 인현왕후에게 숙종이 보낸 애틋한 편지의 일부이다.

숙종이 인현왕후에게 애틋한 편지를 보내기까지는 결정적인 사건이 있었다. 그리고 그 사건을 따라가며 꼭 하지 않으면 안 될 일은 숙빈 최씨를 기억하는 일이다.

왜 그녀가 환국을 불러왔을 거라 여겨지는지, 왜 인현왕후의 희망이었는지를 생각해 보면서 숙종이 인현왕후에게 애틋한 편지를 보낸 날로부터 약 20일 전으로 돌아가 보자.

1694년 3월 23일, 숙종은 여러 신하들을 앞에 두고 있었고 심각한 사건에

경복궁의 봄 한창 아름다운 봄의 궁에서 인현왕후는 내쫓겼고, 5년 후 그 봄에 다시 제자리를 찾아 궁으로 돌아왔다. ⓒ김미애

대해 보고를 받는 중이었다.

> "함이완이 들어와서 말하기를, '김춘택과 유태기 등과 모여서 의논하고, 또 강만태 · 변진영 · 홍만익 등으로써 무릴 삼아서, 각기 금전과 베와 비단을 내었으며, 술과 음식으로 따뜻하게 여서 같은 편 많이 기르고는, 이내 환관 외척에게 뇌물을 써서 그들로 하여금 거짓말과 허위의 소문을 만들어 내어, 높은 신하를 헐뜯고 인심을 불안하게 하여, 음험하게 간악한 짓을 시행하려는 계획을 만들었다' 고 합니다."
>
> -숙종 20년(1694년) 3월 23일

의금부에서 엄중히 조사하게 하라는 청을 받은 숙종은 "좋다"라고 대답했다. 이 사건은 간략하게 한 줄로 요약하자면, '노론 명문가 자제들의 인현왕후 복위 운동'이다. 숙종이 직접 내쫓은 민씨를 다시 복위시키려 했으니 죄는 작을 수 없었다.

김춘택과 한중혁 등 일당들은 막대한 은을 모아 환관과 궁녀들에게 뇌물을 주고 궁 안에 줄을 만들었고, 여론 몰이에 나섰다 . 그중 김만기의 동생이며 구운몽으로 유명한 김만중이 쓴 〈사씨남정기〉 같은 소설이 대표적이었는데, 이 소설에는 나쁜 첩인 교씨와 착한 부인인 사씨가 등장한다. 서인인 김만중이 장씨와 인현왕후를 모델로 쓴 것이 분명한 이 글은 숙종을 뉘우치게 하기 위해서라기보다는 여론 몰이의 목적이 더 컸다 .

김춘택 등 수십 명은 바로 체포되어 국문을 받았고, 우의정 민암이 사건을 담당했다. 그는 남인이었으니 사건을 크게 키워서 서인이 다시는 일어설 수 없도록 짓밟아야 하는 게 당연했고 사건은 그렇게 끝나는 듯했다.

그러나 정확히 엿새 후 3월 29일, 해가 뜰 무렵에 유생 김인 등 3명이 고변서를 올리면서 서인의 반격이 시작되었다.

> 그 글의 대략은, 먼저 때를 잃은 무리들이 자못 원망을 품고서 바야흐로 은화를 모아서 계의 한 바가 있다는 것을 말하고, 또 장희재가 돈으로 김해성에게 뇌물을 주어 꾀어내어 그 처모(妻母, 곧 최숙원의 숙모)로 하여금 최숙원을 독살하려고 한다는 것을 말하고.
>
> -숙종 20년(1694년) 3월 29일

고변의 내용은 장씨의 오빠인 장희재가 뇌물을 주어서 그 처모(숙원 최씨의 숙모)로 하여금 최씨를 죽이려 했다는 것이었다.

> "한구(한중혁의 아버지)가 말하기를, 우리들이 바야흐로 큰일을 꾀하는데, 노론 · 소론 두 당이 각자 하므로 오히려 성취하지 못한다. 노당은 김춘택이 주장하는데 공주집과 최호를 인연하여 궁중의 관속들과 함께 꾀하고, 소당은 우리들인데 서얼 이담이 환관들과 맺고 또 최호의 종매부인 중관(환관) 강우주와 서로 친하므로 이담을 시켜 꾀한다."
>
> -숙종 20년(1694년) 4월 1일

장희재가 왕의 후궁이자, 왕자의 어머니인 최씨를 독살하려 했다는 것이 큰 사건이긴 하다.

그러나 위의 기록에서 보듯 김춘택 무리 중 하나였던 무인 이시도가 했던 말은 인현왕후의 복위운동이 공주집, 그리고 궁중의 관속이라 해서 궁녀들도 참여했음을 증명하니 장희재와 김춘택 등은 사실 '도찐개찐'이라고 할 수 있다. 왕이 쫓아낸 폐비를 복위시키려 환관과 궁녀들을 매수하고 여론몰이를 한 것이니 거기서 거기라는 말이다.

그래서 이 사건이 중요하다. 숙종이 누구의 손을 들어주느냐에 따라 그의 마음이 어디에 가 있는지 확실히 알 수 있게 될 테니까.

4월 1일, 숙종은 비망기(備忘記)를 내렸다.

> "민암이 홀로 함이완을 만나 수작한 것이 있다는 것을 의심스러워하였

다."

-숙종 20년(1694년) 4월 1일

숙종은 민암 등이 옥사를 확대하였다고 하며 임금을 우롱하고 벼슬아치들을 함부로 죽이는 것에 통탄한다고 말했다. 민암이 함이완을 시켜 김춘택 등의 일을 고변하게 했으며 옥사를 키워 서인들을 죽이려 했다는 것이다. 국문에 참여한 대신 이하는 모두 관작을 삭탈하여 쫓아내고 민암과 의금부 당상은 모두 절도에 유배를 보내라는 명이 비망기의 끝이다.

숙종은 별로 고민한 흔적도 없이 서인의 손을 번쩍 들어 주었다. 그리고 그가 그렇게 손을 들어 준 것에는 어떤 사건이 더 심각한가, 혹은 어떤 사건에 더 진실성이 있는가 하는 여부 같은 것은 들어 있지 않았다. 그것은 그저 환국의 시작이었을 뿐이다.

이전에 그랬듯 이번 환국도 빠르게 진행되었다. 숙종은 비망기를 내린 당일에 강릉으로 유배 보냈던 서인 남구만을 영의정에 임명하고, 잇따라 서인들을 등용하고 남인들을 몰아내고는 닷새 후에는 자신이 죽게 한 송시열의 관작을 회복시켜 주었다.

이것이 바로 갑술환국(甲戌換局)이고 4월 12일, 숙종은 갑술환국의 정점을 찍었다. 인현왕후를 다시 궁으로 돌아오게 한 것이다.

'내 회한이 그지없어'

'조정의 공론도 다 이와 같으니'

'경솔하였던 허물'

'충언을 살피지 못한 것을 지극히 회한'

'그대에게 어찌 빌 만한 죄가 있겠으며'

숙종이 인현왕후를 돌아오게 하면서 했던 말들이다.

그는 그저 자신이 잘못했고 후회한다는 말만 되풀이했는데, 인현왕후가 돌아오는 과정을 말하는 실록의 기사는 민씨의 복위를 모든 백성들이 기뻐서 뛰고 흐느껴 울면서 감격해 했다고 전한다. 그날, 인현왕후에게는 더 없이 기쁜 날이었겠지만 왕후 자리를 빼앗기게 된 장씨는 그렇지 않았다.

"국운이 태평함을 회복하여 중곤(인현왕후)이 복위하였으니, 백성에게 두 임금이 없는 것은 고금을 통한 의리이다. 장씨의 왕후 새수(옥새)를 거두고, 이어서 희빈의 옛 작호를 내려 주고 세자가 조석으로 문안하는 예는 폐하지 않도록 하라."

-숙종 20년(1694년) 4월 12일

숙종은 또 곧바로 장씨의 아버지 장형의 부원군 교지와 그 아내의 부부인 교지를 불사르라고 명하고, 장씨의 왕후 옥보를 부수라고 명했다. 장씨는 다시 희빈으로 내려앉게 되었다.

함이완은 '민암 · 민장도가 나를 협박하여 증거를 만들게 하였다' 하였으므로, 의금부에서 다시 신문하기를 청하니, 임금이, 민암 부자가 전에 거짓말을 만들어 궁중에 흘려 들여 '왕비가 본제(本第, 고향에 있는 본집)에 있을 때에 귀인(영빈 김씨)과 함께 은화를 내고 액정(掖庭, 궁중의 사람들)과 맺었다' 하였으므로, 이것을 먼저 민암 · 민장도에게 물으라고 명하였으나, 민암 · 민장도는 승복하려 하지 않았는데, 임금이 또 그 말이 장희재의 언서(諺書, 한글 편지)에서 나왔다 하여, 드디어 이 명이 있었던 것이다.

-숙종 20년(1694년) 4월 17일

인현왕후까지 돌아왔지만 사건은 마무리되지 않았다. 함이완이 숙종이 내렸던 비망기의 내용과 마찬가지로 김춘택 등 노론 가문의 자제들이 인현왕후 복위를 꾀한 것에 대해 고변한 것이 다 민암과 그 아들 민장도가 시킨 것이라고 자백한 상태였다. 그런데 인현왕후가 복위되기 이전에 장희재가 희빈에게 보냈던 한글 편지까지 문제가 되었다.

"민종도가 말하기를, '항간에 떠도는 말로는 은화를 모아 환국을 꾀하는 자가 있는데, 폐비와 귀인도 은화를 냈다고 한다' 하자, 민암의 부자가 하는 말이 '폐비나 귀인이 은화를 내려고 한다면 무엇이 어렵겠는가?' 하였습니다. 그래서 제가 이미 이런 말을 지어낸 사람이 있으리라 의심하였고 희빈이 항시 나라에 옥사가 있을까 걱정하여 가끔 편지로 물어왔으므로, 과연 민암에게서 들은 대로 써서 궁중에다 들여보냈습니다. 그것은 희빈에게 비록 이런 말을 듣더라도 절대로 입 밖에 내지 말라고 조심을 시킨 것뿐이었고, 실제로 한마디 말도 침핍(侵逼, 침노하여 핍박함)하지는 않았습니다."

-숙종 20년(1694년) 윤5월 22일

"민암 부자가 또 하는 말이 '요사이 말이 떠들기를, 폐비(인현왕후)와 귀인(영빈 김씨)이 서로가 은화를 내다 궁중의 사람들과 결탁하여 정국을 바꾸려고 모의하면서, 여러 재상들의 과실을 임금에게 아뢴다고 했다' 고 하였습니다."

-숙종 20년(1694년) 6월 3일

장희재는 국문을 받는 동안 여러 차례에 걸쳐 민암 등에게 들었던 이야기들을 털어놓았다. 그는 은화를 모아 환국을 꾀하는 자가 있고, 폐비와 귀인 김씨도 은화를 냈다는 말을 들었다고 했다. 그러면서 희빈이 나라에 옥사가 있을까 걱정했다는 말도 덧붙였는데, 이런 이야기들을 장희빈에게 편지로 써서 보냈다는 것이다.

편지는 이미 그 전인 1690년 즈음에 전해진 것이었지만 이미 인현왕후가 복위를 했으니 죄가 되지 않을 수 없었다. 인현왕후와 김씨 등이 환국을 꾀하려 했다고 '모함' 한 것이 되었으니 말이다.

그러나 장희재의 이 말들에는 그가 인현왕후를 '모함했다' 는 것뿐만이 아니라 여러 가지의 다른 정보들이 더 있다. 단순히 소문일 뿐일 수도 있지만 궁에 있는 장희빈까지도 걱정할 정도의 소문이 있었고 '은화를 모아' 환국하려는 무리가 있다는 구체적인 얘기까지 나왔다는 것이다.

"민종도가 일찍이 장희재와 함께 우리 집에서 술에 취해 있었을 적에, 민종도가 '듣건대, 폐비(廢妃)가 그 자리에 있을 때에 재물을 아끼지 않고 궁인들을 은덕으로 다독거렸고, 김 귀인 또한 지혜가 많아 아끼는 것이 없어 모두 궁중의 인심을 얻었다고 했는데, 요사이 듣건대, 중궁(희빈 장씨)께서는 재리에 인색하고 형벌을 지나치게 하므로, 궁중이 더러는 원망하고 있다고 한다' 하니, 장희재가 '어찌 그럴 리가 있겠느냐?' 고 하였습니다. 민종도가 금영(禁營, 궁궐 안을 지키는 병사들이 머물던 군영)의 소속으로 성이 기씨인 사람의 누이가 궁녀가 되었는데, 이런 말을 하였다. '무릇 궁녀들은 각기 맡은 바의 일을 하면서 더러는 남는 것을 얻어다가 의식(衣食)을 해결하고, 대궐 안에는 재물이 모자라지 않는데 무엇 때문에 반드시 살피고 또 살피고 하는 짓을 하며 궁중의 인심을 잃는 짓을 하겠는가? 진실로 이러하지 않는다면 국가의 행복일 뿐만이 아니라 또한 그대 집안의 복이다' 하니, 장희재는 단지 그렇다고 할 뿐이었습니다."

-숙종 20년(1694년) 6월 3일

장희재에게 인현왕후와 귀인이 은화를 냈다고 말했고, 함이완에게 김춘택을 고변하게 시켰다던 민암은 자신이 장희재와 친근하게 지낸 것이 화를 불러들인 거라며 한탄하더니 말했다. 함이완의 일은 자신의 귀에 들려서 임금에게 아뢰었던 것뿐이며 장희빈이 인현왕후와 달리 궁중의 원망을 받고 있다는 얘기만 했다고 말이다.

민암을 사사했다. 민암은 사람됨이 야비하고 도리나 이치에 어그러졌으며 흉악하고 간사했다. 장희재와 결탁하여 모후(인현왕후)를 폐출하게 만들었으니, 더할 수 없이 무거운 죄를 저질렀음은 이전의 역사에서도 거의 들을 수 없는 일이었다. ……남구만(南九萬)이 몸소 장희재를 보호하여 저지른 일을 묻지 않은 것이 많았기 때문에, 민암의 음모도 또한 모두 밝혀 내지 못하여 끝내 사저시조(肆諸市朝, 죄인을 사람이 많이 모이는 곳에서 처형하여, 모두들 보도록 오래 놓아두는 것)하지 못하게 되자, 사람들이 형별을 잃은 데에 분개하였다.

-숙종 20년(1694년) 7월 8일

그러나 민암은 사사되었다. 인현왕후를 모함했다는 것만이 아니라 이전에 인현왕후가 폐출된 것 또한 '그의 죄' 라고까지 언급되었다.

민암과 달리 장희재는 죽음을 면하고 귀양을 떠났다. 장희빈과 세자의 편에 서게 된 소론 남구만이 세자를 위해 세자의 외숙부인 장희재를 죽이면 안 된다는 입장을 적극 폈기 때문이었다. 김춘택 무리의 일로 시작되었던 사건은 결국 장희재가 최씨를 살해하려 했다는 죄를 뒤집어쓰고 인현왕후가 돌아오면서 남인의 패배로 결론이 났다.

그러나 그들이 패배했다고 해서 그들이 가해자였던 것만은 아니었다. 민암이 했고 장희재가 들었다는 말들은 실제로 어느 정도는 맞다고 보아야 한다. 김춘택의 무리가 인현왕후의 복위운동을 벌이면서 은화를 모은 것이 사실이고 보면 인현왕후와 김씨가 은화를 낸 것도 사실일 가능성이 크다는 것이다.

숙의 최씨가 왕자를 낳았다. 준례대로 호산청(護産廳, 빈이나 내명부가 아이를 낳을 때 임시로 설치한 곳)을 설치했는데, 임금이 호산청의 환관과 의관에게 내구마(內廏馬, 임금이 쓰기 위해 기르던 말)를 상으로 주었다.

-숙종 20년(1694년) 9월 20일

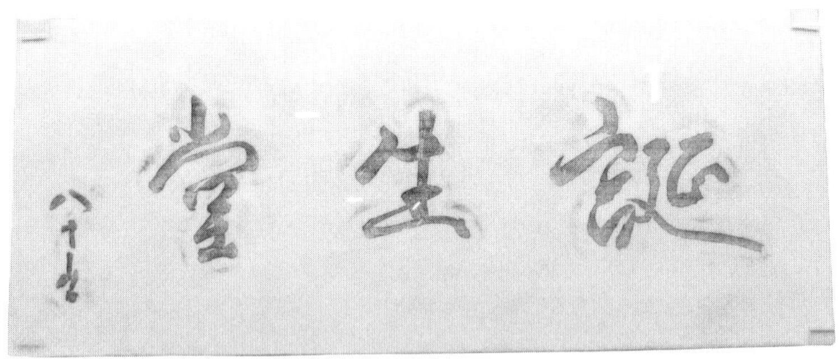

탄생당 현액(懸額) 탄생당의 이름은 원래 선정전 북쪽에 있던 보경당으로 이곳에서 숙빈 최씨가 영조를 낳았다. 영조는 왕위에 오른 후 이곳을 '탄생당(誕生堂)'이라 이름하고 직접 글씨를 써서 현액을 달았다. 국립고궁박물관 소장.

갑술환국의 그 해에 최씨가 다시 왕자를 낳았다. 지난해에 이어 거의 1년여 만의 일이었는데 숙종은 최씨의 출산을 책임졌던 환관과 의관에게 말을 상으로 내어주며 기쁨을 표시했다. 이 왕자가 바로 연잉군, 영조다. 지난해에 태어났던 왕자가 두 달여 만에 죽었기 때문에 숙종의 기쁨은 더더욱 클 수밖에 없었던 것이다.

최씨는 정말 운이 좋은 사람이다. 첫 왕자가 죽고 숙종의 실망이 이만저만이 아니었을 텐데 다행히 다시 왕자를 안겨 주었으니 숙종의 실망은 다시 몇 배의 사랑으로 변해 그녀에게 돌아왔을 게 뻔했다.

남인이 밀려나고 장희재가 귀양을 떠나게 된 사건의 중심에 최씨가 있었다. 그리고 이런 상황에서 최씨의 이름이 오르내린 것은 그녀가 그저 숙종의 사랑을 받고 있기 때문만은 아니었다. 최씨 역시 '그들' 중의 하나였다.

4. 숙빈 최씨의 적, 장희빈 죽다

"세자가 때때로 가서 살피면 문득 손을 잡고 눈물을 흘렸으며 세자는 한 말도 꺼내지 않고 물러나니, 궁중의 임금을 모시는 사람들이 조정에서 또한 뒷날의 도모를 할 줄로 알아서 두려워하여 공경하여 섬기지 않는 이가 없었다."

-숙종 21년(1695년) 9월 4일

실록의 기사에 이런 내용이 있다.

장희빈이 왕후 자리에서 밀려나고 세자만 보면 울었으며 궁 안의 사람들이 장씨가 다시 일어설 것이라 여겨 그녀를 두려워하며 섬겼다는 내용이다.

"이제 희빈의 강호는 중궁 전하께서 복위하심으로 말미암아 두 왕비가 있을 수 없어서 그러한 것입니다. 죄가 있어서 폐출된 것과 같지 않으니, 아마도 분수에 따라 스스로 안정할 것이고, 궁위 사이는 화목하여 화평할 수 있을 것입니다."

-숙종 20년(1694년) 4월 17일

인현왕후가 복위했을 때 영의정 남구만이 했던 말이다. 인현왕후가 돌아오자 장씨가 다시 희빈으로 내려앉게 된 것이 인현왕후가 돌아옴으로 인해서 두 왕비가 있을 수 없기 때문에 그런 것이지 장희빈이 죄가 있어서는 아니라고 분명하게 말했던 것이다. 그는 승정원에서 장씨를 '내쳤다' 고 했다며 낮춘 것을 가지고 내쳤다고 한 것은 사실이 아니라고 했다.

남구만의 말과 달리 많은 사람들이 이때 장씨가 왕후 자리에서 밀려난 것을 두고 그녀가 뭔가 잘못했기 때문이라고들 여긴다. 그녀의 악독함을 인현왕후의 고고함과 착한 마음씨가 이겼다는 식으로 그렇게. 하지만 장씨가 밀려난 것은 인현왕후가 돌아왔기 때문이다. 장씨라는 사람 그 자체에 문제가 있어서가 아니라는 것이다.

잘못한 것도 없는데 밀려났으니 장씨의 원한은 분명 컸을 것이다. 그리고 그녀의 아들이 세자였으니 아들이 왕이 되는 훗날을 기대하는 것 역시 당연했을 테지만 이 기사는 나중에 장희빈의 죽음을 합리화하려는 의도가 짙어 보인다.

> "왕비가 병에 걸린 2년 동안에 희빈 장씨는 비단 한 번도 문안하지 아니하였을 뿐만 아니라, '중궁전' 이라고 하지도 않고 반드시 '민씨' 라고 일컬었으며, 또 말하기를, '민씨는 실로 요사스러운 사람이다' 라고 하였다. 이뿐만이 아니다. 취선당의 서쪽에다 몰래 신당을 설치하고, 매양 2, 3인의 종들과 더불어 사람들을 물리치고 기도하되, 지극히 빈틈없이 일을 꾸몄다. 제주에 유배된 죄인 장희재를 먼저 처형하여 빨리 나라의 형벌을 바로잡도록 하라."
>
> –숙종 27년(1701년) 9월 23일

1701년 8월 인현왕후가 죽었다. 그리고 한 달여 후 9월, 숙종은 장씨의 오빠 장희재를 죽이라는 비망기를 내렸다. 밤이었다.

"사람들이 모두 다 희빈에게로 기울어졌다. 희빈에 속한 것들이 항상 나의 침전에 왕래하였으며, 심지어 창에 구멍을 뚫고 안을 엿보는 짓을 하기까지 하였다. 지금 나의 병 증세가 지극히 이상한데, 사람들이 모두 말하기를, '반드시 빌미가 있다' 고 한다. 어떤 사람이 주상께 감히 고하여 주상으로 하여금 이것을 알게 하겠는가? 다만 나는 갖은 고초를 받았으나, 지금 병이 난 두 해 사이에 소원은 오직 빨리 죽는 데 있으나, 여전히 다시 더하기도 하고 덜하기도 하여 이처럼 병이 낫지 아니하니, 괴롭다" 하고, 이어서 눈물을 줄줄 흘렸다. 이때에 이르러 무고(巫蠱, 저주)의 사건이 과연 발각되니, 외간(外間)에서는 혹 전하기를,

"숙빈 최씨가 평상시에 왕비가 베푼 은혜를 추모하여, 통곡하는 마음을 이기지 못하고 임금에게 몰래 고하였다."

-숙종 27년(1701년) 9월 23일

숙종의 비망기와 함께, 인현왕후가 아플 때 오빠들인 민진후, 민진원에게 했다는 얘기도 덧붙여져 있다. 사람들이 모두 장씨에게로 기울었고 장씨의 사람들이 자신을 염탐한다며 한탄하는 내용이다. 이틀 후 밤에, 마침내 장희재에 이어 장희빈을 자진하게 하라는 비망기가 내려졌다. 두 번의 비망기는 모두 밤에 숙종이 일방적으로 내린 것이었다.

비망기라는 것이 원래 그런 것이기는 해도 한때 왕비였던 후궁을 죽이라는 것을 그렇게 갑작스럽게 명하는 것은 정상적일 수가 없었다.

신하들은 앞다투어 명을 거두어 달라며 청했는데, 갑술년에 최씨를 죽이고자 했다는 것과 인현왕후를 모함했다는 죄로도 장희재를 죽이지 않고 유배를

보낸 것은 오직 세자를 위한 것이었는데, 어찌 세자를 낳아준 사람을 죽일 수가 있냐는 것이 그들의 주장이었다.

그러면서 신하들은 '신 등은 장씨가 범한 죄가 어떠한 것인지 알 수 없다', '조정에서는 장씨의 죄를 잘 알지 못한다' 등의 말들로 숙종의 명이 얼마나 갑작스러운 것인지 항변했다.

> "조정에서 비록 죄상을 알지 못하고 있다 하더라도 나는 이를 알고 있으니, 만약 빨리 선처하지 아니한다면 장차 후일의 끝없는 걱정이 있을 것이라, 미약할 때 조처하여 점차 번져나가는 것을 막는 방도를 생각하지 아니할 수가 없다. 금일의 조치는 국가를 위한 것이고 세자를 위한 것이지 즐거워서 하는 일이 아니다. 처음에 잘 처리하지 아니하여 그 화가 마침내 자라게 된다면 반드시 끝없는 걱정이 생길 것이니, 다만 이것은 국가를 위한 것이고 세자를 위한 것이다. 지금 비망기는 갑자기 나온 것이 아니고 밤낮으로 생각하고 또 생각한 나머지 부득이하여 낸 것이다."
>
> -숙종 27년(1701년) 9월 25일

부득이해서 장씨를 죽인다는 숙종의 말에 신하들은 쉽게 동의할 수 없었다. 거듭 명을 되돌려 달라며 청하고 왕 앞에서 오열까지 했지만 숙종이 누구던가. 일단 결정하면 자신의 마음이 변하지 않는 한 절대 되돌리지 않는 사람이 아닌가.

> "외신당(外神堂)의 신사(神事, 천신에게 제사를 지내는 일) 때에 무녀가 '중전

전하가 만약 없어진다면, 희빈께서 다시 중전이 될 것이다' 라고 하였으므로, 저도 같이 축원하기를, '다시 귀하게 되면, 정말 다행스럽고 정말 다행스럽겠습니다' 라고 하였습니다. 재작년 9, 10월에 희빈의 말로 인하여 각씨(角氏) 7개를 만들어 보내었는데, 다홍비단으로 치마를 만들고 남비단으로 옷을 만들었으며, 죽은 새 · 쥐 · 붕어 각각 7마리를 아울러 대궐에서 내보낸 버드나무 고리에 담아 철생으로 하여금 대궐 안으로 들여보냈는데, 설향이 글로 보고하기를, '한 상궁과 숙이가 통명전 · 대조전 침실 안에다 같이 묻었다' 라고 하였습니다."

-숙종 27년(1701년) 10월 3일

숙정은 장씨의 오빠 장희재의 첩이다. 그런 그녀가 인현왕후가 없어져서 희빈이 다시 중전이 되기를 기도했고, 희빈의 처소 궁녀들이 죽은 새, 쥐 등을 인현왕후의 침실 안에다 묻었다고 털어놓은 것이다.

"이제부터 나라의 법전을 명백하게 정하여 빈어(嬪御)가 후비(왕비)의 자리에 오를 수가 없게 하라."

-숙종 27년(1701년) 10월 7일

숙종은 이어 10월 7일에 그 유명한 선언을 하게 된다. 후궁이 다시는 왕비의 자리에 오를 수 없게 하라는 바로 그 선언 말이다. 당일에 숙종은 또 자신의 입으로 말했던 물건을 대조전 동쪽 침실 안에서 찾아냈다고 말했으며 이외에 대조전과 통명전의 섬돌 아래에서 파낸 것도 많았다고 했다.

"희빈 장씨가 내전(인현왕후)을 질투하고 원망하여 몰래 모해하려고 도모하여, 신당(神堂)을 궁궐의 안팎에 설치하고 밤낮으로 기도하며 흉악하고 더러운 물건을 두 대궐에다 묻은 것이 낭자할 뿐만 아니라 그 정상이 죄다 드러났으니, 신과 사람이 함께 분개하는 바이다. 이것을 그대로 둔다면, 후일에 뜻을 얻게 되었을 때, 국가의 근심이 실로 형언하기가 어려울 것이다. 전대 역사에 보더라도 어찌 두려워하지 않을 수 있으랴? 지금 나는 종사를 위하고 세자를 위하여 이처럼 부득이한 일을 하니, 어찌 즐겨하는 일이겠는가? 장씨는 전의 비망기에 의하여 하여금 자진하게 하라. 아! 세자의 사정을 내가 어찌 생각하지 아니하였겠는가? 만약 최석정의 차자의 글과 같이 도리에 어긋나고 끌어다가 비유한 것에 도리와 도덕이 없는 경우는 진실로 족히 논할 것이 없겠지만, 대신과 여러 신하들의 춘궁을 위하여 애쓰는 정성을 또한 어찌 모르겠는가? 다만 생각에 생각을 더하고 또 다시 충분히 생각한 결과 일이 이미 이 지경에 이르렀으니, 이 처분을 버려두고는 실로 다른 도리가 없다. 이에 나의 뜻을 가지고 좌우의 신하들에게 유시하는 바이다."

–숙종 27년(1701년) 10월 8일

장씨를 죽게 하라는 비망기가 내려진 지 14일 정도가 더 지나서 다시 명령이 내려졌다. 당시는 숙종의 왕권이 그 어느 때보다 강할 때였는데 다시 거듭 명령을 내려야 했다는 것은 그만큼 희빈을 죽이는 것에 신하들의 동의를 얻기가 어려웠다는 것을 뜻한다.

첫 번째 비망기와 명령 사이, 숙종은 직접 나가 장희빈의 궁녀들과 무녀 등을 국문했다. 그리고 지난 시절 장희재가 저질렀던, 혹은 저질렀다고 얘기되어지던 일들을 다시 꺼냈다. 그는 어떤 트집을 잡아서든 장씨를 죽이고 말겠다는 집념에 사로잡혀 있었다. 어떤 말로도, 또 어떤 반대로도 그를 막을 수는 없었다.

10월 10일, 마침내 장희빈이 죽었다.

"당초에 숙원(장씨)께서 왕자를 낳아 기사년(1689년)에 원자로 봉해졌을 때의 일입니다. 숭선군이 살아 있을 때 동평군(이항)이 세자의 어머니를 마땅히 중궁으로 삼아야 한다는 뜻을 봉한 편지로 숙원에게 전해 보내고 이것을 주상께 주달하게 하도록 하였습니다. 봉서를 들여보낼 적에 제가 그것을 뜯어보았기 때문에, 저도 또한 참여하여 들을 수가 있었습니다. ……그 뒤 봉서 때문이었는지는 알지 못하나, 오래지않아 과연 (왕비로)즉위하였습니다. ……제가 하량교(河梁橋)에 살 때에 언문으로 쓰여진 익명서가 여러 차례 담을 넘어 던져졌는데, 그 사연은 '이항(李杭)이 역적들을 종용하여 민 중전(인현왕후)을 배척하여 폐하게 하고, 장희재가 조정의 정사를 맡고자 한다'는 것이었습니다. ……저의 남편이 '이 익명서는 다른 사람에게서 나온 것이 아니라 반드시 이 흉악한 사람에게서 나왔을 것이다'라고 하였는데, 이른바 흉악한 사람이란 바로 저를 가리키는 것이었습니다.

……금년 여름 사이에 저의 남편이 저의 아들에게 보낸 글을 보았는데, 그 봉서 안에 윤 첨사에게 보내는 서찰이 있었기 때문에 제가 그 글을 뜯어보니, '이 여자가 집에 있으면서 흉악한 말을 지어내고 숙정이 궐내에서 방재(龐災)한 일을 누설하여 반드시 나를 죽이려고 한다. 이 여자야말

로 어찌 흉악하지 아니한가?' 라고 하였으며, 이 여자란 저를 가리키는 것 같았습니다.

또 제가 서인과 서로 사귄다고 하였는데, 금년 8월 16일 사이에 숙정이 와서, '명년 봄에 반드시 환국하는 일이 있을 것이다' 고 하였으므로, 제가 묻기를, '어떻게 그것을 아는가?' 라고 하였더니, 그가 대답하기를, '남인이 때를 만난 것은 불과 6, 7년에 지나지 아니하고, 서인은 10년이 한정이니, 이것으로 미루어 알 수 있다' 고 하였습니다."

-숙종 27년(1701년) 10월 16일

장희빈이 죽고 나서도 사건은 계속되었다.

이 기록은 장희재의 아내인 작은아기의 심문 내용인데, 그녀가 말한 내용 중 중요한 것은 세 가지로 추려볼 수 있다.

첫째, 동평군 이항이 세자의 어머니를 왕비로 삼아야 한다는 내용의 편지를 장씨에게 보내고 왕에게 올리도록 했다. 둘째, 이항이 역적들을 종용하여 인현왕후를 폐하게 하고 장희재가 조정의 정사를 맡고자 한다는 내용의 익명서를 받았다. 셋째, 금년(1701년)에 숙정이 이항에게 와서 "내년 봄에 환국하는 일이 있을 것이다"라고 말했다.

이항은 작은아기가 말한 내용이 모두 허구이며 날조된 것이라고 항변했지만 소용없는 얘기였다. 장희재가 군기시의 앞길에서 죽임을 당하고 이항은 귀양을 떠났지만 그 역시 곧 사약을 받았다.

"국청 죄인 작은아기가 죽은 뒤에 그 시체를 전옥(典獄)에 내주어 한성부

(漢城府)로 하여금 검시케 하였는데, 역적 이항의 집 노비 수십 인과 다른 죄인의 식솔들이 무기를 들고 떼를 지어, 대낮에 큰 도로 안에서 그 시체를 난도질하여 다시 남은 몸뚱이가 없다고 합니다. 죽은 시체를 잔인하게 욕보이는 것은 일찍이 명으로 정한 율(律)이 있는데, 역모하여 법을 바룬 죄인의 집에서 발고한 자에게 원한을 품고 방자하게 잔혹한 행동을 하기에 이르렀으니, 이는 실로 일찍이 없었던 변고입니다."

–숙종 27년(1701년) 11월 18일

작은아기는 장희재가 죽은 지 얼마 지나지 않아 죽었다. 그런데 흥미로운 것은 이항의 집 노비들과 다른 죄인의 가족들이 떼로 몰려와 그녀의 시체를 난도질해서 시체가 남질 않았다는 사실이 기록에 남아 있다는 것이다.

시체가 남지 않을 정도라면 보통 원한이 깊어서 한 행동이 아닌데 이항 등 사건과 관련된 자들이 작은아기에게 그런 원한을 갖고 있었다는 건 작은아기의 고변이 동평군을 죽이고, 장희재 등을 죽이는 데 굉장히 큰 역할을 했기 때문일 것이다.

"이 계집이 그 맏아들의 죽음을 숙정의 방재(龐災)로 말미암았다 하여 집 안에서 파냈으니, 어찌 마음 아프지 않은가?"

……또 올 가을의 서찰 사연에는 이르기를, '김춘택 · 홍기주 · 변정유 등과 서로 간통하여 반드시 나를 죽이려 하는데, 대개 이 계집이 서인과 번갈아 간통한 것은 숙정이 궐내에 방재한 일을 누설하는 것이니, 이 계집의 소행이 진실로 불측하였다.'

"……이 계집이 홍기주와 간통한 정상은 그 집안의 삼척동자라도 알지 못하는 자가 없으며, 저도 또한 적실히 알고 있습니다. 서찰 가운데 이른바 궐내에 방재한 일이란, 지난해 7월 사이에 숙정이 생강의 머리를 맺어 몰래 궐내로 들어가 설향과 함께 모의하여 하였고, 올 정월 사이에 신사(神祠)를 수표교 근처 집에다 설치하여, 중궁전을 향해 도리에 어긋난 기도를 행한 것입니다."

–숙종 27년(1701년) 11월 19일

장희재와 작은아기까지 죽고 난 얼마 후 장희재의 외사촌인 윤순명을 심문한 내용에 작은아기가 어떤 역할을 했는지 좀 더 자세히 나타난다.

윤순명은 장희재가 1697년에 자신에게 서찰을 보냈는데, 그 서찰에 장희재의 아내 작은아기에 대한 얘기가 있었다고 말한다. 작은아기가 장희재의 첩인 숙정에게 원한이 있었고 김춘택과 그의 심복인 홍기주 등과 간통을 했으며, 그래서 그녀가 방재, 즉 저주한 것에 대해 서인 측에 발설했다는 것이었다.

작은아기가 장희재와의 사이가 좋지 않음을 제 입으로 말했고 장희재가 여러 번 자신의 아내가 김춘택 등 서인과 관계를 맺고 있다고 믿은 것처럼 작은아기에게 뭔가 있었던 것은 사실인 것 같다. 그리고 이것이 그저 가만히 있던 인현왕후를 장희빈이 저주해서 죽게 하고 그 벌을 받은 것이라 여겨지던 사건의 다른 모습이다.

실제로 장희빈이 죽고 난 5년 후 1706년에 윤순명이 장희재의 편지에 대해 말하는 중에 '모해동궁(謀害東宮)'이라는 말을 했는데 그 말이 의도적으로 심문기록에서 빠졌다고 해서 문제가 된 적이 있었다.

'작은아기가 김춘택 등과 간통하여 나를 죽이려고 하나 그가 만약 나를 죽이면…….'

장희재의 편지 중 '그가 나를 죽이면'의 뒤가 문제였다. '그가 나를 죽이면 세자도 죽일 것이다'라고 했는데 그것을 기록하지 않았다는 게 문제였던 것이다.

근데 그때 윤순명의 심문장에 있던 누군가는 그것이 세자에게도 '어찌 좋겠느냐?'의 의미인 '하호(何好)'라고 했고, 누군가는 '좋지 않을 것이다'란 의미의 '불호(不好)'나 단순히 '좋겠느냐?'의 의미인 '호호(好乎)'라고도 했다.

김춘택이 세자를 해치려 했다는 말을 일부러 누설한 거라면 결코 작은 죄가 아니었지만 윤순명이 실제로 그런 말을 했는지, 장희재가 그에게 보낸 편지에 실제로 그런 말을 썼는지 증명해 줄 사람이 없어서 사건은 흐지부지 끝나 버렸다.

그러나 장희빈 측과 김춘택 측의 서인들이 '가해'와 '피해'의 위치에 놓여 있던 것이 아니었다는 것을 이제는 확실히 알 수 있을 것이다.

작은아기가 서인 김춘택과 관계가 있었고 그는 은화를 모았으며, 인현왕후와 영빈 김씨도 은화를 냈다. 게다가 김춘택은 세자를 제거할 계획도 세웠다. 그들은 바로 전쟁을 벌이고 있었던 것이다.

5. 가장 정치적인 여자, 숙빈 최씨

> 이때에 이르러 무고(巫蠱, 저주)의 사건이 과연 발각되니, 밖에서는 혹 전하기를,
>
> "숙빈 최씨가 평상시에 왕비가 베푼 은혜를 추모하여, 통곡하는 마음을

이기지 못하고 임금에게 몰래 고하였다."

-숙종 27년(1701년) 9월 23일

인현왕후가 사망할 당시의 기록이다. 이 기록에는 숙빈 최씨가 인현왕후의 은혜 때문에 숙종에게 몰래 저주의 사건을 고했다고 적혀 있다. 단순히 숙빈 최씨가 인현왕후에 대해 깊은 충성심을 갖고 있었다고 여겨졌던 이 부분을 다시 보자.

갑술환국 때 장희재 등은 작은아기가 김춘택 등과 관계를 맺으면서 그녀가 서인들에게 장희빈과 장희재, 숙정 등이 벌인 저주에 대해 알려 주었다고 했다. 그렇다면 서인들은 이미 저주에 대해 알고 있었고, 숙빈 최씨 역시 궁에 살고 있었으니 그에 대해 알고 있었을 가능성이 있다. 그런데 왜 서인들은 그런 사건에 대해 알고서도 숙종에게 상소로 알리지 않은 것일까?

장희빈과 장희재의 죽음은 숙종의 일방적인 비망기로 이루어졌다. 신하들이 청한 것이 아니라 숙종이 '그들에게 이런 죄가 있으니 죽여야겠다' 라고 한 것이다.

인현왕후의 죽음과 장희빈의 저주에 대해 알린 사람은 김춘택 등의 서인들이 아니라 숙빈 최씨였고, 그 일을 최씨 단독으로 벌인 일이라고 보아도 좋을지는 알 수가 없다.

"민종도가 듣건대, 폐비가 그 자리에 있을 때에 재물을 아끼지 않고 궁인들을 은덕으로 다독거렸고, 김 귀인 또한 지혜가 많아 아끼는 것이 없어 모두 궁중의 인심을 얻었다고 했는데, 요사이 듣건대, 중궁(희빈 장씨)께서는 재리에 인색하고 형벌을 지나치게 하므로, 궁중이 더러는 원망하고 있다고 한다."

-숙종 20년(1694년) 6월 3일

인현왕후가 폐위되고 복위되기 전 장희재는 민종도로부터 인현왕후가 중전이었을 때는 재물을 아끼지 않고 궁인들을 다독거렸는데 장씨는 인색하고 형벌이 지나쳐서 궁인들이 원망하고 있다는 얘기를 들었다.

이는 인현왕후와 장씨의 처세 방법이 극도로 달랐다는 사실을 알려주기도 하지만 인현왕후와 영빈 김씨 등이 궁을 나가서도 궁녀들과 관계를 유지할 수 있었던 이유에 대해 말해 주기도 한다. 인현왕후 등은 궁을 나가서도 여전히 궁인들과 연결되어 있었고, 그 궁인들 중에는 숙빈 최씨도 있었을 것이다. 김춘택이 세자를 해치려 했다는 것 또한 숙빈 최씨의 아들인 연잉군(영조)이라는 대안이 있었기 때문에 지나친 얘기가 아닐 가능성이 많다.

서인들은 공주들과 궁녀들을 통해 숙종을 지나치게 간섭하고 염탐하다가 결국 쫓겨나고 말았지만 큰 교훈을 배웠다. 그들이 장희빈에 대해 알리는 것을 직접 하지 않고 숙빈 최씨를 통하게 한 것이 그 교훈의 결과였다.

갑술환국의 해에 최씨는 연잉군을 낳으면서 숙종의 총애를 한 몸에 받았고, 인현왕후가 사망한 즈음까지 사랑과 함께 신뢰를 차근차근 쌓았다. 그런 후궁이 얘기하는데다가 장희빈에 대한 애정이 식어 버렸고, 인현왕후까지 죽었으니 숙종은 불안감이 생겼을 것이다. 세자가 왕이 되면 장희빈이 다시 왕비가 되지는 못할지언정 왕의 어머니가 되어 덩달아 남인의 기세는 살아날 것이었다. 그러니 왕과 왕의 어머니를 등에 업은 남인 측이 다시 서인들과 전쟁을 벌이게 될 것이라는 것은 불을 보듯 뻔한 일이었다.

그래서 숙종은 갑술환국을 일으켜 서인들을 다시 불러들였다. 그리고 이후 숙종에게는 왕비의 자리에서 쫓겨났지만 왕의 어머니가 될 날만을 기다리고 있었던 장희빈과 남인들을 제거하면 서인들의 비호를 받고 있는 숙빈 최씨와 그녀의 아들 연잉군, 셋째 아들 연령군의 안위까지 보장받을 수 있으리란 계산이 섰다. 그리고 더불어 조정을 장악하고 있던 서인들에게 다시금 기사환국 같은 것은 일으키게 하지 말라는 경고 메시지도 줄 수 있을 것이었다.

숙종은 그런 사실들을 다 감안하고 장희빈을 죽였던 것이다. 단순히 총애하는 후궁인 최씨의 말 때문은 아니었단 얘긴지만, 그렇다고 해서 숙빈 최씨의 역할이 작아지는 것은 아니다. 공주들과 궁녀들이 자신을 염탐하고 간섭하는 것에 굉장한 거부감을 지니고 있었던 숙종이었기에 그를 부추기는 것은 아무나 할 수 없는 일이었던 탓이다.

갑술환국 때에도 서인들은 장희재가 숙빈 최씨를 죽이려 했다는 말로 환국의 발판을 마련했다. 결국 장희재와 남인들은 인현왕후를 모함했다는 죄목으로 쫓겨났지만 최씨가 아니었다면 사건이 어떤 식으로 전개되었을지는 모르는 일이지 않겠는가.

숙종대는 공주들과 인현왕후 등의 왕족들과 천한신분의 궁녀들까지 정치에 참여했던 때였다. 숙빈 최씨 같은 여성이 활동하고 자신의 위치를 잡을 수 있는 환경이 마련된 시대였던 것이다. 그리고 그런 상황이었음에도 최씨를 가리켜 단연 군계일학(群鷄一鶴)이라 말하지 않을 수가 없다.

공주들이나 인현왕후와 영빈 김씨, 장희빈까지도 가문적 배경이 있었다. 그

왕의 산책 재현 모습 왕이 궁을 산책하는 것을 재현한 모습이다. 이런 여유로운 한때가 왕의 눈에만 띄면 인생역전의 기회를 잡을 수 있었던 궁녀들이 기회를 잡을 수 있었던 때는 아니었을까. ⓒ김미애

들은 그들이 설 자리를 선택할 여지가 없었고 그럴 필요도 없었다. 그러나 최씨는 달랐다. 그녀는 서인이니 남인이니 하는 배경이 없었다. 그녀는 스스로 어디에 서야 할지 선택할 수밖에 없었다.

그녀의 출신은 중요하다. 그것이 중요한 이유는 사실은 그녀가 좋은 가문의 출신이니 고상하고 품위 있게 타고났다고 말하기 위해서가 아니라 그녀가 어떤 사람인지, 얼마만큼의 능력을 가진 사람인지를 말해줄 것이기 때문이다. 그녀가 시작한 곳이 어딘지 알면 그녀가 치고 올라온 현실이 놀랍거나 혹은 당연해질 수도 있을 것이다. 그녀는 천한 신분 출신일 수도 있고 양인이나 중인 출신, 혹은 몰락한 양반 출신일 수도 있다.

그리고 그녀의 입궁 자체가 남인이 장희빈을 입궁시켰던 것처럼 서인의 전

략일 수도 있다. 그렇지만 그 모든 가능성에도 불구하고 그녀가 고아였으며 기댈 데가 없었던 사람이었다는 건 사실로 믿어도 좋을 듯하다.

> 숙빈 최씨가 졸하였다. 임금이 예장(禮葬, 국가에서 예를 갖추어 장사지내는 것) 등의 일을 예에 의하여 거행하게 하였다. 관판(棺板, 관을 만드는 데 쓰는 넓고 긴 널빤지)을 수송하게 하고 또 제수를 넉넉히 보내도록 명하였다.
>
> -숙종 44년(1718년) 3월 9일

그녀는 1718년 49세의 나이로 죽었다. 실록에 남은 그녀의 졸기는 소박하기 이를 데 없다. 그녀의 아들 영조가 왕으로 즉위하는 것이 1724년이니, 최씨는 당시 일개 왕자의 생모일 뿐이었기에 졸기는 소박할 수밖에 없었을 것이다.

그녀는 서인이 다시 정권을 잡고 인현왕후가 복위되는 일들에서 중요한 역할을 해왔는데도 이렇듯 기록도 변변치 않다. 그건 그녀가 자신의 능력과 한 일만큼의 주목은 받지 못했으며 주목을 받지 못한 이유는 그녀에게 '아무것'도 없었기 때문이다.

제대로 된 가문적 배경도, 의지할 데도 없었던 그녀였기에 정1품 빈의 자리와 왕이 된 아들의 존재가 더욱 빛났다. 그녀의 출신이 낮을수록 그녀는 대단한 사람이 된다. 그녀의 입궁이 장희빈의 경우처럼 서인의 전략이었다 해도 그건 마찬가진데, 영빈 김씨 역시 전략적으로 후궁이 되었지만 숙종의 사랑을 받지 못했다.

눈에 띄는 일이야 아름다움을 갖춘다면 어느 정도 가능한 일이겠지만 왕과의 관계를 유지하고 신뢰를 얻는 일은 전적으로 혼자 하지 않을 수 없기에 진정한 능력이 드러나는 것이다.

최씨는 운이 좋았다. 그러나 그녀가 아무것도 없는 상태에서 왕의 후궁이 되고, 정1품의 지위에까지 올라 편안히 자기 수명을 다하고 죽은 것과 아들이 왕이 된 것을 그녀가 단지 운이 좋았기 때문이라 할 수만은 없을 것이다. 일단 주목을 받는 위치에 올라서면 제 목숨 구하기도 급급해졌던 당시의 상황에서 그저 좋은 운만으로 산다는 게 가능한 일이었을까.

최씨가 바로 장희빈의 적수였다. 장희빈이 그녀에게 모질게 굴었다는 얘기가 많이 전해진다. 만약 정말 그랬다면 그것이 투기나 질투와 관계가 있을 수도 있겠지만 또 한편 그녀가 서인, 자신의 적이었기 때문이라고도 볼 수 있다.

장희빈이 악독하고 최씨는 순수하고 착해서 당하고 가하는 입장이 아니라 그녀들을 서로 적과 적의 관계로 한번 놓아 보자. 장희빈만큼은 아니었더라도 숙빈 최씨는 분명히 숙종에게 사랑을 받았고, 그녀의 말 한마디 또는 그녀의 존재가 주는 영향력도 컸다.

그녀의 고정된 캐릭터를 배제하고 단순히 그녀의 '행동' 들에만 집중하면 최씨는 그냥 보통 인물이 아니다. 왕의 총애를 등에 업고 권력과 높은 지위를 누린 여자가 그녀 하나만이 아니다. 당대에는 장희빈이 그랬고 장녹수나 김개시 같은 인물도 있었다. 그러나 그들은 결국 왕의 사랑이 식거나 혹은 왕의 사랑 그 자체 때문에 말년이 좋지 않았다.

그런데 최씨는 어떠한가. 그녀 역시 왕의 총애를 받았고 아들을 낳았으며 그녀의 신분으로는 상상도 하지 못했을 정1품 빈의 자리에까지 올랐다. 아마도 이 부분까지는 다른 그녀들과 비슷할 것이다.

그러나 바로 거기서부터 그녀의 다른 점이 눈에 띈다. 그녀 역시 왕의 총애가 충분히 이용가치가 있는 것이란 건 알았을 것이다. 하지만 그게 영원할 거란 믿음은 없었던 듯하다.

최씨는 미래를 정확히 볼 수 있었다. 무언가 '있을 때' 가 아니라 '없을 때'를, 무엇을 '가지면' 이 아니라 '잃으면' 을 보았던 것이다.

> 숙종의 후궁 영빈 김씨가 졸하였다. 김씨는 김창국의 딸로서 궁궐에 뽑혀 들어와 후궁이 되었는데, 숙종의 대우하는 예가 다른 빈어(후궁)와는 달랐으므로 임금도 또한 그를 예로써 높이었다. 이때에 이르러 졸하니, 임금이 말하기를,
> "선대 왕조의 후궁은 다만 이 한 사람만 남았었다. 일찍이 인현 성모(인현왕후)와 더불어 기사년(1689년)의 환란을 만났었다가, 갑술년(1694년) 성모께서 복위되었을 때에 그도 또한 복작되었었다. 내가 어렸을 때에 항상 어머니라고 일컬었는데 지금 그 상을 당한 소식을 들으니 슬픈 감회를 억누르지 못하겠다."
>
> -영조 11년(1735년) 1월 12일

> "내가 어린 나이 때부터 영빈을 많이 의뢰하였다. 일찍이 사직에 들어왔을 때에 혹 음식을 나에게 먹여 주기도 하였는데, 언뜻 엊그제 일 같다."
>
> -영조 16년(1740년) 1월 9일

> "내가 이제는 한이 없다. 영빈은 어느 해에 궁에 들어왔는가? 사친과 사이가 가까웠다."

육상궁 숙빈 최씨의 신위를 모신 사당으로 칠궁(七宮)이라 부르기도 하는데, 이는 육상궁을 비롯한 다섯 채의 사당에 조선 역대 왕들의 친모로서 왕비에 오르지 못한 7인의 신위를 모시고 있기 때문이다. 육상궁의 현판이 진종의 사당인 연우궁과 같이 걸려 있는 모습이다. 육상궁은 경복궁 후원이었지만, 청와대가 들어선 이래 현재는 부분적으로만 일반인에 공개되고 있다. ⓒ김미애

하고, 승지에게 명하여 전교를 쓰게 하기를,

"내 어버이를 생각하였으면 마땅히 옛적을 생각해야 할 것이다. 민백상을 막힘없이 조용(調用, 벼슬아치로 등용함)하고 영빈의 가까운 친족으로서 벼슬이 없는 자는 곧 조용하라."

-영조 29년(1753년) 8월 6일

영조는 왕위에 올라 종종 영빈 김씨에 대해 추억하고 그녀가 어머니인 숙빈 최씨와 가까웠고 어머니라 부를 정도로 친밀했다고 말하곤 했다.

최씨는 서인의 가문에, 서인을 위해 궁으로 들어왔던 영빈 김씨와 무척이나 가깝게 지냈고 그것이 영조에게까지 영향을 미쳤다. 그녀는 서인을 위해, 자신과 아들의 목숨을 위해 정치판으로 뛰어들었고 서인과 끝까지 함께 할 정도로 확실한 믿음을 보여주었다. 그것은 서인이 나중에 자신의 아들을 보호하는 세력이 되어줄 것이라는 생각이 있었기 때문이다.

"사친께서는 평소 조심스런 마음으로 근신하셨으니."

-영조 즉위년(1724년) 11월 20일

"내가 모든 일에 있어서 사친을 따르려는 소심한 뜻을 되도록 제약함을 힘써 따르고 있는데,"

-영조 2년(1726년) 11월 8일

"내가 어렸을 적에 사친이 항상 조심하라고 가르쳤기 때문에 내가 지금까지도 마음에 새겨 행하고 있다."

–영조 13년(1737년) 1월 2일

나중에 영조는 왕위에 올라 어머니를 종종 회상하며 최씨에 대해 얘기하곤 했는데 그 얘기들에는 공통점이 있다. 항상 '근신하고 조심하라' 고 영조에게 가르쳤다는 것이다. 근신하고 조심한다는 것은 숙빈 최씨가 가진 이미지와 잘 맞아떨어진다.

"숙빈은 천부적인 바탕이 침착하고 간묵(簡默)하여 희로애락의 감정이 낯빛에 드러내지 않았습니다. 양전의 시봉을 밤낮으로 게을리 하지 않았거니와 엄숙하고 공경하며 조심스럽게 스스로를 신칙하였습니다. 여러 빈과 궁인을 만날 때에는 겸손하고 온화하여 언제나 그들의 환심을 얻었습니다. ……숙빈께서는 한층 더 겸손하고 두려워하며, 남의 장단점을 말하는 것을 더욱 좋아하지 않았습니다. 혹시라도 곁에서 모시는 자가 남의 장단점을 말하면 그때마다 따끔하게 훈계하고 꾸짖었습니다. 이에 궁중 안의 모든 사람이 이구동성으로 칭탄하고 찬미하였습니다. 숙빈의 형제 중에 군문에 적을 두었던 자는 숙빈이 봉작된 후에 그 직임을 내놓고 물러났는데 숙빈의 삼가는 마음이 실로 그렇게 만든 것입니다."

–숙빈최씨신도비

최씨의 신도비에서 그녀를 묘사하는 말들은 침착, 간묵, 엄숙, 조심, 겸손이다. 그녀는 변덕스러운 척하는 숙종이 보내는 무언의 경고를 유일하게 알아들은 사람이었다. 그리고 그녀가 쉽게 눈에 띄지 않았던 것은 아마도 그녀가 그녀 자신이 아들에게 강조했던 것처럼 근신하고 조심하며 물러나는 것이 무엇인 줄 알았던 사람이었던 이유도 있었던 듯하다.

공주들과 인현왕후, 장희빈에 궁의 궁녀들까지 숙종대의 여자들은 거의 대부분 굉장히 정치적이고 전략적으로 보인다. 그런데 그중 가장 그렇게 보이지 않는 사람이 바로 숙빈 최씨이다. 그러니 아마도 가장 정치적인 사람은 바로 그녀였을 것이다. 자신을 대놓고 드러내어 적들의 공격을 받아 타격을 입는 것만큼 정치적이지 못한 행동은 없을 테니 말이다.

가장 잘 숨어들고 가장 자신을 숙일 줄 아는 사람이 진정한 정치적인 사람이고, 그 사람이 바로 숙빈 최씨이다.

최씨는 정말 어떤 사람이었을까. 이야기에 끝에 와 있는데도, 그녀에 대해 이제 알 만큼 알고 생각할 만큼 생각한 것 같은데도 여전히 궁금하다.

그녀는 정말, 누구였을까?

그녀는 역설적이다. 알려진 것이 없지만 그 사실만으로 많은 것을 말해 주는 그런 사람이기에. 그녀가 단지 그녀의 좋은 운만으로 자신의 신분을 넘어선 자리에 올랐고 왕의 사랑을 받다가 천수를 누리고 죽었다면, 최씨가 죽었을 때 그녀의 운 또한 사라졌어야 맞다. 그런데 그녀의 운은 아들에게까지 전해졌고 아들을 왕이 되게 했다. 그것에는 분명 행운 이상의 무언가가 있다.

영조가 어머니 없이 산 세월은 61년이다. 어머니의 운과, 어머니의 능력을 신뢰하는 사람들의 도움을 받아 살았던 세월은 영조의 80여 년 평생 중 불과 20여 년밖에 되질 않았다.

숙빈 최씨가 없었던 60여 년 세월은 온전히 영조 혼자서 일구고 이끌어 나가지 않으면 안 되는 그런 시간이었다. 그는 어머니가 그랬던 것처럼 자신에게 힘이 되어줄 수 있는 '세력'을 선택해야 했고 신뢰를 주어 동지애를 확인시켜야 했으며 자신이 왕위라는 엄청난 자리에 올라설 만한 자질이 있음도 보여주어야 했다. 숙빈 최씨가 서인을 선택했고 인현왕후와 영빈 김씨와 가까이 지내며 중요한 순간마다 자신의 가치를 확인시켰던 것처럼 그렇게.

숙빈 최씨는 재능을 가지고 있었고 능력을 극대화시킬 줄 아는 사람이었다. 그리고 어머니의 그런 장점을 아마도 영조는 조금이나마 물려받았을 것이다. 그러나 그보다 더 중요한 것은 교육이다.

숙빈 최씨는 아들을 어떻게 교육했을까? 물론 왕자의 교육이야 궁에서 똑똑한 신하들이 해주었겠지만 최씨가 아들에게 했던 교육은 그들이 했던 것과는 비슷하지 않았을 것이다.

살아가는 방법. 아마도 최씨는 그것을 아들에게 가르쳤을 것이다. 숙종대에 왕자의 자리에 있다는 것은 목숨의 위협을 받을 가능성이 많다는 것을 뜻했고, 최씨가 영조에게 가르쳤다는 '근신하고 조심하라'는 말에는 그 이상의 의미가 있었던 것이다. 그 가르침을 받은 아들은 왕이 되었고, 왕으로 52년을 살다가 죽었다.

알 만큼 알고 생각할 만큼 생각한 것 같은 데도 도무지 알 수 없는 여자 최씨를 더 알기 위해, 이제는 그 아들에게 시선을 옮길 것이다. 그 아들이 가진 어머니에 대한 그리움도 볼 것이고, 어머니의 가르침을 왕으로 살면서 어떻게 재현했는지도 볼 것이다.

그리고 그녀의 아들이 가진 모습에서 또 한 번 볼 것이다. 숙빈 최씨가 정말 누구였는지, 어떤 사람이었는지를.

1. 숙종, 경종을 버리고 영조를 취하다
2. 경종과 영조, 이복형제의 전쟁
3. 숙빈 최씨의 아들, 연잉군
4. 숙종의 아들, 정조의 할아버지 영조

제7장

영조, 왕의 아들

아! 우리 선대왕(영조)은 간고한 때를 만나 화란의 근원을 막고 탕평(蕩平)한 왕도(王道)를 표준으로 세워 무기를 예절로 바꾸고, 싸움터를 편안한 잠자리로 만들었으며, 두루 다스리고 조절하며 따뜻이 천지를 덮어 주어 길러 주고 조정을 큰 화합과 만물의 근본이 되는 정기 가운데 올려놓았다. 52년 동안 왕위에 앉아 있으면서 나 소자(小子)로 하여금 오늘이 있도록 만들어 주었으니, 자손에게 물려준 계책은 지극하고 극진한 것이었다.

–정조 8년(1784년) 7월 7일

조선 최후의 르네상스 영조와 정조의 시대.

탕평을 외치던 영조는 당쟁에 휘말려 아들을 죽였다.
그러나 르네상스를 이끌던 그의 손자 정조는 할아버지가 바로 나로 하여금 오늘이 있도록 만들어 주었다고 말한다.
정조를 만든 것은 영조이다.
그렇다면 영조를 만든 것은 누구일까?

1. 숙종, 경종을 버리고 영조를 취하다

1717년, 마치 드라마의 장면이 전환하듯 시간이 흐르고 이제 숙종은 쉰일곱의 나이로 접어들어 있었다.

이야기는 효종이 사망하고 현종이 즉위할 무렵부터 시작되었다. 치열한 예송논쟁과 당쟁, 그리고 어린 왕의 즉위와 그 왕의 치열한 46년. 그리고 이제 이야기는 그 왕의 막바지에 이르러 있다. 열네 살의 나이였던 왕은 이제 쉰을 훌쩍 넘겨 육십에 가까워 있었고 보잘 것 없기만 했던 왕권은 할아버지들과 아버지 등 그 누구보다 강해져 있었고 신하들은 그를 두려워하고 있었다.

그러나 왕은 하루가 다르게 한층 침침해져 있는 눈을 문지르며 잠들지 못하고 있는데 그것은 나이든 이의 불면증 때문이 아니었다. 지나온 세월과 죽여야 했던 수많은 사람들, 지금은 두려운 눈빛을 보이지만 언제든 날을 세우고 달려들 것 같은 신하들. 왕은 자신의 과거 때문만이 아니라 아들의 미래와 왕실의 미래 때문에 잠 못 들었을 것이다.

어좌가 주는 막막함과 공포를 46년간 체험했던 왕이기에, 이제 머지않아 그 공포를 아들에게 물려줄 수밖에 없다는 것을 깨달았기에.

장씨의 아들 세자는 이미 서른, 최씨의 아들 연잉군은 스물네 살의 장성한 나이였는데 바로 이 해가 정유독대(丁酉獨對)가 이루어진 해다. 정유독대란 좌의정인 노론 이이명과 숙종이 정유년에 단둘이 이야기를 나눈 것을 말한다.

정확히 7월 19일이었던 그날에 숙종은 이이명, 민진후 등 여러 신하들이 자리한 가운데 진찰을 받고 침을 맞았다.

> "왼쪽 눈이 어두워서 문서를 보기가 매우 어렵다. 그런데 오른쪽 눈도 또 이러하니 눈앞의 걱정은 어두워 보이지 않는 데에 있을 뿐만이 아니다. 안력을 쓰지 않으면 혹 조금 나아질 방도가 있을 것도 같은데 지금은 문서가 매양 대단히 많은 상황이니, 이와 같은 상황이 계속된다면 이는 장님이 되는 것을 재촉하는 격인 것이다. 반드시 변통시키는 방도가 있은 뒤에라야 병이 더해지는 걱정이 없게 될 것이다."
>
> 하니, 이이명이 말하기를,
>
> "하교가 이러하시니 변통시킬 방도를 여러 신하가 누군들 심력을 기울여 생각하지 않겠습니까? 그러나 아래에서 변통시킬 수 있는 것은 문서를 줄이는 것에 불과합니다. 신의 천박한 소견으로는 모든 올리는 문서를 소리내어 읽는 것이 분명한 사람이 읽게 하시고, 전하의 재가를 받을 때는 혹 판부(判付, 임금에게 올리는 문서를 임금이 허가하는 일)를 내릴 수도 있으니, 왕세자에게 명하여 곁에 있으면서 참여하게 함으로써 정무를 분명히 익히게 하지 않을 수가 없습니다."
>
> -숙종 43년(1717년) 7월 19일

숙종은 눈이 어두워서 문서를 보기가 힘들다며 병이 더해지지 않도록 방법을 강구해야 한다고 신하들에게 말했다. 그러자 이이명이 기다렸다는 듯이 세자를 정무에 참여시키지 않을 수 없다는 얘기를 꺼낸다. 숙종은 또 당나라 태종도 말년에 이런 적이 있지 않았냐며 물었고 다시 이이명이 세종대에도 문종을 정무에 참여시킨 적이 있다고 대꾸했다.

숙종은 세자에게 대리청정을 시키면 어떨까 신하들을 떠보고 있었던 것인데, 이이명은 맞장구를 치면서도 이 일은 지극히 중대하므로 창졸간에 결정할 일이 아니라며 더 생각해 보시라는 말로 슬며시 다시 물러섰다. 이런 대화가 오고간 후 신하들은 물러나왔다.

그런데 미시(오후 1~3시)에 집무실인 희정당으로 나간 숙종이 다시 이이명에게 들어오라 명했다. 항상 그렇듯 승지와 사관 등이 이이명과 함께 들어가려 했지만 숙종의 명을 받은 내관에 의해 저지당했다. 입시를 저지당한 이들은 벌을 받더라도 들어가자, 전하가 이이명 혼자만 들어오라 했는데 들어가면 안 되지 않을까 등 이견이 분분하다가 마침내 의견을 좁혔다.

> 남도규 등이 또 승전색을 시켜 승지와 사관이 결국 바로 들어가겠다는 뜻을 급히 주달하게 하고 걸음을 옮겨 나아가려 할 즈음에 임금이 비로소 입시하라고 허락하였으므로, 마침내 차례대로 나아가 부복하였다. 임금이 이르기를,
>
> "승지는 누구인가?"
>
> 하니, 이이명이 아뢰기를,
>
> "남도규입니다."
>
> 하였다. 임금이 이르기를,

"대신이 독대한 경우는 예전에도 있었다. 그러나 승지와 사관이 극력 쟁론하면서 함께 입시한 것은 매우 옳은 일이다."

하였다. 이때 이이명은 이미 물러나와 자기의 자리에 부복하고 있었기 때문에 이날 임금 앞에서 있었던 이야기는 드디어 전하지 못하게 되었다.

-숙종 43년(1717년) 7월 19일

승지와 사관들은 어쨌든 들어가기로 결정을 보았는데 때마침 숙종의 허락도 떨어졌다. 그러나 승지 등이 들어갔을 때는 이미 이이명과 숙종 사이의 모든 얘기는 끝이 나 있었다.

아마도 신하와 왕이 겨우 조금 얘기한 것에 정유독대와 같은 거창한 이름이 붙는지 의아할 것이다. 그러나 왕이 듣는 이 하나 없이 신하 한 사람만 데리고 얘기를 한다는 것 자체가 조선에서는 금지된 것이었다.

그 이유는 '독대(獨對)'라는 말 자체가 밀실정치와 같은 것이라고 말할 수 있기 때문이다. 그런 까닭에 이이명과의 독대는 당시 많은 신하들로부터 강력한 질타를 받았다. 그리고 이 독대에서 숙종과 이이명이 무슨 이야기를 나누었는지도 물론 알려지지 않았다. 다만, 이후 세월이 흐르면서 조금씩 그 내용이 밝혀졌는데 그것은 숙종이 연잉군과 연령군 두 왕자를 이이명에게 부탁했다는 것이었다.

이날 숙종은 경종의 운명을, 자기 아들의 미래를 자신의 손으로 바꾸어 버렸다. 세자 외의 아들을 부탁한다는 것은 세자를 버려도 된다는 뜻도 되는 것이었고 독대가 이루어지기 전에 대리청정에 대해 신하들을 떠보고 이이명과 대화를 나눈 후 숙종은 잠시라도 지체할 수 없다는 듯 바로 그날에 세자에게 대리청정을 시키겠다는 말을 꺼냈다.

> "지금 왼쪽 안질이 더욱 심하여 전혀 물체를 볼 수가 없고, 오른쪽 눈은 물체를 보아도 희미하여 분명하지 않다."
>
> -숙종 43년(1717년) 7월 19일

'눈이 잘 보이지 않는다' 라는 이유는 괜찮은 핑계거리다.

또한 이미 숙종의 나이가 육십에 가까웠고 세자도 서른이나 먹었으니 대리청정이 지나친 것도 아니다. 단지 그 시기가 이이명과의 독대 이후라는 것, 그리고 이이명이 노론의 영수였다는 것이 문제였다.

장희빈이 죽고 나서, 아니 그 이전 인현왕후가 복위하면서 소론은 장희빈과 세자를 지지하기 시작했다. 애초에 인현왕후 복위 운동을 같은 서인인 노론과 소론이 모두 계획했지만 이미 뜻이 다른 그들의 계획은 '각자' 의 것일 수밖에 없었다. 그런데 복위가 결국 노론가문의 일원인 김춘택 등에 의해 성공한 것이나 마찬가지가 되었으니 소론은 노론과는 다른 길을 가지 않으면 안 되었던 것이다.

> "신이 병상에 누워 숨이 장차 끊어지려는 가운데 삼가 듣건대, 전하께서 신하들과의 자리에서 이러저러한 분부를 춘궁(세자)에 언급하셨는데 온 조정이 두려워 떨고 있으며 여러 사람의 마음이 소란하여 평온하지 못하다고 하니, 이것이 진실로 무슨 일이란 말입니까?"
>
> -숙종 43년(1717년) 7월 28일

영중추부사 윤지완의 상소 중 일부다. 그는 당시 83세의 나이였으며 병으로 조정에서 물러나 시골집에서 지내고 있는 상태였다. 게다가 병으로 한쪽 다리가 떨어져 나갔다고 하는데 실제로 그는 1년 후 세상을 떠난다.

이런 윤지완이 힘겹게 한성으로 올라와 상소를 올렸으니 숙종이 세자에게 대리청정을 시키겠다는 명이 어떻게 받아들여진 것인지 짐작이 간다.

윤지완은 세자가 떨리고 송구스러워 갑자기 명을 받들기가 곤란할 것이라며 우선 억지로 하기 어려운 명을 천천히 하도록 하고 세자로 하여금 항상 측근에 모시게 하여 작은 일을 처리하게 하면 숙종의 번거로움을 덜게 되고 국사가 지체되는 걱정이 없게 될 것이니, 대리청정하는 일은 천천히 논의해도 늦지 않을 것이라고 말했다.

윤지완의 반대는 신하된 입장에서는 당연한 것이었다. 대리청정이나 왕이 물러나서 세자에게 왕위를 물려주겠다는 등의 얘기를 꺼내면 일단 신하들은 앞다투어 명을 거두어 달라고 청하기 마련이다.

나중에 어떤 식으로 일이 풀리든 일단 전하가 안 계시면 이 나라가 어찌 되겠느냐는 식의 말로 대응하는 것이 왕과 신하들 사이의 짜고 치는 고스톱이라는 얘기다. 그런데 윤지완 같은 소론들이 대리청정을 거두어 달라고 한 것은 그런 식의 의례적인 게 아니었다.

소론은 분명 노론과 숙종에게 무슨 꿍꿍이가 있는 것 같기는 한데 그게 뭔지 알 수가 없었고, 암튼 그게 뭔지 몰라도 확실히 세자에게 안 좋은 일이라는 눈치를 챈 것이다.

"삼가 생각하건대 저하께서 정사를 자세히 듣고 판단하신 지 비록 오래

되었다 하나, 아직 명령과 처리가 스스로 결단하신 데에서 나온 적이 없었고, 승지가 입대할 때에 '달(達)' 자를 찍어 내리는 데에 지나지 않았으며, 전례에 따라 문서로 답할 따름이었습니다. 대저 어찌 실덕(失德, 덕망을 잃음. 또는 그런 행실)과 폐정(弊政, 폐단이 많은 정치)이 있어 재이(災異, 재앙이 되는 괴이한 일)를 불러 앙화를 초래하는지요? 신이 저으기 생각해 보건대 저하의 과실은 너무 지나치게 간묵(簡默, 말수가 적고 태도가 신중함)하시는 데에 있으니, 《서경(書經)》 열명편에도 이르기를, '말을 하지 않으면 신하들은 명령을 받을 수 없게 된다' 하였습니다.

무릇 호령을 낼 때에는 반드시 말을 기다린 후에 선포하고, 제정한 일이나 재결하는 일도 또한 말을 기다린 후에 결단하는 법이니, 말씀을 하지 않으시면 어떻게 정사를 다스릴 수 있겠습니까?…… 어찌 그다지도 한만하고 답답하기만 하여 한 번 과단성을 발휘하여 운용할 기회를 잃는단 말입니까? 삼가 원하건대 저하께서는 이제부터 무릇 대소 관원을 인접하실 때 흔쾌하고 허탄한 마음으로 막힘없이 꿰뚫어 보시어 호분누석(毫分縷析, 털을 나누고 실오라기를 쪼갠다는 뜻으로, 아주 잘게 나눔을 이르는 말)하듯 분별하시고 강물이 흐르듯이 명쾌하게 결단하소서."

-숙종 45년(1719년) 10월 7일

경종이 대리청정의 명을 받은 지 2년여 후인 1719년의 기록이다.

세자시강원의 보덕 관직에 있었던 송성명의 상소인데 그 내용이 너무 적나라한 비난일색이라 얼굴이 화끈거릴 정도다.

송성명은 경종이 스스로 결단하지 못하고 그저 결정한다는 뜻의 '달(達)' 자만 찍어 내릴 뿐이며 말을 하지 않으면 신하들은 명령을 받을 수 없게 된다는 말이 있다고, 말을 하지 않으면 어떻게 나랏일을 하겠냐고 몰아세운다.

송성명은 경종이 과단성이 없고 명쾌하지 못하며 답답하기 짝이 없다고 말하는데, 그의 상소에는 다음 왕이 될 사람을 대하는 조심성이 전혀 담겨 있지 않다.

그런데 경종이 뭐라고 했을까. 그는 그저 '말이 지극히 간절하니, 매우 가상하게 여긴다'는 대답으로 모든 비난을 온몸으로 받아들였다.

송성명은 세자를 가르치는 세자시강원의 관리였으니 경종의 스승이 된다. 그러니 제자에게 좀 과격한 말로 가르침을 줄 수도 있긴 하다. 그러나 과단성이 없다던가 답답하다던가, 말이 없다던가 하는 것은 가르쳐서 될 문제에 속한 것이 아니다. 송성명은 그저 경종을 비난하고 있을 뿐이다.

송성명처럼 노론은 경종의 대리청정 내내 그를 끌어내릴 약점을 잡아보려 눈을 밝히고 온갖 신경을 곤두세우고 있었다.

경종에게 대리청정은 미래의 왕이 가져야 할 배움의 기회가 아닌 그저 함정일 뿐이었다. 노론은 세자가 대리청정 중 잦은 실수를 저지르고 왕으로서의 자질이 없음을 몸소 보여주리라 기대했던 것이다.

그러나 뛰어나다고는 할 수 없었던 경종이지만 그는 어머니 장씨가 가졌던 경솔함까지는 배우지 않았다. 잘하진 못해도, 또 못한다고 할 수는 없었던 경종을 물어뜯을 핑계거리라고는 왜 확실하게 말하지 않는가, 왜 과단성이 없는가 하는 것들뿐이었다.

경종은 그렇게 숙종이 죽기 전까지 3년의 대리청정을 견뎌냈다.

정문의 중앙에 어좌를 베풀었는데, 사왕(嗣王, 왕위를 이은 임금)이 어좌의 동쪽에 서서 사양하고 나아가지 않다가, 승지와 대신이 앞으로 나아가 힘써 청하니 비로소 어좌에 올랐다. 3품 이상은 조복을 갖추어 입고 3품 이하는 흑단령을 갖추어 입었다. 백관이 머리를 조아리고 산호천세(山呼千歲, 신하들이 임금의 만수무강을 축원하여 두 손을 치켜들고 천세를 부르던 일)를 부르니, 환궁하였다.

-경종 즉위년(1720년) 6월 13일

경종은 새로운 왕으로 즉위했지만 불행은 쉽게 끝나지 않았다.

여전히 달라진 것은 별로 없었다. 아버지 숙종은 경종을 뒷받침해 주지 않았고, 죄를 지어 죽임을 당한 어머니의 아들로 사는 것은 어깨를 움츠리게 하

의릉의 정자각 의릉은 조선 제20대 왕 경종과 계비 선의왕후 어씨의 무덤이다. 왕릉과 왕비릉을 앞뒤로 배치한 구조로, 규모가 작고 석물이 간소하다.

건구고궁(乾九古宮) 현판 건구(乾九)란 '하늘에 올라가지 않고 숨어있는 용'을 말하는데, 영조가 즉위하기 전에 머물던 창의궁 정당에 직접 글씨를 써서 걸었다. 창의궁처럼 왕이 되기 전에 살았던 곳을 잠저(潛邸)라 하는데, 용이 못에 숨어 있다가 승천하는 것에 비유하여 잠룡(潛龍)이라고도 했다. 국립고궁박물관 소장.

는 일이었기에 조선의 세자로, 조선의 제2인자로 살았던 경종이지만 그에게는 힘이 없었고 즉위한 후도 달라지지 않았던 것이다. 게다가 이제는 노론의 공격과 가장 위협이 되는 동생 연잉군도 그 혼자 감당해내야 했다.

영조는 이미 말했듯 1694년에 태어났다. 갑술환국의 해에, 아마도 어머니 최씨에 대한 숙종의 총애를 극에 달하게 만든 게 바로 영조였을 것이다.

영조는 그의 형 경종과 여섯 살의 차이가 나고, 최씨나 장씨 모두 천한 신분이었기에 그 처지 역시 비슷했다. 그러나 영조는 이미 자신의 어머니와 형의 어머니가 엄청나게 다른 처지로 전락한 상황에서 세상으로 나왔다.

희빈과 숙빈, 두 사람 다 빈의 위치에 있었지만 희빈이 지는 해라면 숙빈은 한창 뜨고 있는 데다가 영조를 품에 안겨줌으로 인해서 더 이상 부러울 게 없을 만큼의 사랑을 숙종에게 받고 있었다.

하필 그 시기에 아들을 낳아준 것이 숙빈 최씨가 굉장히 운이 좋았다고 말할 수 있겠지만 영조가 하필 그 시기에 태어난 것 또한 대단한 운이었다.

더 사랑하는 여자의 아이가 더 예뻐 보이는 건 당연한 일이었고, 아들 하나만으로는 부족하고 불안한 왕실에서 영조의 존재는 그만큼 크고 기쁜 것이었다.

영조가 태어난 지 5년 후, 명빈 박씨가 아들을 하나 더 낳았고 숙종이 셋째 아들 연령군을 무척 아꼈다고는 하지만 영조에 대한 애정이 줄어든 것은 아니었다.

> 왕자 연잉군이 궁에서 사제로 나갔다. 작년 이래로 해당관청에서 여러 번 출합(出閤, 왕자나 공주가 결혼한 뒤에 궁을 나가는 것)의 날을 가렸는데도 기일에 미치면 임금이 문득 명하여 조금씩 뒤로 물리더니, 이때에 이르러 비로소 출합한 것이다.
>
> –숙종 38년(1712년) 2월 12일

영조는 11살의 나이에 혼인을 했다. 혼인할 당시에도 사치가 법도를 넘어 혼인하는 데 쓰인 비용이 만금으로 헤아릴 정도였다고 하는데 숙종은 연잉군에게 좋은 집까지 지어주고 싶어 했다.

숙빈 최씨가 훌륭한 저택을 갖고 있었는데도 임금은 또 왕자를 위하여 별도로 저택을 세우고자 하였다는 비난조의 글이 실록이 실려 있을 정도였으니 숙종은 연잉군을 위해 무엇이든 해주고 싶었던 게 분명하다.

또한 영조는 혼인하고 바로 궁을 나가지도 않았다. 혼인한 것이 열한 살 때였는데 궁을 나간 것은 열아홉 살 때인 1712년에 이르러서였다. 궁을 나갈 날을 가렸는데도 그 날이 가까워 오면 숙종이 자꾸 뒤로 미뤄 늦어졌다는 것이다. 세자가 아닌 왕자들은 혼인을 하면 궁을 떠나야만 하는데도 숙종은 차마 아들을 떠나보낼 수가 없을 만큼 사랑했다. 더 오래오래 곁에 두고 싶어 했다.

그래서 이이명과의 독대가 숙종이 당시 지니고 있었던 비슷한 감정선의 연장으로 이루어진 것이라고 보아도 좋을 것이다.

숙종은 자라면서 점점 불안하고 마뜩치 않은 모습을 보이는 경종이 만족스럽지 못했고 자신이 그의 어머니를 죽였으니 경종이 나중에 연산군 같은 군주가 되지 않을까 하는 것도 염려하지 않을 수 없었다.

게다가 경종과 영조 두 아들과, 그 뒤를 받치고 있는 노론과 소론이 갈등을 일으키고 있으니 자신이 죽고 나면 그 갈등이 본격적으로 치열한 전쟁의 양상으로 발전할 것 역시 예상할 수 있는 사실이었다.

사랑하는 귀한 아들들, 연잉군 영조와 연령군을 부탁할 만큼이니 숙종은 노론인 이이명을 분명 신뢰했을 것이다. 하지만 숙종이 노론을 선택한 것은 40여 년의 세월을 왕으로 보내고 나서야 뒤늦게 깨달아버린 어떤 '사실' 때문이었다.

숙종은 오로지 혼자 힘으로 기사환국(己巳換局)과 갑술환국(甲戌換局)을 감행하고, 장희빈을 죽이는 경고로 이후 30여 년을 조선 후기대에서는 보기 드물게 강한 왕권을 가지게 되었다. 그러나 그는 그 왕권이 다음 왕에게 물려줄 수 없는 것이란 걸 잘 몰랐다. 그가 죽으면 그의 왕권도 죽는 것이란 걸 숙종은 너무 늦게 깨달았다.

숙종은 어쨌든 노론과 소론이 전쟁을 벌일 것이고, 그 중 어느 한쪽을 선택해야 한다면 이길 가능성이 더 많고 경종보다 더 안정적으로 보이는 영조를 지지하는 노론을 선택해야 한다는 것도 알았다. 영조는 그런 아버지의 불안과 왕실의 미래에 대한 마지막 의지로 인해 본격적인 왕위경쟁에 뛰어들 수밖에 없었던 것이다.

형제, 그것도 '이복' 형제가 주는 어감에서 찾아지는 그 갈등과 불안들. 경종과 영조는 그런 것들을 거의 모두 가지고 있는 사이였다. 어머니들 사이의 악연만으로 이미 그들은 금방이라도 터질 것 같은 폭탄을 안고 있던 것이니 경종이 간신히 왕으로 즉위했다 해서 폭발의 위험성이 조금이라도 사라지는 것이 아니었다.

2. 경종과 영조, 이복형제의 전쟁

"역적으로서 성상(聖上, 임금)을 시해하려는 자가 있어 혹은 칼로써 혹은 독약으로 한다고 하며, 또 폐출을 모의한다고 하니, 나라가 생긴 이래 없었던 역적입니다. 청컨대 급히 역적을 토벌하여 종사를 안정시키소서."

–경종 2년(1722년) 3월 27일

1722년 3월 27일, 서른아홉의 지관인 목호룡이 임금을 죽이려는 역적이 있다고 고변을 해왔다. 임금을 죽이려는 자가 있다는 엄청난 얘기를 털어놓으면서 그는 그게 부족하기라도 하다는 듯 덧붙이기까지 했다.

"역적 중에 동궁을 팔아 씻기 어려운 오욕을 끼치려 하는 자가 있습니다.

역적의 정상을 구명해서 누명을 씻어 국본을 안정시키소서."

–경종 2년(1722년) 3월 27일

목호룡은 '동궁을 팔아' 라고 말했다. 어쨌든 그는 누명을 씻어 국본을 안정시키라며 그것이 동궁, 즉 세제의 잘못이 아닌 양 말했지만 세제의 이름을 입에 올린 것만으로 목호룡의 의도는 충분이 전달되고도 남았다. '임금을 죽이려는 역적' 과 '동궁' 을 한자리에 놓았다는 사실만으로 이미 세제는 크나큰 타격을 입었고 그 파괴력은 엄청났던 것이다.

목호룡이 주장하는 역적에 대한 사연은 이러했다.

그는 십여 명을 고변하면서 그들이 담장을 넘어 궁궐로 들어가 칼로, 혹은 은을 상궁에게 주어 약을 타게 해서 경종을 죽이는 대급수와 경종을 무고하고 헐뜯어서 왕위에서 몰아낼 것을 모의하는 소급수를 계획했다며, 이것들이 경종이 즉위한 후 반 년 동안 있었던 일이라고 했다.

목호룡이 고변한 역모의 주모자들은 노론 측 대신들의 친척이거나 자손들이어서 사건은 순식간에 노론 전체를 휘젓기 시작했는데, 이것이 바로 8개월에 걸쳐 일어나게 될 국문의 시작이었다. 노론 4대신이라 불리는 이이명, 김창집, 조태채, 이건명 등이 사약을 받고 죽었으며 이들을 포함한 노론 측 60여 명이 목숨을 잃었고 170여 명이 형벌을 피하지 못했다.

이를 가리켜 신임사화(辛壬士禍), 혹은 신임옥사(辛壬獄事)라 하는데 사건이 일어난 해를 붙여 사건의 이름을 붙이는 방식과 조금 달리 '신임년' 에 일어났다 해서 이런 이름이 붙은 것은 아니다. 신임사화는 '신(辛)' 축년과 '임(壬)' 인년에 일어난 사건을 묶어서 부르는 말이다.

궁금해진다. 목호룡의 고변 사건은 임인년에 일어난 사건인데 신축년에는 대체 무슨 일이 있었다는 걸까?

경종이 즉위한 것은 1720년 6월 13일이었다.

목호룡의 고변사건이 일어난 것이 그로부터 2년 후 3월이었으니 그때는 솔직히 경종이 왕으로서 제대로 자리를 잡았다고도 말하지 못할 만한 시기였다. 그런 시기였기에 역모사건은 더욱 더 민감하게 다뤄질 수밖에 없었다. 아직은 비틀거리고 삐걱거리는 시기, 더더구나 당쟁이 치열하던 시기였으니 경종의 반응이 유난하다고 볼 수는 없었단 말이다.

하지만 잠깐, 이게 중요한 얘기가 아니다. 몹시 이상한 부분이 있는데 잠깐 앞으로 가보자.

"역적 중에 동궁을 팔아 씻기 어려운 오욕을 끼치려 하는 자가 있습니다."

'동궁'이 있다. 왕위에 오른 지 2년 정도 만에 세자라니. 아니, 뭐 이게 이상한 게 아니다. 그 세자가 다름 아닌 '세제'라는 것이 이상한 거지.

세자는 임금의 아들, 세제는 임금의 형제다. 경종에게는 아들이 없었고 이복동생 연잉군이 바로 그 세제의 정체인데, 아들을 세자로 책봉한 것이 아니라 동생을 세자로 삼다니. 경종과 영조의 나이 차이는 불과 여섯 살, 경종은 즉위 당시 서른셋이었는데 말이다.

아들이 없다 해도 얼마든지 아들을 볼 수 있을 만큼 젊었고, 그의 왕비 어씨는 어리다고까지 할 수 있을 만한 나이 열여섯이었다. 이것이 경종과 영조를 둘러싼 전쟁의 시작이었다.

경종이라고 아직 젊은 나이에 동생으로 후계를 정하고 싶었겠는가? 아직 삼십대 초반, 몸이 약했고 설사 왕자를 볼 수 없다는 불안감이 있었을지도 모르지만 그 얘기를 직접 신하들에게 듣고 싶었겠는가?

그런 이유를 들어 동생을 세자로 삼으라는데 그 '요구'를 쉽게 받아들일 수 있었겠는가 말이다. 근데 실제로 그랬다. 경종은 신하들에게 실제로 그런 얘기를 들었다.

> "지금 우리 전하께서는 춘추가 한창이신데도 아직껏 저사(세자)가 없으시니 다만 중외의 신하와 백성만이 근심스럽게 걱정하고 탄식할 뿐만이 아닙니다. ……바야흐로 국세는 위태롭고 인심은 흩어져 있으니, 더욱 마땅히 나라의 큰 근본을 생각하고 나라의 지극한 계획을 꾀해야 할 것인데도 대신들은 아직껏 '세자'를 세울 것을 청하는 일이 없으니, 신은 이를 개탄하는 바입니다. 원컨대 전하께서는 빨리 이 일을 자성(慈聖, 숙종의 비, 인원왕후)께 여쭈시고 대신들에게 의논케 하시는 것이 바로 사직의 대책을 정하는 것이며, 억조 신민의 큰 소망을 매두는 일이 될 것입니다."
>
> -경종 1년(1721년) 8월 20일

즉위 후 1년을 조금 넘긴 시점이었다.

경종 즉위 전부터 경종을 지지하는 소론과 연잉군을 지지하는 노론으로 나뉘어 계속 되던 다툼은 경종이 즉위하자마자 본격화되면서 노론이 일단 치고

들어가는 선제공격으로 전쟁의 승기를 잡으려 했던 것이다.

그들의 방아쇠는 경종에게 이복동생 연잉군을 세자로 책봉할 것을 주장하는 것이었고, 무엄하기까지 한 청을 하는 이유를 그들은 경종에게 아들이 없고 병이 많은 것으로 들었다.

'당신은 아들을 낳을 수 없을 것이다' 라고 단정하는 이런 말들. 왕으로서도, 남자로서도 자존심을 긁는 이런 말들에 경종은 대항하지 못했다. 연잉군은 별 무리 없이 다음 왕위를 이을 세자가 되었고, 세자 대신 '세제' 라는 이름을 얻게 되었다.

노론의 입장에서는 이제 기다리면 되는 일이었다. 경종이 몸이 약하니 금세 죽어버리고 나면 머지않아 곧 세제가 그 자리를 차지할 것이라는 계산은 터무니없는 것이 아니었다. 그러나 얼마 지나지 않아 세제가 된 연잉군에게 대리청정을 시키자는 주장까지 터져 나오기에 이르렀다.

"전하께서 나라의 큰 계책을 생각하시고 형제간 우애의 지극한 사랑을 미루어, 위로는 선왕의 뜻을 체득하고 안으로는 자전의 뜻을 여쭈시어 세자를 빨리 정하여 능히 원량(세자)을 맡기셨으니 전하의 이러한 거조는 진실로 백왕보다 탁월하시며 역사에서도 보기 드문 바입니다. 전하께서는 그때 아직 나이가 어렸으나 오히려 이렇게 말하였는데, 오늘날 동궁은 장성한 나이가 전하의 당년보다 갑절이 될 뿐만 아니니, 정무를 밝게 익히는 것이 더욱 마땅히 힘써야 할 급한 일이 아니겠습니까? 전하께서 신료를 만나실 즈음이나 명령을 재결하는 사이에 언제나 세제를 불러 곁에 모시고 참여해 듣게 하고, 가부를 확정하며 일에 따라 가르쳐 익히게

종묘 영녕전 영녕전은 정전의 서북쪽에 자리잡고 있는데, 죽은 왕의 수가 늘어남에 따라 영녕전을 짓게 되었다. 정전에 계속 모실 수 없는 왕과 왕비의 신주를 옮겨 모셨는데 정종과 문종, 단종 등 그리 오래 즉위하지 않은 왕들이 모셔져 있는데, 경종 또한 영녕전에 모셔져 있다. ⓒ정원식

한다면, 반드시 서무에 밝고 익숙하여 나라 일에 도움되는 바가 있을 것입니다."

-경종 1년(1721년) 10월 10일

연잉군을 세자로 삼은 지 불과 두 달 만에 벌어진 일이었다. 이런 것을 아마도 악수, 무리수라 말할 수 있지 않을까.

대리청정은 왕의 몸이 안 좋거나 나이가 들어서 격무를 감당할 수 없을 때 실시되기 마련이다. 물론 경종은 약했다. 병도 많았다. 하지만 서른넷이었다. 아무리 조선시대에 평균수명이 짧았다 해도 서른넷은 한창 왕성하게 자기 일을 해나갈 나이지 남은 생을 정리하며 물러날 나이는 아니다. 그런 나이의 그

에게, 막 왕위에 오른 지 얼마 되지 않은 왕에게, 동생을 세자로 책봉하자는 주장도 정상적이지 못한 것인데 그 동생에게 대신 왕의 일까지 시키자는 주장을, 왕을 섬긴다는 신하들이 하고 있었다.

세제 책봉과는 달리 대리청정 문제는 반대와 찬성이 치열하게 부딪혔고 그에 따라 경종 역시 허락하고 거두고 하는 식으로 명을 번복하는 것이 열흘 사이에 여러 번이었다. 그리고 대리청정 주장이 나온 지 두 달여 후에 그저 노론의 주장에 고개만 끄덕이면서 모든 요구를 들어줄 것처럼 보였던 경종의 반격이 시작되었다. 드디어.

소론은 아마도 경종이 왕위에 오르기만 하면 뭔가가 제대로 될 수 있을 거라고 여겼을 것이다. 그러나 그건 그들만의 생각이었고, 그들의 적은 경종이 왕이 되었다고 해서 물러날 생각 같은 것은 없었다.

즉위 직후는 원래 위험한 시기다. 왕이 있지만 없는 권력의 공백 상태라고 하면 맞을 것이기 때문인데, 그래서 이런 시기에 역모도 많이 일어나고 불안감도 증폭되기 마련이다. 46년이나 재위한 왕이 죽어 버렸으니 그 공백이 더해질 것은 뻔한 일이었고, 그 사이를 파고든 노론의 공격은 주효했다. 그러나 승리만 되풀이하는 상황에 노론은 눈이 멀어버렸다.

세제책봉과 대리청정 요구. 그야말로 '참을 만큼 참았다' 라고 할 수 있는 상태로 경종을 몰고 갔던 것인데, 노론은 그가 언제까지 참을 수 있을 거라고 생각한 걸까. 참는 것이라고 여기지도 않았던 건 아닐까?

경종의 반격은 사직 김일경 등 소론 여럿의 붓끝에서 시작되었다.

"강(三綱)에는 세 가지가 있는데 군위신강(君爲臣綱)이 세 가지 중에서 으뜸이 되고, 윤(五倫)에 다섯 가지가 있는데 군신유의(君臣有義)가 다섯 가지에서 첫머리가 되니, 이것은 하늘이 정한 의리이고 사람이 지켜야 할 도리입니다."

-경종 1년(1721년) 12월 6일

상소의 첫머리는 이렇게 시작된다.

'삼강 중에는 군위신강(君爲臣綱)이 으뜸이고 오륜에서는 군신유의(君臣有義)가 그렇다.'

신하는 임금을 섬기는 것이 근본이라는 뜻의 군위신강과 임금과 신하는 의리가 있어야 한다는 뜻의 군신유의를 들고 나온 이유는 상소문에 구구절절 이어지고 요점은 명백하다.

왕이 바야흐로 한창이고 신하들이 왕을 섬긴 지 얼마나 되느냐, 그런데 왕을 버리려는 사람들이 있으니 이게 어찌된 일이냐.

상소는 왕을 버리려는 자들의 의도를 돌려 말하지 않고 표현한다.

"모두 저 정승을 가리켜 말하기를, '이는 참 역이다. 어찌 우리 임금을 버리는가?' 라고 하고 있습니다."

정승, 그리고 역(반역), 김일경 등은 경종을 버리려는 정승이 누구인지 지적한다. 노론 4대신인 영의정 김창집, 좌의정 이건명, 영중추부사 이이명, 판중추부사 조태채가 그들이었는데 이들을 반역죄로 엄하게 처벌해야 한다는 주장을 실은 상소에 경종은 답한다.

"상소하여 말한 것을 내가 깊이 받아들인다."

경종이 세자였던 시절부터 이미 노론은 경종을 몰아내려는 노력을 게을리 하지 않았었다. 그러나 경종이 좀 둔한 사람이었을지는 몰라도 신중한 줄타기를 할 줄 아는 사람이었던 것은 확실한 것 같다.

아버지인 숙종조차도 버리다시피 한 경종을 몰아내는 것은 만약 노론의 주장대로 경종이 그렇게 엉망인 사람이었다면 그리 어려운 일이 아니었을 테고 노론은 경종을 몰아내고 그 자리를 채울 연잉군이라는 완벽한 대안을 갖고 있었으니 말이다.

그렇게 뜻을 이루지 못했으면서도 노론은 아무것도 배운 것이 없었다. 결국 아픔이나 실패에서 아무것도 배우지 못한다면 실패는 반복되기 마련이고 그 실패는 이전보다 더욱 거대해진 모습으로 배우고 깨닫지 못한 자들을 휩쓸어 가기 마련이다.

이때 이들, 노론 4대신을 휩쓸어 가버린 것을 바로 신축옥사(辛丑獄事)라 하고 이 옥사에 이어 소론이 조정을 채웠기에 이를 가리켜 신축환국(辛丑換局)이라고도 부른다. 이 신축옥사에서 노론 4대신은 죽음은 면하고 유배를 떠났지만 앞서 보았던 목호룡의 고변사건으로 일어난 임인년의 옥사로 목숨까지 잃게 된 것이다.

신축년의 옥사와 임인년의 옥사는 그래서 일맥상통하는 면이 있다.

그러나 전쟁은 쉽고 어이없이 끝났다.

1724년 8월 25일, 경종이 죽어버린 것이다.

3. 숙빈 최씨의 아들, 연잉군

경종이 죽으면서 스물여덟 살의 세제 연잉군은 왕위에 올랐다.

물론 경종이 그랬듯, 아니 조선의 왕 누구나 그랬듯 왕위에 올랐다는 것만으로 쉬워진 일은 하나도 없었다.

"붕당의 폐단이 요즈음보다 심한 적이 없었다. 처음에는 유학에 소란을 일으키더니, 지금에는 한편 사람을 모조리 역당으로 몰고 있다. 세 사람이 길을 가도 역시 어진 사람과 불초한 사람이 있게 마련인데, 어찌 한편 사람이라고 모두가 같은 투의 사람일 이치가 있겠는가?

……우리나라는 본래 치우쳐 있고 작아서 사람을 쓰는 방법 역시 넓지 못한데, 요즈음에 이르러서는 그 사람을 임용하는 것이 모두 같은 무리 가운데 사람이었으니, 이와 같이 하고도 천리의 공에 합하고 온 세상의 마음을 복종시킬 수 있겠는가? 지난해까지 함께 벼슬하였던 조정이 지금은 왜 전과 같지 않은가? 이렇게 하기를 그만두지 않으면 띠를 매고 조정에 있을 자가 몇 사람이나 되겠는가?

…… 아! 임금과 신하는 부자와 같으니, 아비에게는 여러 아들이 있어 서로 시기하고 의심해 저쪽은 억제하고 이쪽만을 취한다면 그 마음이 편안하겠는가, 불안하겠는가?

……지금 해가 거듭 바뀌어서 새해가 다시금 돌아왔는데, 하늘과 사람은 한 가지이니, 어찌 옛것을 개혁하고 새것을 힘써 새 봄을 맞이한 뜻과 같이 하지 않겠는가? 저 귀양을 간 사람들은 의금부로 하여금 그 가볍고 무

거움을 참작해 대신과 더불어 임금을 대하여 용서하고, 이조와 병조에서는 탕평하게 거두어 쓰라."

-영조 1년(1725년) 1월 3일

'영조' 하면 떠오르는 탕평책(蕩平策).

탕평(蕩平)은 서경의 한 구절인 '한쪽으로 치우침이 없고 무리를 만들지 않으면(無偏無黨) 왕도가 넓어지고(王道蕩蕩), 무리 짓지 않고 치우치지 않으면(無黨無偏) 왕도가 평탄해진다(王道平平)'에서 나온 말이다. 무리를 만들지 말고 한쪽으로 치우치지 말라는 것인데, 영조는 즉위 초부터 이 '탕평(蕩平)'을 부르짖었다.

영조 즉위 초는 노론의 세상이었다. 영조는 자신의 능력으로 왕이 된 사람

영조어연례 재현행사 영조의 오순잔치 재현행사 모습. 영조는 52년을 재위해서 조선의 왕 중 가장 오래 왕위에 있었지만, 그 스스로 당쟁에 휘말려 아들을 뒤주에 가둬 죽였다. 평생을 탕평을 위해 힘썼지만 그 뜻을 이루지 못하고 죽었다. ⓒ김미애

이 아니라 노론에 의해 선택되고 보호받은 사람이니 탕평이 중요해도 어쩔 수 없는 일이었다. 왕위에 앉혀 주었으니 보상이 있어야 하는 것이다. 그런 상황의 아이러니가 영조를 탕평에 더욱 더 몰입하게 만들었다.

당쟁 때문에 영조가 왕이 될 수 있었지만 남인, 노론, 소론에 그 중에서도 강경파와 온건파가 나뉘는 복잡한 상황은 영조에 대한 정통성 시비뿐만이 아니라 더 이상 어찌해볼 수 없는 일의 도화선이 될 수 있는 것이었다.

> "팔순의 늙은 나이에 스스로 마음을 가다듬고 가다듬어 글을 써서 어린 세손에게 보인다. 애석하구나! 너의 할아비는 세상을 다스린 지가 50여 년이 넘었고 올해 나이 82세가 되도록 평생 동안 고집한 바는 다만 충과 효를 아는 것이었다. 평생 동안 마음을 지킨 것이, 하나는 스스로 하는 자랑을 경계함이며, 하나는 자만을 경계함이며, 하나는 지위를 생각하지 않는 마음이며, 하나는 물로 씻어서 깨끗이 하고 싶은 마음이다. 만일 나의 마음을 알려면 고령(高靈, 숙빈 최씨의 묘소인 소령원이 있는 양주 고령리) 육오당을 보아라. 그것은 오직 탕평일 뿐이니, 지금에 와서 내가 바라는 바가 무엇이겠는가?"
>
> -영조 51년(1775년) 10월 10일

즉위 51년째 되던 해에 영조는 스물네 살이 된 세손 정조에게 훈계의 말을 내린다. 팔십이 넘은 늙은 왕이 가진 지난 시절의 회한이 느껴짐과 동시에 어린 손자에 대한 걱정과 아직 남은 왕으로서의 인생에 대한 열정까지 느껴지는 영조의 말 속에 그의 어머니가 있다.

나의 마음은 소령원이 알게 해줄 것이고, 그것이 바로 탕평이라는 말. 그 무엇이 그로 하여금 평생을 탕평에 매달리지 않으면 안 되게 만들었던 것일까. 왜 소령원이 자신의 탕평의지를 말해준다고 했을까.

"사당을 세워 관에서 제사를 지내고 묘역을 넓히고 수호인을 두는 것은 한결같이 인빈의 전례에 따르는 것이 마땅할 것입니다."

-영조 즉위년(1724년) 9월 21일

영조 즉위년, 영조의 사친(어머니) 즉 숙빈 최씨를 존봉(尊奉, 존경하여 높이 받듦)하는 예에 대해 논의 중이었다. '어머니는 아들의 귀한 것을 따라 귀해진다'고 하는 말처럼 영조가 왕위에 올랐으니 어머니를 높이는 것은 당연한 것이었지만 숙빈 최씨의 출신 문제와, 영조 또한 적장자의 입장이 아니었던 터라 논의는 조심스러웠다.

"나의 사친은 평소에 소심하고 신중하였으므로 반드시 선왕이 내린 작호를 마음으로 편하게 여길 것이니, 나도 소심하고 신중한 것으로 사친에게 보답하여 인빈의 고사에 견주게 하는 것이 옳을 것이다."

-영조 즉위년(1724년) 9월 21일

영조는 어머니가 소심하고 신중하였다는 말을 하며 인빈 김씨의 예에 맞추는 것이 어떠냐고 했다. 인빈 김씨는 선조의 후궁이었다. 그의 아들 정원군이 왕위에 오른 것은 아니었지만 사후에 왕으로 추존되었는데 그의 아들이 바로 인조이기 때문이다.

사후 추존이긴 하지만 인빈 김씨는 어쨌든 왕의 어머니가 된 셈이었으니 최씨의 경우와 유사했던 것이다. 그래서 우의정 이광좌가 사당을 세우고 묘를 넓히며 지키는 사람을 두자고 건의했고, 영조는 그렇게 하라고 말했다.

사당을 세우는 정도는 왕의 어머니에게 과분한 대우는 아니니 지나친 것은 없었다. 그러나 영조 자신이 말했던 것처럼 그의 마음이 소심하고 신중하기만 한 것은 아니었던 것 같다. 선조의 후궁 정빈 민씨의 묘에 신도비가 있다고 하니 최씨의 묘에도 신도비를 세우고 싶다는 말을 덧붙였으니.

> 숙빈의 사당이 이루어졌다. 숙빈은 곧 임금의 사친이다. 즉위하던 처음에 땅을 골라 사당을 세우라고 명하였는데, 이때에 와서 사당이 이루어졌으니, 경복궁의 북쪽에 있다. 20년 후에 묘호를 고쳐 정하여 '육상궁(毓祥宮)' 이라고 하였다.
>
> -영조 1년(1725년) 12월 23일

숙빈의 사당은 사당을 세우자고 한 지 1년이 넘어서야 완성이 되었고, 이 사당을 지을 당시의 이름은 숙빈묘였고 육상묘가 되었다가 영조 29년에 이르러서 '육상궁(毓祥宮)' 이라는 이름으로 높여졌다.

육상궁은 칠궁(七宮)이라 부르기도 하는데, 이는 육상궁에 최씨 말고 아들이 왕이 되었지만 왕비가 아닌 일곱 명도 함께 모셔져 있기 때문이다.

사후에 정조가 양자로 입적해 왕으로 추존된 효장세자의 어머니인 영조의 후궁 정빈 이씨, 먼저 언급했던 인빈 김씨, 사도세자의 생모인 영빈 이씨, 순조의 생모인 수빈 박씨, 영친왕의 생모인 순헌왕귀비 엄씨와 경종의 어머니 희빈 장씨까지 모두 일곱 명의 후궁들이 한자리에 모여 있는 것이다.

> 인빈의 아버지의 예에 의거하여 영의정에 추증하게 하고 나서 이어 조보(朝報, 조정의 소식을 알리는 관보)에는 내지 말게 하였으니, 이는 더 크게 떠벌리고 싶지 않아서였다. 이날 임금이 서종옥을 면대하여 목이 메어 눈물을 흘리면서 한참동안 말을 하지 못하였다. 말을 마치고 나서 또 눈물을 흘리면서 이르기를,
> "조금 전에는 마음이 편치 못하여 즉시 말을 할 수가 없었다. 엊그제 능상(陵上)에서 어유귀(魚有龜)를 대하였을 적에도 슬퍼서 말소리를 제대로 낼 수가 없었다. 나도 또한 그러는 것이 지나친 것인 줄 알고 있으면서도 금할 수가 없었다."
> ……이날의 명에 처음에는 '외친(外親)'이라고 썼었는데, 김약로(金若魯)가 아뢰기를,
> "마땅히 '사친부(私親父)'라고 일컬을 것이요, '외친(外親)'이라고 일컫는 것은 부당합니다."
> 하니, 임금이 드디어 '사친(私親) 고비(考妣, 돌아가신 아버지와 어머니)'라 고쳐 쓰라고 명하였다.
>
> -영조 10년(1734년) 2월 18일

영조는 즉위한 지 10년이 지나서야 숙빈 최씨의 아버지 최효원을 영의정으로 추증했다. 그러면서도 조보에 싣지 말라고 할 만큼 조심스러웠고 감격한 탓

인지 눈물을 흘렸다.

그러나 영조는 자신의 뜻대로 최씨의 부모를 외친, 즉 외조부모란 말도 쓰지 못했다. 영조가 최씨를 그저 어머니가 아닌 후궁에게서 난 임금의 친어머니란 뜻의 '사친(私親)' 이라고 부르고 있는 것처럼 최씨의 부모는 사친의 부모라 일컬어야 했던 것이다.

> "육상궁에 이미 관제(官祭)를 지냈으니, 축문(祝文)에 사친(私親)이라 칭하는 것이 어찌 미안한 것이 아니겠는가? 지난번 이익정(李益炡)이 '비(妣, 돌아가신 어머니)' 자를 더하기를 청하였으나, 선조에서 내리신 작호(爵號)를 내가 감히 고칠 수 없다. 그러나 사가(私家)에서도 또한 어머니를 선비(先妣)라 칭하니, 이제 사친을 선비라 칭하는 것이 어떠한가?"
>
> -영조 29년(1753년) 10월 22일

영조는 외조부모를 추증한 지 20여 년이나 더 흘러서 사친이라 불러 왔던 최씨의 칭호를 고치면 어떻겠냐고 말한다. 단순히 세상을 떠난 어머니란 뜻의 '선비(先妣)' 로 바꾸고 싶다는 영조의 말에 반대가 없지는 않았지만 이후 영조는 여느 백성들이 어머니를 부르듯 '어머니' 라 칭할 수 있게 되었다.

> "화경(和敬)이라는 글자가 진실로 나의 뜻에 맞는다. 오늘 이후로는 한이 되는 것이 없겠다.
> 내일 마땅히 내가 육상궁에 나아가 고유제(告由祭, 중대한 일을 치른 뒤에 그 내용을 적어서 사당이나 신명에게 알리는 제사)를 지내고 친히 신주를 쓰

겠으니, 이에 의거하여 거행하라."

-영조 29년(1753년) 6월 25일

"오늘 이후로는 한이 되는 것이 없겠다"라고 영조는 말했다. 이런 말을 하게 된 것은 어머니에게 '화경(和敬)'이라는 시호와 그녀의 묘를 궁으로(육상묘→육상궁), 또 묘를 원으로(소령묘→소령원) 높일 수 있었기 때문이다.

이른 아침부터 밤늦게까지 경계하는 것을 가리키는 '경(敬)'과 화합의 의미를 지니는 '화(和)'로 이루어진 숙빈의 시호는 그녀의 인생을 잘 대변해 준다.

'항상 조심하라.'

이것은 아마도 살얼음판을 걷듯 살았던 최씨가 가장 자신있게 할 수 있는 얘기였을 것이다. 조심했기 때문에 누구나 주목하고, 휘둘리기 쉬운 자리에 올라서서도 자신의 수명을 다하고 죽었고 아들이 왕이 되게 할 수도 있었으니 말이다.

영조는 1753년에 화경(和敬)이라는 시호를 시작으로 1776년 1월에 수복(綏福)이라는 존호를 올림으로써 최씨에게 총 4번의 시호를 올렸다.

숙빈 최씨의 시호는 모두 휘덕안순수복(徽德安純綏福)으로 정해진 것인데, 1776년 1월은 영조가 세상을 떠나기 불과 두 달 전이었다.

육상궁의 육상(毓祥)은 '상서로움', 혹은 '복을 기르다'라는 뜻을 가지고 있다. 왕의 어머니이니 그런 이름을 받을 만하지만 숙빈묘에서 육상궁이라는 이름으로 바뀌기까지의 세월과 평생에 걸쳐 어머니에게 시호를 올렸던 일에서 영조의 고뇌와 조바심이 느껴진다.

영조가 가장 원하던 것은 어머니를 왕비로 추존하는 일이었을 것이다.

그러나 신하들의 반대도 있었고 영조 자신, 그리고 최씨가 살아온 인생과도 그것은 맞지 않았다.

4. 숙종의 아들, 정조의 할아버지 영조

영조는 경종이 죽자마자 형을 죽였다는 독살설에 시달렸다. 그 독살설은 평생 그를 괴롭혔는데, 그것에는 이유가 있었다.

> 약방에서 입진하고 여러 의원들이 임금에게 어제 게장을 진어하고 이어서 생감을 진어한 것은 의가에서 매우 꺼려하는 것이라 하여, 두시탕 및 곽향정기산을 진어하도록 청하였다.
>
> -경종 4년(1724년) 8월 21일

게장과 생감, 영조는 의가에서 이 두 가지를 상극으로 보아 같이 먹는 것을 꺼려했는데도 경종에게 올렸다. 아마도 이 두 가지는 영조를 평생 괴롭히던 음식이었을 것이다.

> 임금의 환후가 피곤하고 위태함이 더욱 심하고 맥이 낮아져서 힘이 없었다. ……도제조 이광좌와 제조 이조가 미음을 진어하기를 권하였으나 모두 응답하지 않았으며, 세제가 일어나서 청하매 임금이 비로소 고개를 들므로 미음을 올렸다. 제조 등이 물러나와 여러 의원들과 약을 의논하

였는데, 이공윤이 공언하기를,
"인삼차를 써서는 안 된다. 계지마황탕 2첩만 진어할 것 같으면 설사는 금방 그치게 할 수 있다."
하므로, 마침내 다려 올려 복용하였다. 유각(오후 5~7시)에 의관이 입진하고 물러나와 말하기를,
"환후의 증세가 아침에 비교해 더욱 위급합니다."
……이광좌가 문후를 하였으나 임금이 대답하지 않자, 세제가 울면서 말하기를,
"인삼과 부자를 급히 쓰도록 하라."
하였고, 이광좌가 인삼차를 올려 임금이 두 번 복용하였다. 이공윤이 이광좌에게 이르기를,
"인삼차를 많이 쓰지 말라. 내가 처방한 약을 진어하고 다시 인삼차를 올리게 되면 기를 능히 움직여 돌리지 못할 것이다."
하니, 세제가 말하기를,
"사람이란 본시 자기의 의견을 세울 곳이 있긴 하나, 지금이 어떤 때인데 꼭 자기의 의견을 세우려고 인삼 약제를 쓰지 못하도록 하는가?"
하였다. 조금 지나자 임금의 눈이 다소 안정되고 콧등이 다시 따뜻하여졌다. 세제가 또 말하기를,
"내가 의술과 약의 이치를 알지 못하나, 그래도 인삼과 부자가 양기를 능히 회복시키는 것만은 안다."

-경종 4년(1724년) 8월 21일

영조는 게장과 생감에 이어 의원이 반대하는 인삼까지 쓰게 했다.

게장과 생감을 먹고 경종이 조금 나아진 기색을 보였었는데 인삼차를 마시고도 그랬다.

고무된 영조는 인삼과 부자가 양기를 회복시키는 것만은 안다며 우쭐한 마음을 표현했지만 결국 경종은 더욱 더 병세가 심해졌고 결국 사망했으니 그런 것들이 아무 소용이 없어졌다. 차라리 가만히라도 있었으면 괜찮았을 걸 영조는 거듭 우겨가며 의원들이 반대하는 음식을 올리고, 약을 쓰게 했다.

즉위 초라는 시기가 늘 그랬듯 나라는 어지러웠다. 그러나 당쟁이 치열한 때였던 데다가 영조가 형을 독살했다는 소문까지 겹치자 역모가 줄지어 일어났다. 1728년 영조 4년, 소론 강경파와 일부 남인들이 가담해 일어난 '이인좌의 난' 이 대표적인데 역모의 무리들은 경종의 위패를 모셔놓고 경종의 복수를 내세워 민심을 흔들었다.

3월에 일어났던 이인좌의 난은 그 다음해 1729년이 되어서야 진압되었다.

> "성상께서 이미 이처럼 의심하시니, 신은 자복을 청합니다. 신은 갑진년(1724년, 경종이 사망한 해)부터 게장을 먹지 않았으니 이것이 바로 신의 역심이며, 심정연의 흉서 역시 신이 한 것입니다."
>
> 하니, 임금이 분통하여 눈물을 흘리고, 시위하는 장사들도 모두 마음이 떨리고 통분해서 곧바로 손으로 그의 살을 짓이기고자 하였다.
>
> -영조 31년(1755년) 5월 20일

영조 31년이었다. 소론 신치운이 역모에 얽혀 국문을 청하는 도중에 자신은 경종이 죽은 해부터 게장을 먹지 않았다며 영조를 조롱했다. 영조는 어찌나 분통이 터지는지 눈물까지 흘렸다.

영조는 결론적으로 오래 재위했고 좋은 왕이었다. 그러나 이인좌의 난과 비슷한, 경종의 복수를 하겠다거나 영조의 정통성에 대한 시비는 그의 재위 내내 완전하게 사라진 적이 없었다. 31년이나 왕위에 있었는데도 소문은 가라앉지 않았고 여전히 실체를 드러내며 영조를 괴롭혔던 것이다.

처음에 효장세자(孝章世子)가 이미 세상을 떠났는데, 임금에게는 오랫동안 후사(後嗣)가 없다가, 세자가 탄생하기에 미쳤다.……한번 나경언(羅景彦)이 고변한 후부터 임금이 폐하기로 결심하였으나 차마 말을 꺼내지 못하였는데 갑자기 유언비어가 안에서부터 일어나서 임금의 마음이 놀랐다.
"여러 신하들 역시 신(神)의 말을 들었는가? 정성왕후(영조의 첫째 왕비)께서 정녕하게 나에게 이르기를, '변란이 호흡 사이에 달려 있다' 고 하였다."
이어서 군사에게 명하여 전문(殿門)을 4, 5겹으로 굳게 막도록 하고, 또 총관(摠管) 등으로 하여금 배열하여 지키게 하면서 궁의 담 쪽을 향하여 칼을 뽑아들게 하였다. ……임금이 세자에게 명하여 땅에 엎드려 관을 벗게 하고, 맨발로 머리를 땅에 조아리게 하고 이어서 차마 들을 수 없는 전교를 내려 자결할 것을 재촉하니, 세자가 조아린 이마에서 피가 나왔다. ……세손이 들어와 관과 포(袍)를 벗고 세자의 뒤에 엎드리니, 임금이 안아다가 시강원으로 보내고 김성응(金聖應) 부자(父子)에게 지키게 하여 다시는 들어오지 못하게 하라고 명하였다. 임금이 칼을 들고 연달아 차마 들을 수 없는 전교를 내려 동궁의 자결을 재촉하니, 세자가 자결하고자 하였는데 춘방(春坊, 세자시강원)의 여러 신하들이 말렸다. 임금이 이어서 폐하여 서인을 삼는다는 명을 내렸다.

세자가 곡하면서 다시 들어가 땅에 엎드려 애걸하며 개과천선하기를 청하였다. 임금의 전교는 더욱 엄해지고 영빈(暎嬪)이 고한 바를 대략 진술하였는데, 영빈은 바로 세자의 생모 이씨로서 임금에게 밀고한 자였다. 도승지 이이장(李彝章)이 말하기를,

"전하께서 깊은 궁궐에 있는 한 여자의 말로 인해서 국본(國本)을 흔들려 하십니까?"

-영조 38년(1762년) 윤5월 13일

'임오화변(壬午禍變)' 이라 불리는 사건이 기록된 실록의 기사다.

예순아홉의 아버지 영조가 스물여덟의 아들 사도세자를 죽게 한 바로 그 사건. 사건은 나경언의 고변에서 시작되었다. 나경언은 형조판서 윤급의 청지기였는데 그는 사도세자의 비행 10여 가지를 들어 고변했다. 그가 들은 세자의 비행은 세자가 자신의 아내인 세자빈 홍씨를 죽이려 했다는 것과 비구니를 궁중에 끌어들였으며 왕의 허락도 받지 않고 평양으로 놀러 다녔다는 등의 얘기들이었다.

이런 얘기들이 진짜라면 세자는 벌을 받아야 할 것이고 자질이 없다는 이유로 폐위될 수도 있을 것이었다. 그러나 진짜 문제는 세자의 그런 행동들이 왕에게 대항하는 역모로 받아들여졌다는 것이다. 노론의 지지로 왕이 된 영조는 즉위할 때부터 탕평을 이룰 것이라 다짐했다.

그러나 그의 마음과 달리 탕평은 쉽지 않았고 사도세자가 소론 쪽으로 기울기 시작하면서 엄청난 위기를 맞았다. 노론 가문인 홍씨 가문의 아내를 맞았던 세자는 점점 더 고립되기 시작했다. 아버지나 아내로부터 점점 더 멀어졌고 그런 상황이 나경언의 고변이라는 최악의 사태를 불러왔던 것이다.

후에 밝혀졌듯이 나경언의 고변은 노론 측의 사주로 인한 것이었다. 청지기에 불과했던 나경언이 세자에 대해 자세히 알리도 없거니와 그런 자가 세자의 비행에 대해 알리는 것 자체가 불가능한 일이었으니 너무 뻔한 일이었다. 그러나 이미 세자에게서 마음이 멀어진 영조에게는 상황을 냉정하게 볼 수 있는 눈이 없었다. 그는 혜경궁 홍씨의 아버지인 홍봉한 등 노론들이 세자에 대해 하는 이러저러한 말들에 마음이 흔들렸다.

영조가 탕평을 내세우고 있지만 경종을 독살했다는 말들에 끝없이 시달릴 만큼 소론의 미움을 사고 있었으니 영조는 노론 쪽일 수밖에 없었다.

소론 쪽으로 기울어버린 세자는 무슨 말을 들었을까? 아마도 그것은 영조가 경종을 독살했으며 노론이 얼마나 극악무도한 자들인지에 대한 것들이었을 것이고 영조는 그런 말들에 현혹된 세자가 어떤 행동을 하게 될지 염려하지 않을 수 없었다. 또한 염려와 함께 세자가 감히 아버지인 자신을 배신하려 한다는 분노까지 갖게 되었던 것이다.

영조는 죽은 첫째 왕비 정성왕후 서씨가 자신에게 '변란이 호흡 사이에 달려 있다' 고 말했다며 세자를 땅에 엎드리게 하고 맨발로 머리를 땅에 조아리게 하고 명령했다. 네 손으로 직접 목숨을 끊어 어서 죽어 버리라고.

영조의 그런 행동은 아들에게 하는 것이 아닌 배신자나 역적에게 하는 것과 같았다. 서른 즈음에 왕위에 올라 일흔을 바라보는 나이가 되기까지 탕평을 위해 끊임없이 노력했던 그였지만 세자에게 죽으라 명하는 순간의 영조는 너무나 다른 사람이었다.

열한 살의 세손이 들어와 아버지의 뒤에 엎드렸지만 할아버지의 마음을 돌릴 수는 없었다. 영조에게는 열한 살 손자의 간절한 마음을 돌아볼 여유를 갖는 것이 가능하질 않았다. 그는 왕이었으니까. 왕권을 위협하고 자신을 배신하는 자를 절대 용서하지 않는 그런, 왕이었으니까.

> "이미 이 보고를 들은 후이니, 어찌 30년에 가까운 부자간의 은의(恩義)를 생각하지 않겠는가? 세손의 마음을 생각하고 대신의 뜻을 헤아려 단지 그 호(號)를 회복하고, 겸하여 시호를 사도세자(思悼世子)라 한다."
>
> -영조 38년(1762년) 윤5월 21일

세자는 뒤주에 갇혀 있다가 8일 만에 사망했다. 영조는 세자에게 '생각하며 추도한다'는 뜻의 '사도(思悼)'라는 시호를 주었다.

> "13일의 일은 종사에 관계된 것이다. 그때에 비로소 아버지라 부르는 소리를 들었으니, 오늘은 아버지를 부르는 마음에 보답하려 한다. 하나는 내가 20년 부자지은(父子之恩)을 마치려 온 것이고, 하나는 내가 친히 제주(題主, 신주에 글자를 씀)하고자 하는 것이다. 만약 내가 친히 제주하면 다른 날에 반드시 신주를 묻어버리자는 논의가 없을 것이다. 뒷일은 비록 경들이라 해도 어찌 알 수 있겠는가?"
>
> -영조 38년(1762년) 7월 23일

영조는 사도세자의 장례일에 세자에 묘로 발걸음을 했다.

그러면서 세자를 죽인 일을 가리켜 종사에 관계된 일이었다고 말했다. 그러면서 그는 아버지라 부르는 소리를 들었다고도 했다.

'아버지.'

왕이 아들에게 쉽게 들을 수 없는 말을 영조는 아들을 죽이려고 한 날 들었던 것이다.

영조는 친히 신주에 글자를 쓰겠다고 했다. 그리하면 나중에 세자의 신주를 묻어 버리자는 말이 없을 것 아니겠냐고 하면서. 영조는 아들을 죽일 수밖에 없었지만 자신이 없을 미래에 혹시라도 누군가가 세자를 역적으로 몰아 그의 신주에 모욕을 가하는 일이 없기를 바랐던 것이다.

그때 혜경궁 홍씨의 아버지 홍봉한이 물었다. 신들도 또한 곡하는 예에 참여해야 하느냐고 말이다. 영조는 대답했다.

"참여하라. 또한 백관도 참여하라."

숙종이 그랬던 것처럼 영조의 인생은 그 자신만의 것이 아니었다.

숙종의 과거가 그를 만들었고, 그의 미래를 만들었으며 숙종의 아들 영조 또한 마찬가지였다.

> 임금이 충자(沖子, 어린아이를 이르던 말)에게 보이는 글을 지었다. 첫째 사전(祀典, 제사를 지내는 곳)을 공경하라는 것이고, 둘째 구신(舊臣, 옛 신하)을 예우하라는 것이며, 셋째 사국(史局, 사관이 사초를 꾸미던 곳)을 중요하게 여기라는 것이었는데, 써서 난대(蘭臺, 왕실의 문고)의 벽 위에 걸도록

명하였다.

–영조 45년(1769년) 12월 21일

숙종은 아들의 어머니 장씨를 죽게 했고 아들 경종을 버렸다.

그리고 영조 또한 귀하디귀한 아들이었던 사도세자를 평생 부르짖던 탕평을 버리고 죽였다. 영조는 그래서 사도세자의 아들 정조에게 끝없는 사랑과 의지, 기대를 품을 수밖에 없었다. 일흔여덟의 할아버지는 열여덟의 손자에게 틈날 때마다 당부를 잊지 않았다. 손자의 아버지를 죽였고, 그 손자가 없으면 제대로 된 왕위를 이을 수 없을 거라는 미안함과 불안이 영조를 괴롭혔다.

임금이 감기가 들어 다소 편치 않았고 세손이 또한 병환이 있어 약원(藥

영조가 정조에게 내리는 훈계의 글 영조는 58살 차이가 나는 손자 정조를 끔찍이 아끼고 큰 기대를 가지고 있었기에 어디든 데리고 다녔으며 자주 훈계의 글을 내리거나, 그 글을 벽 위에 걸어 항상 경계하도록 했다. 국립고궁박물관 소장.

院, 내의원)에서 연이어 입대하였다. 임금이 세손의 거처가 멀어서 가 보기가 힘들다 하여 사현합(思賢閤)의 동실(東室) 서합(西閤)으로 옮기도록 명하였으니, 곧 임금이 거처하던 곳이었다. 매일 밤에 잠들지 못하고 열 번이나 일어나 임하여 보았으며, 변뇨(便尿) 등속에도 또한 반드시 가서 보고 말하기를,

"지금 나라의 형세를 돌아보건대 단지 망팔(望八, 여든을 바라본다는 뜻)의 노쇠한 임금과 충자뿐이다."

-영조 41년(1765년) 11월 29일

조선의 왕 누구나 그랬겠지만 영조는 특히 왕위를 잇는 것에 대한 불안감이 많았다. 무엇보다 자기 자신이 치열한 당쟁에 휘말려 직접 자신의 후계자를 죽였으니 그럴 수밖에 없었고 자신이 후궁의 아들인 콤플렉스도 컸다.

영조는 정조가 감기에 걸린 것만으로도 매일 밤 열 번이나 일어나 볼 정도로 걱정이 많았다. 세손이 혹시 잘못되면 영조에게는 희망이 없었다. 정조의 아버지 사도세자 역시 영조의 후궁인 영빈 이씨의 소생이었지만 세손은 그렇지 않았다.

세손은 엄연히 세자와 세자빈 사이에서 태어났고 영조는 그런 정조를 자신의 뒤를 이어 조선의 왕실을 계승하면서 동시에 자신의 신분 콤플렉스를 깨뜨려줄 사람으로 기대하고 있었다. 그래서 그는 이제 충자(沖子)뿐이라며, 신하들에게 충자를 잘 보필하라는 등의 말을 자주했다. 정조가 아장거리며 걸어 다닐 때부터 불렀던 충자라는 칭호를 정조가 스물이 넘은 나이까지 썼으니 영조의 애틋한 사랑과 기대가 어떤 것이었을지 능히 짐작이 간다.

영조가 평생을 탕평에 힘썼던 것, 그 탕평 때문에 만족스러울 만큼 어머니를 높이 세우지 못한 것, 아들을 뒤주에 가둬 죽임으로써 그 자신 역시 붕당의 폐해에서 벗어날 수 없었던 것, 그 모든 것에서 숙빈 최씨가 보인다. 근신하고 조심하는 것.

그리고 그에게는 숙종의 모습도 있었다. 목표를 세우고 쉼 없이 나아가는 끝없는 열정과 부지런함. 영조는 숙종이 당쟁에 휘말려 경종을 포기하고 자신을 선택했던 것처럼 사도세자를 죽게 하고 세손을 선택했다. 그건 숙종이 그랬던 것처럼 영조 역시 '왕'이었기 때문이다. 아버지이고 남편이기 이전에 왕이었기 때문이었다.

영조는 숙빈 최씨와 숙종의 역사이다. 그는 왕이어서, 왕이기 때문에 아들을 죽일 수밖에 없었지만 탕평의 꿈은 버릴 수 없었다. 그것은 아버지와 어머니의 역사가 내려준 숙제였고 아픔이었기에 그랬다. 역사가 물려준 그 아픔을 대물림하고 싶지 않았기에 그랬다.

숙종이, 그의 여자들이 왜 그렇게 하찮은 취급과 대우를 받는지를 생각해 보았다.

숙종은 여자에 빠져서 변덕을 부리며 환국을 일삼고 장희빈은 그저 악독하기 짝이 없는 요부에, 인현왕후는 착해빠져서 당하기만 하고, 숙빈 최씨는 충성심 하나만 보이는 이미지를 가지고 있다.

그들은 모두 정치판에 뛰어들어 치열하게 살았던 사람들이었는데 마치 서로의 연애 문제로 나라를 망친 사람들처럼 보인다. 그래서 그들은 드라마나 이야기로는 주목을 받지만 '역사'로는 외면을 받는다.

부끄럽게 느껴지는 역사라서일까?

그러나 조선 후기에 숙종만큼 강력한 왕권을 홀로 쥐었던 사람은 없었고, 장희빈처럼 극적으로 인생역전에 성공한 여성도 드물고, 숙빈 최씨처럼 거의 아무것도 없는 상태에서 막강한 세력을 키워 아들을 왕으로 만들었던 사람도 찾아볼 수 없다.

숙종의 시대는 흔하디흔한 궁중암투의 때가 아니었다.

숙종, 김석주, 송시열, 그리고 장희빈, 인현왕후, 숙빈 최씨까지 그들은 전대에도 그 후대에도 찾아보기 힘든 개성과 능력을 지닌 사람들이었다. 자신이 원하는 것을 분명히 알고 있었고 그것을 갖기 위해 망설이지 않는 사람들이 바

로 그들이었다. 그리고 그들은 모두 한때나마 자신이 원하던 것을 가졌던 사람들이기도 하다.

역사는 늘 교훈을 주어야 한다는 강박관념을 동반하는 분야다. 그리고 대부분의 사람들은 성공이나 실패에서 그 교훈을 배운다.

그러나 숙종대의 사람들이 가르쳐준 교훈은 성공이나 실패에서 나오는 것이 아니다. 그들의 욕망이 교훈이 된다. 그들의 과거와 욕망을 갖게 된 여러 가지 다른 이유들 속에서 연민과 이해를 배우기도 한다. 또한 각자의 욕망을 가진 그들이 얽히고설켜 만들어낸 역사가 이룬 미래에 감탄을 하게 되기도 하는 것이다.

누군가는 임진왜란 이후의 조선은 제대로 된 나라가 아니었으니 차라리 망하는 게 나았을 거라고도 말한다.

그러나 영 · 정조 시대를 조선 후기의 르네상스로 말하기에는 주저함이 없다. 당쟁은 여전히 격화되고 세도정치는 싹을 틔우고 있었지만 탕평과 검소한 생활, 백성을 평생의 기치로 삼았던 영조와 천재적인 두뇌와 노력으로 신하들을 가르치기까지 하며 조선의 문화를 다시 꽃피우게 했던 정조. 그들은 모두 숙종과 그 시대를 살았던 사람들이 없었으면 등장할 수 없었던 인물이었다.

영조는 열정으로 가득 찼던 숙종의 아들이며 처세에 능하며 험한 궁에서 살

아남는 데에 숙빈 최씨의 가르침을 받았다. 그렇게 자라서 왕위에 오른 영조는 콤플렉스를 상쇄해 보고자 하는 마음이 가져다 준 굉장한 욕망으로 거의 항상 정조를 옆에 끼고 새로운 왕의 교육에 힘썼다.

그래서 그것은 누구 하나의 힘은 아니지만 어느 누구 하나가 없었다면 이루어질 수 없었던 미래였다. 흙을 밟지 않고, 빗물에 신을 적시지 않고는 가지 못하는 길도 있다.

68세의 영조와 10세의 정조가 주고받았던 대화의 일부가 마치 숙종과 그의 신하들, 그리고 그의 그녀들을 가리키는 듯 명쾌하게 느껴진다.

> 임금이 경현당에 나아가 주강을 하며 왕세손에게 앉도록 명하고, 세손에게 하문하기를,
> "많은 신하가 있은 뒤에야 정치를 할 수 있겠는가?"
> 하자, 대답하기를,
> "신하가 비록 적더라도 임금이 훌륭하고 신하가 현명하면 정치를 할 수 있습니다."
> 하니, 임금이 말하기를,

"부인도 정치를 도울 수 있는가?"

하자, 대답하기를,

"부인이라 하더라도 만약 현명하다면 정치를 도울 수 있습니다."

-영조 37년(1761년) 1월 5일

기해예송(己亥禮訟) : 두 번의 예송논쟁 중 1659년에 벌어진 1차 예송으로 효종이 죽은 뒤 인조의 계비인 자의대비가 몇 년의 상복을 입을 것인가를 두고 벌어진 논란. 송시열을 중심으로 한 서인들은 1년상을 주장, 남인들은 장남의 상복인 3년상을 주장했다. 현종은 《경국대전(經國大典)》에 장자와 차자를 구분하지 않는 1년복을 입게 한 규정에 따르는 것으로 1년복으로 결정.

갑인예송(甲寅禮訟) : 2차 예송논쟁. 효종의 비인 인선왕후가 1674년에 죽자 자의대비가 큰며느리의 상에 몇 년의 상복을 입느냐가 문제가 되었다.
예조가 현종에게 9개월복으로 올려 그렇게 결정이 날 뻔했으나 《경국대전(經國大典)》에 큰며느리와 작은며느리를 1년복과 9개월복으로 구분을 둔다는 점을 유생 도신징이 지적. 현종은 효종 때 큰아들로 여겨서 1년복으로 결정을 했는데 왜 인선왕후의 상복은 작은 며느리의 것을 적용하느냐고 의문을 제기했다. 서인은 효종 때 《의례(儀禮)》를 따랐던 것이라 주장, 《의례(儀禮)》는 장남의 경우 3년복인데 1년복으로 했으니 서인은 효종을 차자로 여겼던 것. 현종은 1차 예송 때의 예론을 모두 되돌리라 명하고 서인을 몰아낼 준비를 하지만 갑작스레 사망한다.

갑인환국(甲寅換局) : 1674년 숙종 즉위 초 서인들이 현종이 결정한 예론이 잘못되었다는 상소와 함께 이전의 기해예송에서 1년복의 이론을 뒷받침했던 송시열이 옳았음을 거듭 주장해서 더 이상 예론에 대해 말하지 말라는 숙종의 명을 듣지 않았으며 그를 빌미로 한 남인의 공격을 숙종이 받아들여 송시열을 귀양 보내고 서인들을 퇴출시켰다.

홍수(紅袖)의 변(變) : 1675년 명성왕후의 아버지 김우명이 인조의 아들, 인평대군의 아들들인 복창군과 복평군 형제가 궁녀와 간통하였다고 왕에게 고변한 사건. 숙종은 복창군 형제들이 사건에 대해 부인하자 그들을 풀어 주었으나 어머니 명성왕후가 눈물로 호소하자 마지못해 그들을 벌주었다. 그러나 얼마 지나지 않아 용서했다.

경신환국(庚申換局) : 1680년 남인의 대표 인물이자 영의정인 허적의 서자 허견이 종친 복선군과 역모를 의논했다 하여 일어난 사건. 허적과 윤휴 등 남인의 중심 인물들이 죽임을 당했으며, 100여 명 이상의 남인이 사건에 얽혀 화를 입었다.

임술고변(壬戌告變) : 1682년 김중하, 전익대, 김익훈 등이 불과 7일 동안 세 차례에 걸쳐 남인의 역모에 대해 고변했던 사건. 경신환국에서 제거하지 못한 남인을 마저 제거하고자 했던 김석주와 김익훈 등의 음모로, 허술한 계획 때문에 그들이 남인들을 무고했다 하여 화를 입을 뻔했지만 송시열이 김익훈을 스승 김장생의 손자라 하여 감싸고돌자 무마되었다.

기사환국(己巳換局) : 1689년 숙종이 장희빈의 아들에게 원자의 이름을 주겠다고 선언하자 송시열이 너무 이르다는 상소를 올린 것이 빌미가 되어 서인이 퇴출된 사건. 표면적인 이유는 그러했지만 숙종은 장희빈과 남인들, 숙종 자신까지 공격하는 서인의 기세에 질려 있었다. 송시열을 사사했으며, 인현왕후와 영빈 김씨 등을 투기하고 말을 지어내어 자신을 염탐한다는 이유를 들어 폐위시켰다.

갑술환국(甲戌換局) : 1694년 김춘택 등 노론 가문 자제들이 인현왕후 복위를 꾀하고 있다는 함이완의 고변으로 사건은 시작되었지만 곧이어 장희재가 숙빈 최씨를 죽이려 했다는 고변이 올라오면서 숙종은 민암 등의 남인들을 퇴출하고 인현왕후를 복위시켰다.

신사년 옥사(辛巳年 獄事) : 1701년 인현왕후가 병으로 사망했다. 숙종은 인현왕후가 사망한 것이 장희빈이 저주했기 때문이니 희빈의 오빠 장희재를 죽이고 이어서 장희빈을 자결케 하라고 명했다. 장희빈이 인현왕후를 저주했다는 것은 숙빈 최씨가 숙종에게 알렸다고 기록되어 있다. 장희빈과 장희재, 동평군 등이 죽임을 당했다.

정유독대(丁酉獨對) : 1717년 정유년에 숙종이 좌의정 이이명과 독대했던 일. 숙종은 이때 연잉군(영조)과 연령군을 부탁하고 세자(경종)에게 대리청정을 명한다. 세자를 지지했던 소론은 반대했지만 대리청정은 이루어졌고 이이명의 노론은 세자가 대리청정을 하며 세자를 폐위할 만한 문제점을 드러내기를 기대했지만 경종은 대리청정 3년을 무사히 보내고 즉위한다.

신축옥사(辛丑獄事) : 1721년 신축년에 일어난 사건. 경종 즉위 후 김창집, 이이명, 이건명, 조태채 등 노론 4대신은 경종이 몸이 약하기 때문에 빨리 세자를 정해야 한다고 주장했고, 그에 따라 연잉군(영조)이 왕세제로 책봉된다. 노론은 이어서 세제의 대리청정까지 주장하다가 소론의 공격을 받아 노론 4대신은 유배형에 처해졌다.

임인옥사(壬寅獄事) : 1722년 목호룡 등이 임금을 죽이려는 역적이 있다고 고변. 역모의 관련자들을 잡아들였고 이 역모 사건과 관련 노론들이 세제의 대리청정을 주장한 것이 같은 맥락이라 받아들여져서 노론 4대신은 결국 사사당한다. 신축옥사와 임인옥사를 합쳐서 '신임옥사(辛壬獄事)', 또는 '신임사화(辛壬士禍)'라 부른다.

이인좌(李麟佐)의 난 : 경종이 사망하고 영조가 즉위하자 1727년 이인좌가 불만을 품고 반란을 일으킨 사건. 소론과 일부 남인들이 참여했으며 경종이 억울하게 죽었으니 원수를 갚겠다는 주장을 내세웠다.

임오화변(壬午禍變) : 1762년 영조가 사도세자를 뒤주에 가두어 죽인 사건. 사도세자가 노론 쪽인 영조와 달리 소론 쪽으로 기울자 노론은 사도세자를 경계하고 영조와 갈라놓았다. 나경언이 세자의 비행을 10여 가지를 상소했고 이에 분노한 영조는 세자에게 자진을 명했다.

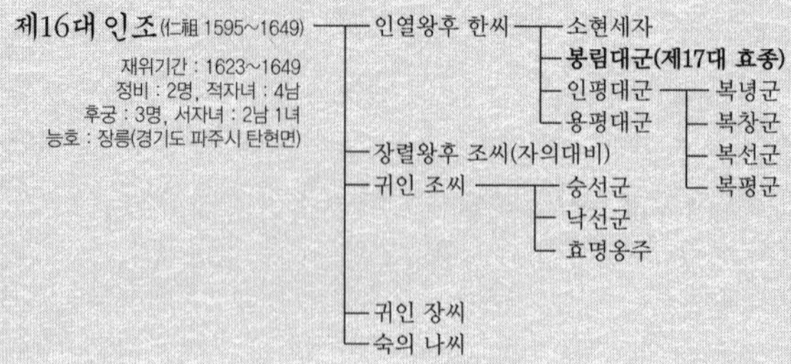
제16대 인조(仁祖 1595~1649)
재위기간 : 1623~1649
정비 : 2명, 적자녀 : 4남
후궁 : 3명, 서자녀 : 2남 1녀
능호 : 장릉(경기도 파주시 탄현면)
인열왕후 한씨
소현세자
봉림대군(제17대 효종)
인평대군
복녕군
복창군
복선군
복평군
용평대군
장렬왕후 조씨(자의대비)
귀인 조씨
숭선군
낙선군
효명옹주
귀인 장씨
숙의 나씨

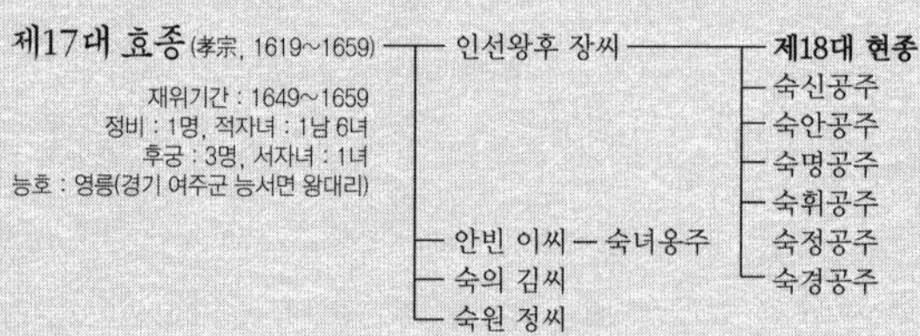
제17대 효종(孝宗, 1619~1659)
재위기간 : 1649~1659
정비 : 1명, 적자녀 : 1남 6녀
후궁 : 3명, 서자녀 : 1녀
능호 : 영릉(경기 여주군 능서면 왕대리)
인선왕후 장씨
제18대 현종
숙신공주
숙안공주
숙명공주
숙휘공주
숙정공주
숙경공주
안빈 이씨 — 숙녕옹주
숙의 김씨
숙원 정씨

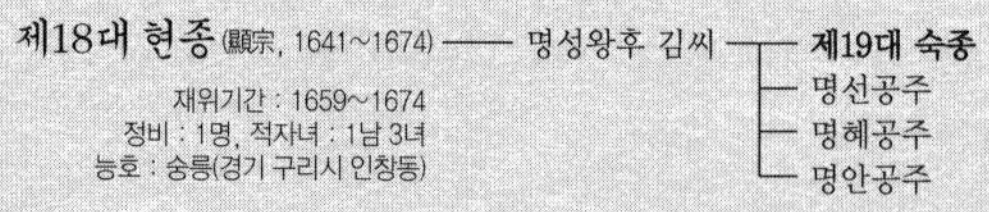
제18대 현종(顯宗, 1641~1674)
재위기간 : 1659~1674
정비 : 1명, 적자녀 : 1남 3녀
능호 : 숭릉(경기 구리시 인창동)
명성왕후 김씨
제19대 숙종
명선공주
명혜공주
명안공주

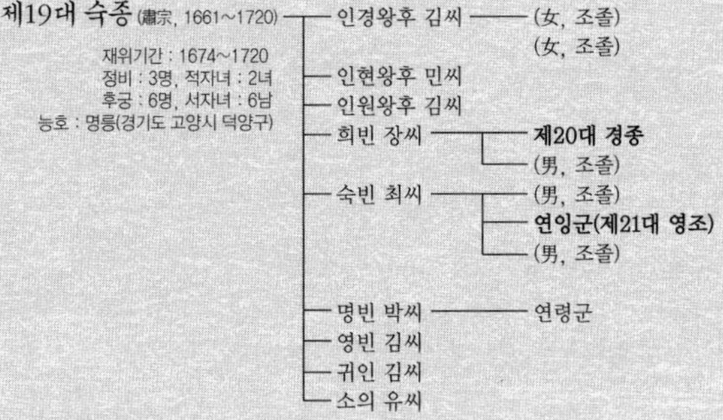
제19대 숙종(肅宗, 1661~1720)
재위기간 : 1674~1720
정비 : 3명, 적자녀 : 2녀
후궁 : 6명, 서자녀 : 6남
능호 : 명릉(경기도 고양시 덕양구)
인경왕후 김씨
(女, 조졸)
(女, 조졸)
인현왕후 민씨
인원왕후 김씨
희빈 장씨
제20대 경종
(男, 조졸)
숙빈 최씨
(男, 조졸)
연잉군(제21대 영조)
(男, 조졸)
명빈 박씨
연령군
영빈 김씨
귀인 김씨
소의 유씨

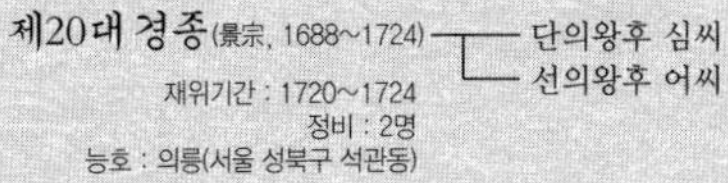
제20대 경종(景宗, 1688~1724)
재위기간 : 1720~1724
정비 : 2명
능호 : 의릉(서울 성북구 석관동)
단의왕후 심씨
선의왕후 어씨

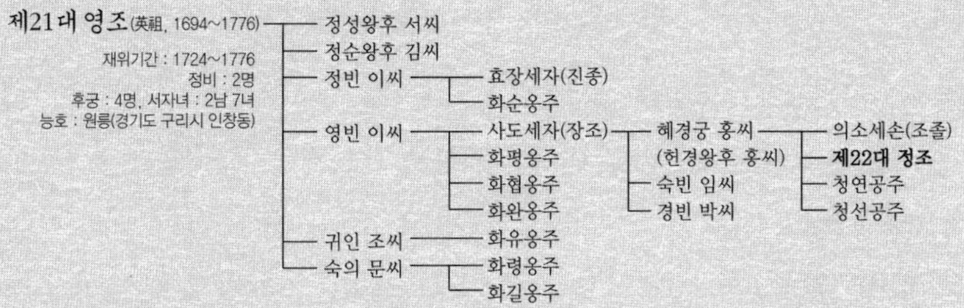
제21대 영조(英祖, 1694~1776)
재위기간 : 1724~1776
정비 : 2명
후궁 : 4명, 서자녀 : 2남 7녀
능호 : 원릉(경기도 구리시 인창동)
정성왕후 서씨
정순왕후 김씨
정빈 이씨
효장세자(진종)
화순옹주
영빈 이씨
사도세자(장조)
혜경궁 홍씨
(헌경왕후 홍씨)
의소세손(조졸)
제22대 정조
청연공주
청선공주
숙빈 임씨
경빈 박씨
화평옹주
화협옹주
화완옹주
귀인 조씨
화유옹주
숙의 문씨
화령옹주
화길옹주

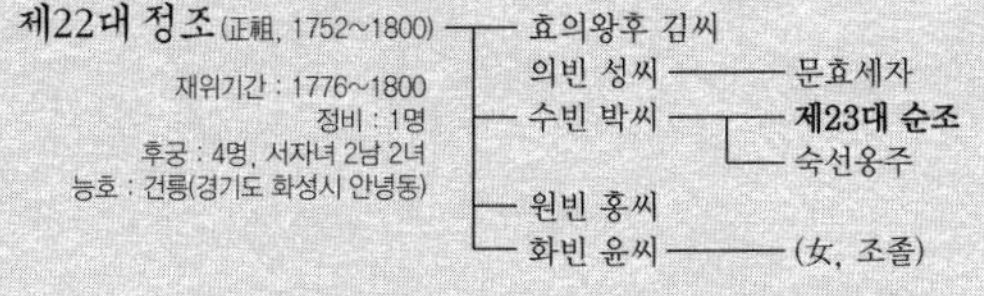
제22대 정조(正祖, 1752~1800)
재위기간 : 1776~1800
정비 : 1명
후궁 : 4명, 서자녀 2남 2녀
능호 : 건릉(경기도 화성시 안녕동)
효의왕후 김씨
의빈 성씨
문효세자
수빈 박씨
제23대 순조
숙선옹주
원빈 홍씨
화빈 윤씨
(女, 조졸)

1623년 인조반정으로 인조 즉위

1627년 정묘호란

1636년 병자호란 청나라에 항복한 후, 소현세자와 봉림대군 인질로 끌려감

1645년 소현세자 영구귀국 후 곧 사망, 봉림대군 세자 책봉

1649년 인조 사망, 효종 즉위

1654년 러시아와 청나라의 충돌사건, 조선군 청나라의 강요로 출정

1659년 효종과 송시열의 기해독대, 효종 사망 현종 즉위, 기해예송

1661년 숙종 탄생

1667년 숙종 세자 책봉, 인현왕후 민씨 탄생

1674년 효종비 인선왕후 사망, 갑인예송, 현종 사망 숙종 즉위, 갑인환국

1675년 홍수의 변

1680년 경신환국(경신대출척), 장씨 승은 후 퇴출, 숙종비 인경왕후 사망

1681년 인현왕후 계비로 입궁

1682년 임술고변

1683년 현종비 명성왕후 사망

1686년 장씨 재입궁, 숙원 책봉

1688년 원자(경종) 탄생

1689년 장씨 희빈 책봉, 기사환국, 송시열 사사, 인현왕후 폐비

1690년 원자 세자 책봉, 장씨 왕비 책봉

1693년 최씨 숙원 책봉, 최씨 첫아들 영수 출산(조졸)

1694년 갑술환국, 인현왕후 복위, 연잉군(영조) 탄생

1695년 최씨 귀인 책봉

1698년 최씨 셋째 아들 출산(조졸)

1699년 영조 연잉군 책봉, 최씨 숙빈 책봉

1701년 인현왕후 사망, 희빈 장씨 사망

1702년 숙종의 세 번째 왕비 인원왕후 책봉

1704년 연잉군 서종제의 딸과 혼인(정성왕후)

1712년 연잉군 출합

1717년 이이명과의 정유독대, 세자 대리청정

1718년 숙빈 최씨 사망

1720년 숙종 사망, 경종 즉위

1721년 영조 세제 책봉, 대리청정, 노론 4대신 탄핵 신축옥사

1722년 목호룡의 고변, 임인옥사, 노론 4대신 사사

1724년 경종 사망, 영조 즉위

1725년 숙빈 최씨 신도비 세움, 숙빈의 사당 육상궁 건립

1735년 사도세자 탄생

1736년 사도세자 세자 책봉

1744년 숙빈 최씨 육상묘와 소령묘로 추봉

1752년 세손(정조) 탄생

1753년 숙빈 최씨 육상궁, 소령원으로 승격, 시호 '화경(和敬)' 추증

1755년 숙빈 최씨 시호 '휘덕(徽德)' 추증

1759년 영조 김한구의 딸을 계비로 맞음(정순왕후), 정조 세손 책봉

1762년 정조 김시묵의 딸과 혼인(효의왕후), 나경언 상변, 사도세자 사망

1772년 숙빈 최씨 시호 '안순(安純)' 추증

1776년 영조 사망, 정조 즉위, 숙빈 최씨 시호 '수복(綏福)' 추증

⊛ 참 고 문 헌

《조선왕조실록》

《숙빈최씨자료집》, 한국학중앙연구원, 2009

《궁녀》, 신명호, 시공사, 2004

《선비의 배반》, 박성순, 고즈윈, 2004

《이덕일의 여인열전》, 이덕일, 김영사, 2003

《장희빈, 사극의 배반》, 정두희, 소나무, 2004

《환관과 궁녀》, 박영규, 김영사, 2004

《조선의 왕과 신하, 부국강병을 논하다》, 신동준, 살림, 2007

《선비 소신과 처신의 삶》, 정광호, 눌와, 2003

《조선왕비 오백년사》, 윤정란, 이가출판사, 2008

《조선을 뒤흔든 16인의 왕후들》, 이수광, 다산초당, 2008

《동궐도》, 한영우, 효형출판, 2007

《왕을 위한 변명》, 신명호, 김영사, 2009

《조선왕실의 자녀교육법》, 신명호, 시공사, 2005

《사도세자의 고백》, 이덕일, 푸른역사, 1998

《조선왕 독살사건》, 이덕일, 다산초당, 2009

《한중록》, 서해문집, 2003

《영조와 정조의 나라》, 박광용, 푸른역사, 2000

《영조를 만든 경종의 그늘》, 이종호, 글항아리, 2009

《조선을 뒤흔든 아버지와 아들》, 이종호, 역사의 아침, 2008

《조선최대 갑부 역관》, 이덕일, 김영사, 2006

《송시열과 그들의 나라》, 이덕일, 김영사, 2000

《이산 정조대왕》, 이상각, 추수밭, 2007

《정조의 화성행차, 그 8일》, 한영우, 효형출판, 2007

《왕을 낳은 후궁들》, 최선경, 김영사, 2007

《왕의 투쟁》, 함규진, 페이퍼로드, 2007

《내시와 궁녀, 비밀을 묻다》, 박상진, 가람기획, 2007

《조선의 왕》, 신명호, 가람기획, 1998

《사화와 반정의 시대》, 김범, 역사비평사, 2007

《숙종, 조선의 지존으로 서다》, 이한우, 해냄, 2007

《숙종대왕과 친인척》, 지두환, 역사문화, 2009

《박시백의 조선왕조실록(숙종실록)》, 휴머니스트, 2009

《조선시대 당쟁사》, 이성무, 동방미디어, 2000

《당쟁으로 보는 조선역사》, 이덕일, 석필, 2004